Sobre o homem e suas relações

BIBLIOTECA PÓLEN

Para quem não quer confundir rigor com rigidez, é fértil considerar que a filosofia não é somente uma exclusividade desse competente e titulado técnico chamado filósofo. Nem sempre ela se apresentou em público revestida de trajes acadêmicos, cultivada em viveiros protetores contra o perigo da reflexão: a própria crítica da razão, de Kant, com todo o seu aparato tecnológico, visava, declaradamente, libertar os objetos da metafísica do "monopólio das Escolas".

O filosofar, desde a Antigüidade, tem acontecido na forma de fragmentos, poemas, diálogos, cartas, ensaios, confissões, meditações, paródias, peripatéticos passeios, acompanhados de infindável comentário, sempre recomeçado, e até os modelos mais clássicos de sistema (Espinosa com sua ética, Hegel com sua lógica, Fichte com sua doutrina-da-ciência) são atingidos nesse próprio estatuto sistemático pelo paradoxo constitutivo que os faz viver. Essa vitalidade da filosofia, em suas múltiplas formas, é denominador comum dos livros desta coleção, que não se pretende disciplinarmente filosófica, mas, justamente, portadora desses grãos de antidogmatismo que impedem o pensamento de enclausurar-se: um convite à liberdade e à alegria da reflexão.

Rubens Rodrigues Torres Filho

Franz Hemsterhuis

SOBRE O HOMEM
E SUAS RELAÇÕES

Tradução, apresentação e notas
Pedro Paulo Pimenta

ILUMINURAS

Biblioteca Pólen
Dirigida por Rubens Rodrigues Torres Filho

Títulos originais:
Lettre sur l'sculpture, Lettre sur l'homme et ses rapports, Aristée ou sur la divinté, Lettre de Diocles a Diotime sur l'Athéisme, Lettre sur l'homme et ses rapports avec le commentaire inédit de Denis Diderot, Copie d'une lettre a Monsieur F. Hemesterhuis à l'Haye.

Copyright © 2000:
Editora Iluminuras Ltda.

Capa:
Marcelo Girard

Revisão técnica:
Márcio Suzuki

Revisão:
Renata Cordeiro

Filmes de capa:
Fast Film - Editora e Fotolitos

Composição e filmes de miolo:
Iluminuras

ISBN: 85-7321-130-X

Nosso site conta com o apoio cultural da via net.works

2000
EDITORA ILUMINURAS LTDA.
Rua Oscar Freire, 1233 - CEP 01426-001 - São Paulo - SP - Brasil
Tel.: (0xx11)3068-9433 / Fax: (0xx11)282-5317
E-mail: iluminur@dialdata.com.br
Site: http://www.iluminuras.com.br

ÍNDICE

Uma filosofia e suas relações 7
Pedro Paulo Pimenta

SOBRE O HOMEM E SUAS RELAÇÕES

Carta sobre a escultura 23

Carta sobre o homem e suas relações 43

Aristeu ou sobre a Divindade 95

Carta de Diócles a Diotima sobre o ateísmo 141

Observações sobre o escrito do Sr. Hemsterhuis intitulado
Carta sobre o homem e suas relações, publicado em
Haia no ano de 1772 157
D. Diderot

Cópia de uma carta ao Sr. Hemsterhuis, de Haia 185
F.H. Jacobi

Informação bibliográfica 197

UMA FILOSOFIA E SUAS RELAÇÕES

Pedro Paulo Pimenta

Franz Hemsterhuis (1721-1790) é mais conhecido por sua influência no Romantismo e no Idealismo alemães do que por sua própria filosofia. Se por um lado é fácil localizar vagas referências concernentes a essa importância póstuma, por outro é em vão que se buscará nos compêndios de história da filosofia uma exposição acurada das idéias de Hemsterhuis, nem mesmo no que se refere ao impacto que exerceram sobre os irmãos Schlegel, Novalis e Schelling. Quando muito, deparamos com referências vagas e generalizantes: é assim que Xavier Tilliette refere-se a Hemsterhuis como o "Sócrates batavo"[1], deixando à imaginação do leitor a tarefa de inferir o significado preciso de tal analogia; Nicolai Hartmann, por sua vez, inicia uma breve exposição das idéias de Hemsterhuis ("O precursor do romantismo"), advertindo o leitor de que não se trata de um iluminista qualquer, mas sim de um pensador "silencioso e dotado de uma alma fina e cheia de pressentimentos", prosseguindo para mostrar como, em Hemsterhuis, os românticos alemães "encontraram o que queriam e procuravam, por assim dizer, performado profeticamente, numa maneira que até correspondia ao seu sentimento de forma peculiar, isto é, numa vivacidade de ditos e respostas não conceitual, metafórica, insinuante, que flutuava suavemente e que nunca exprimia tudo até o fim"[2].

---

1) Tilliette, X. *L'intuition intellectuelle de Kant a Hegel*. Paris, Vrin, 1995.
2) Hartmann, N. Die Philosophie des deutschen idealimus. Berlin-Lepzig, 1929. José G. Belo (trad.). *A filosofia do idealismo alemão*. Lisboa, Calouste-Gulbenkian, 1983. Apesar do viés teleológico de sua análise, muitas vezes Hartmann demonstra profundidade na compreensão da filosofia de Hemsterhuis, ao contrário de Tilliette. O mote "Sócrates holandês (ou batavo)" é de responsabilidade dos amigos de Hemsterhuis, que se deleitavam com sua companhia na discussão de assuntos filosóficos; em sua origem, portanto, relacionado a uma virtude sociável. Ver a respeito Georges May, apresentação ao comentário de Diderot à *Carta sobre o homem e suas relações*, de Hemsterhuis. New Haven, YUP, 1964.

Num caso, então, o diagnóstico oscila em favor de um imbricamento entre a filosofia de Hemsterhuis e a Antigüidade; no outro, nosso autor é posto a reboque de uma compreensão da filosofia do Romantismo. Dado o difícil acesso aos textos do próprio Hemsterhuis, o leitor deve permanecer imerso na dúvida quanto ao que pensar desse filósofo tão estranho e aparentemente deslocado de seu tempo — pois, quanto a isso, Tilliette e Hartmann concordam: Hemsterhuis é exceção no panorama do século XVIII. Mas devemos contentar-nos com esses diagnósticos? Antes de entrar em contato com o próprio Hemsterhuis, pode ser prudente, de saída, colocar em dúvida a pertinência (ou perspicácia) dessas avaliações.

* * *

O período em que se desenvolve a atividade filosófica de Hemsterhuis (1762-1789) vê o surgimento de algumas obras que se tornariam clássicos do pensamento "iluminista": o *Contrato social*, de Rousseau (1762), o *Dicionário filosófico*, de Voltaire (1763), a *Enciclopédia*, de Diderot e D'Alambert (1776), a *Riqueza das nações*, de Adam Smith (1776), os *Diálogos sobre a religião natural* (1779), de Hume, e a *Crítica da razão pura*, de Kant (1781). Esse cânone do qual mencionamos aqui apenas alguns momentos mais consagrados, poderia incluir ainda muitos outros autores, mas certamente dentre eles não constaria o nome de Hemsterhuis. As razões para isso devem ser buscadas numa certa miopia retrospectiva que tem um fundamento bem preciso, uma situação particular na história da filosofia do século XVIII que torna a filosofia de Hemsterhuis conhecida e admirada.

É abruptamente, em meio a uma polêmica de coloração regional — germânica, no caso — que a filosofia de Hemsterhuis alcança fama repentina. "Querela do panteísmo" (*Pantheismusstreit*) é a designação que celebra para a posteridade uma disputa, nem sempre amigável, envolvendo Moses Mendelssohn e Friedrich Jacobi acerca das posturas filosóficas de Lessing (falecido em 1781). Ocorrido na primeira metade dos anos 1780, o embate não significava pouca coisa. O estopim da discussão, aparentemente anódino, é a afirmação, por parte de Jacobi, de que Lessing seria "espinosista" o que, aos ouvidos de um *aufklärer* profundamente tributário da filosofia de Leibniz, tal como era Mendelssohn, soava como sinônimo de "panteísmo", ou, trocando em miúdos, ateísmo: nada de novo, se pensarmos na longa história de infâmia envolvendo a filosofia de

Espinosa na Europa³. Dessa vez, no entanto, o que parecia estar em jogo era o próprio destino da *Aufklärung* alemã, visto que Mendelssohn e seus colegas do círculo de Berlim viam em Lessing uma espécie de "patrono" do referido movimento de esclarecimento. Em 1786, com a morte de Mendelssohn (segundo Goethe, provocada pela polêmica...), encerra-se a querela, não sem que antes Jacobi receba algumas advertências severas da parte de Kant, que por essa época já ocupava, por méritos de outra natureza, o lugar que pertencera a Lessing⁴.

E quanto a Hemsterhuis? Residente na Holanda, onde a Ilustração é coisa do passado, Hemsterhuis não participa da polêmica de maneira direta⁵. Em 1783, Jacobi envia carta a Hemsterhuis onde incita este a responder algumas questões referentes à filosofia de Espinosa; não sem ironia, Jacobi contrapõe Hemsterhuis a Espinosa num diálogo imaginário, valendo-se para isso de *Aristeu ou sobre a divindade*, escrito publicado por Hemsterhuis em 1778. No ano seguinte, Jacobi envia uma cópia da referida carta a Mendelssohn; dois anos depois, após a morte deste, publica a correspondência completa travada durante a querela, inclusive a carta escrita para Hemsterhuis (*Cartas sobre a doutrina de Espinosa, ao Sr. Moses Mendelssohn*, 1786)⁶.

A notoriedade involuntária de Hemsterhuis pode, no entanto, ser vista como culminação natural de uma lenta divulgação da filosofia de Hemsterhuis entre os *philosophes*, propiciada por conta própria. Filho

---

3) Sobre a História da recepção da filosofia de Espinosa, ver Chauí. *A nervura do Real*. São Paulo, Cia. das Letras, 1999.
4) Alexis Philonenko apresenta um relato fidedigno (ainda que um tanto escolar) da "Querela do Panteísmo" na introdução à sua tradução do texto de Kant *Que significa orientar-se no pensamento* (Paris, Vrin, 1985). Publicado em 1786, após a morte de Mendelssohn, o opúsculo kantiano censura severamente Mendelssohn e Jacobi por suas pretensões especulativas no que concerne ao conceito de Deus; mas Kant não se limita a isso, apontando para as conseqüências que uma disputa filosófica conduzida em termos conceitualmente equivocados pode trazer para a liberdade do uso da razão na Alemanha de Frederico II. O leitor poderá consultar com proveito a análise de Rubens Rodrigues Torres Filho a respeito da importância dessa questão para Kant ("Respondendo à pergunta: quem é a ilustração?". In: *Ensaios de filosofia ilustrada*. São Paulo, Brasiliense, 1987).
5) O volume *Le Crépuscule des Lumières* (Paris, CERF, 1995), organizado por Pierre-Henri Tavoillot, reúne traduções de todos os textos escritos na Alemanha na década de 1780 relacionados à "Querela do panteísmo", e constitui, assim, uma boa fonte para o leitor interessado na polêmica, e particularmente no envolvimento do nome de Hemsterhuis por parte de Jacobi.
6) In: *Jacobis Werke*. Vierter Band, Erste Abteilung. Leipzig, Fleischer, 1819. Tradução francesa: *Lettres a Monsieur Moses Mendelssohn sur la doctrine de Spinoza*. In: Oeuvres *philosophiques de Jacobi*. Org. e trad. J-J. Anstett. Paris, Aubier, s.d.

de Tibério Hemsterhuis, que sucessivamente lecionou filosofia, matemática, história e literatura grega em diversas universidades holandesas, Franz Hemsterhuis declina da atividade acadêmica para dedicar-se à administração pública dos Países-Baixos, e é paralelamente à carreira política que desenvolve sua reflexão filosófica a partir do início dos anos 1760. Tomando para si a tarefa de imprimir seus próprios textos, redigidos sempre em francês, o filósofo não desfruta de qualquer reputação para além de um estreito círculo de amigos que conhecem e admiram seus textos e sua conversação. Em 1772, Hemsterhuis redige a *Carta sobre o homem e suas relações* e, algum tempo depois (provavelmente em 1774), pede a Diderot uma opinião a respeito do texto, que faz chegar às suas mãos juntamente com a *Carta sobre os desejos* (1768). Diderot lê com avidez os escritos, encontrando neles o que julga ser uma série de incoerências e absurdos (teóricos e semânticos), sem no entanto deixar de conceder alguns méritos ao autor. É provavelmente por meio de Diderot que Jacobi toma conhecimento de Hemsterhuis, iniciando com este uma correspondência que resultaria em amizade pessoal. O primeiro escrito de Hemsterhuis que Jacobi lê é a *Carta sobre a escultura* (1765); por volta de 1780, recebe do autor a *Carta sobre o homem e suas relações*, *Sofile ou a filosofia* e *Aristeu ou sobre a divindade* (ambos de 1778), encaminhando-os a Lessing.

    Assim como Diderot, Lessing encontra em Hemsterhuis mais do que procura, do que o que o holandês de fato diz. Acompanhemos o relato de Jacobi a esse respeito: "quando retornei [de minha viagem a Hamburgo], encontrei Lessing fascinado precisamente com o *Aristeu*, a tal ponto que se decidira a traduzi-lo. Lessing dizia que o *Aristeu* era explicitamente espinosista e adornado por uma beleza esotérica que contribuía para desenvolver e explicar a doutrina que apresentava. Assegurei-lhe de que, pelo que sabia a respeito de Hemsterhuis (ainda não o conhecia pessoalmente) e, pelo que Diderot me havia dito, ele não era espinosista. 'Leia você mesmo o livro, retrucou Lessing, e se dissiparão suas dúvidas. Na *Carta sobre o homem e suas relações* ainda cabe a conjetura de que Hemsterhuis ainda não se dera conta de seu próprio espinosismo; mas agora não resta dúvida quanto a isso'"[7].

    Essa leitura, sem dúvida prejudicada pelo entusiasmo, não convence Jacobi, leitor sereno e judicioso de Hemsterhuis; assim, pacientemente ele explica a questão: "para não encontrar paradoxo nesse juízo, é preci-

---

7) Jacobi, "Coversações com Lessing" (1780). In: Lessing, *Escritos filosóficos y teológicos*, p. 412. Org. e trad. Andreu. Barcelona, Anthropos, 1982.

so estar familiarizado com o espinosismo, tal como Lessing estava. O que ele chamava de envoltura esotérica do *Aristeu* pode ser entendido a partir do nexo indissolúvel, interno e externo, do infinito com o finito, da força geral indeterminada com a força individual determinada, e da contradição necessária entre suas direções. Dificilmente se encontrará algo mais no *Aristeu* que possa ser dirigido contra um espinosano. No entanto, devo dar testemunho de que Hemsterhuis não é espinosista e de que discorda inteiramente dessa doutrina em seus pontos essenciais"[8].

As justas ressalvas de Jacobi valem apenas parcialmente no que respeita ao viés que orientará a compreensão de Hemsterhuis nos anos subseqüentes na Alemanha. É bem verdade que nosso autor não se via como espinosista, mas isso não impede que sua leitura seja muitas vezes feita tendo em vista a filosofia de Espinosa[9]. Aos poucos, de maneira muito particular, Hemsterhuis torna-se assim uma referência quase obrigatória para os pensadores do Romantismo, que se mostram, muitas vezes, comentadores notáveis de seu pensamento. Mas, para além da questão "espinosismo", das disputas internas da *Aufklärung* e da apropriação romântica da filosofia de Hemsterhuis, resta ainda investigar quais os conceitos e temas a partir dos quais seu pensamento se estrutura, apontando para a originalidade que serviu de inspiração para essa nova geração da filosofia alemã compreendida sob a designação geral de "pós-kantismo".

* * *

As motivações da filosofia de Hemsterhuis são essencialmente morais, e nesse sentido fica claro seu débito para com uma certa tradição platônica[10]:

---

8) Idem, p. 412.
9) Exemplos notáveis da apropriação e do comentário romântico da filosofia de Hemsterhuis podem ser encontrados nos fragmentos que constituem o *Liceu* e o *Ateneu*, principalmente os de autoria dos irmãos Schlegel (*O dialeto dos fragmentos*, trad. Márcio Suzuki, São Paulo, Iluminuras, 1997), e também nos *Hemsterhuis-Studien*, de Novalis (Schriften, 4 vols., Stuttgart/Darmstadt, 1976).
10) A respeito do "platonismo" de Hemsterhuis, o comentário mais arguto ainda é o de August Schlegel: "Hemsterhuis une, à vigorosa seriedade do sistemático, os belos vôos visionários de Platão. Jacobi não tem essa proporção harmoniosa das forças do espírito, mas profundidade e potência atuando tanto mais livremente; eles têm em comum o instinto do divino. As obras de Hemsterhuis poderiam ser chamadas de poemas intelectuais. Jacobi não compôs obras de uma antigüidade irrepreensível, perfeita e acabada, mas proporcionou fragmentos cheios de originalidade, nobreza e interioridade. O misticismo de Hemsterhuis talvez atue mais poderosamente, porque

se os saberes matemáticos têm valor inegável, Hemsterhuis não deixa de notar que a dimensão desse valor depende da submissão do saber positivo à moralidade. Às pretensões da razão que derivam do conhecimento da natureza, Hemsterhuis opõe a necessidade da adoção de uma perspectiva moral. Em seu uso "teórico", por assim dizer, a razão tem limites: pode até mesmo chegar à idéia de uma inteligência que criou e governa o mundo, mas tal idéia é desprovida de qualquer significado, de qualquer implicação para o homem. Mais do que insuficiente, essa concepção é mesmo perigosa, pois basta um passo para que ela ceda lugar ao engano que cegava Sofile: "afirmo e repito: não existe qualquer verdade para além da experiência que temos por meio dos sentidos; numa palavra, tudo é matéria"[11]. Para evitar esse deslize, deve-se, ao contrário, perceber que o sentido do mundo físico, da matéria, depende do que é moral, e é em vão que tal sentido poderá ser buscado na simples observação: ao conceito de ordem, é necessário acrescentar os de harmonia e beleza, intimamente ligados à constituição do caráter e das ações de cada indivíduo, e não às coisas mesmas: "reconheço que em algumas partes do universo existe aquilo que chamo de ordem; mas não creio poder disso concluir que há ordem no infinito que eu não conheço; e aqueles que pretendem provar a existência da Divindade, pelos poucos casos que encontram daquilo que chamam ordem, fazem-no sobre um fundamento que, a meu ver, é pouco sólido, e parece-me que é necessário provar a existência de Deus e de uma ordem de outra maneira. Se investigarmos o que são Deus e a ordem com o ardor e a dedicação à verdade que tais pessoas exigem, é provável que cheguemos a verdades que se ligam perfeitamente às que já encontramos e que, juntamente com elas, poderiam servir para dar à alma o vigor, a disposição tranquila e a visão penetrante que propiciam vislumbrar com segurança e prazer indestrutíveis seu próprio estado futuro"[12]. Assim, a divindade reside no próprio homem, não numa relação indutiva que este possa estabelecer com seu criador. No limite, não podemos nem mesmo dizer se Deus é

---

sempre se expande nos limites do belo; a razão, ao contrário, logo se coloca em posição de defesa quando percebe a paixão do sentimento que a invade". Ateneu, 142. In: *O dialeto dos fragmentos*. Trad. de Márcio Suzuki. São Paulo, Iluminuras, 1997. Se cabe falar em "platonismo" num pensador do século XVIII, então deveremos sempre ter em vista que se trata de uma filiação ambígua, devidamente filtrada pela metafísica clássica, manifestando-se antes numa certa maneira de falar do que numa afinidade conceitual estrita entre Hemsterhuis e Platão.

11) *Sofile ou a filosofia*, v. I, pp. 267-68. As citações de textos de Hemsterhuis observam a paginação da edição de 1792 de suas obras (2 vols., Paris, H.J. Jansen).

12) *Aristeu ou sobre a divindade*, v. II, p. 17.

moral, se o mundo que criou tem um sentido moral; depende apenas de nossa conduta, baseada numa vontade livre, dar um sentido propriamente divino àquilo que parece ser suscetível ao mal e à desordem. A faculdade que realiza e estabelece essa significação moral é chamada por Hemsterhuis de "órgão moral". O termo evoca diretamente o "senso moral" (*moral sense*) de Hutcheson[13]; e a acepção que adquire em Hemsterhuis é muito semelhante à que tem para Hutcheson, ainda que num contexto inteiramente diverso: "assim como o órgão do tato mostra ao indivíduo humano o universo tangível, o ouvido e o ar mostram-lhe o universo sonoro, e a vista e a luz mostram-lhe o universo visível, o coração (ou consciência) e a sociedade entre seres homogêneos mostram-lhe o universo moral"[14]. A exemplo dos órgãos ligados às percepções do mundo físico (visão, audição, tato, paladar, odor), o órgão moral destina-se a um determinado tipo de percepção, à percepção do valor das ações realizadas pelo indivíduo e por seus semelhantes. Mas não se trata de uma faculdade com critérios estabelecidos de antemão: seu desenvolvimento depende de um exercício contínuo, cujas condições residem precisamente no convívio com as ações de outros indivíduos: para perceber a própria bondade, é preciso que o indivíduo assuma uma perspectiva que evite a lisonja de si mesmo, é preciso que assuma a posição de espectador de suas próprias ações, dividindo-se e enxergando a si mesmo a partir de fora[15].

Esse desdobramento do eu, exigido para o aperfeiçoamento do ór-

---

13) É notável como em *Aristeu ou sobre a divindade* Hemsterhuis evita, a exemplo de Hutcheson, o falso dilema da "natureza do órgão moral", lugar-comum do comentário filosófico contemporâneo. Trata-se antes de uma faculdade do espírito do que de um órgão ou "sentido" de enraizamento fisiológico. O melhor comentário a respeito do "senso moral" em Hutcheson é o estudo de Darwall, *The british moralists and the internal ought*, Cambridge, CUP, 1995.
14) *Carta sobre o homem e suas relações*, v. I, p. 217.
15) O movimento de identificação com o outro, que é situado por Hemsterhuis como momento fundamental para o desenvolvimento da moralidade no indivíduo, não se encontra na caracterização que Hutcheson dá do senso moral, mas tem um antecedente conceitual bem preciso, que deve ser localizado na "imaginação simpática", tal como descrita por Adam Smith: "Visto que não temos uma experiência imediata do que os outros homens sentem, não podemos formar qualquer idéia a respeito de como são afetados, a não ser que concebamos o que sentiríamos numa tal situação. Por mais que nosso irmão esteja sofrendo, nossos sentidos jamais poderão informar-nos o que ele sofre, enquanto permanecermos numa situação confortável; eles nunca podem levar-nos para além de nós mesmos, e é apenas por meio da imaginação que podemos formar uma concepção a respeito de suas sensações. Tampouco essa faculdade pode auxiliar-nos quanto a isso, a não ser representando-nos quais seriam nossas sensações se estivéssemos na situação dele". *Teoria dos sentimentos morais*.

gão moral, resulta num duplo reconhecimento: desdobrar-se num outro permite, por um lado, reconhecer a humanidade fora de si mesmo e, por outro, funda e afirma o caráter moral individual a partir de um princípio unificador sociável. Fechado esse círculo — que deve ser percorrido a todo momento —, o homem encontra-se em condições de reconhecer a divindade de sua própria constituição, estando apto para ligar-se a Deus a partir de um sentimento de humanidade.

É evidente, assim, que Hemsterhuis dispensa qualquer mediação, institucional ou não, entre o homem e seu criador. Se na *Carta sobre o homem e suas relações* e na *Carta sobre o ateísmo* o autor critica abertamente as instituições religiosas, nos grandes diálogos como *Aristeu ou sobre a divindade*, *Alexis ou a idade de ouro* e *Simão ou sobre as faculdades da alma*, a questão nem mesmo é posta, e o fundamento da religião é pensado unicamente a partir das relações que os homens podem estabelecer entre si a partir de um aperfeiçoamento do órgão moral. O esforço do homem que busca incessantemente o que é moral dentro de si permite, finalmente, que ele se insira no âmago da divindade, essência do próprio sentimento religioso: "é então que nossas relações com os deuses se tornam mais imediatas, e que mais partes do universo se nos manifestam (...); é então que o brilhante espetáculo das riquezas da alma humana se revela, é então que adquirimos o título místico de divinos"[16].

Não seria descabido considerar, nessa perspectiva, que em Hemsterhuis há uma unidade essencial entre as diversas "faces" do universo, entre matéria e espírito, como já notava Schelling: "Quando Leibniz chama de matéria o estado de sonho das mônadas, ou quando Hemsterhuis chama de matéria o espírito derramado, reside nessas expressões um sentido que pode ser facilmente entendido a partir dos princípios aqui expostos. A matéria não é outra coisa do que o espírito intuído no equilíbrio de suas atividades. Não é necessário mostrar detalhadamente como, por essa supressão de todo dualismo ou oposição entre espírito e matéria, visto que esta é apenas espírito apagado, ou aquele, a matéria em devir, pode-se encerrar uma série de investigações confusas sobre a relação entre ambos"[17]. Essa unidade essencial, comunicação constitutiva entre o que o espírito tacanho percebe como oposição, tem para Hemsterhuis um fundamento preciso, que reside em Deus.

---

16) *Simão ou sobre as faculdades da alma*, v. II, p. 247.
17) *Sistema do idealismo transcendental*. In: *Ausgewählte Werke*, Darmstadt, 1966-74, v. II, p. 453. Tradução espanhola de Rosález e Domínguez. Barcelona, Anthropos, 1988.

No entanto, a compreensão da existência de Deus em relação ao mundo exige uma dupla perspectiva. Se permanecermos na esfera do conceito, é inegável que Deus deve ser exterior ao mundo, e a prova de sua existência deve assumir um feitio marcadamente teísta: Deus criou o mundo, e encontra-se dele separado; ele é dotado de intelecto e vontade infinitamente superiores ao homem; e, malgrado essa distância, somos capazes de formar um conceito de sua existência a partir de uma analogia com a extensão infinita do espaço. Mas, se é verdade que as marcas desse ser se encontram por toda parte no mundo, não devemos esquecer que o homem é livre, e é precisamente nessa liberdade que reside a potencialidade da realização de um sentido moral, divino, no mundo. Assim, se é verdade, como observa Hartmann, que "o mundo espiritual é, para Hemsterhuis, o moral, quer dizer, o mundo do *ethos* (integridade moral), do bem e dos valores da vida", é necessário reconhecer que essas marcas não devem ser buscadas nesse Deus conceitual: é na medida em que se faz divino, por meio de suas ações, que o homem pode elevar-se à compreensão de uma ordem moral a que sente pertencer essencialmente[18].

A transcendência do homem em direção a Deus tem assim para Hemsterhuis um sentido mais abrangente do que a mera negação do mundo material: trata-se antes de superar a ilusão de que o sentido (ou a ausência de sentido) das coisas reside na matéria, que nada mais é do que uma "face" de um todo mais rico e fecundo. Contra essa ilusão, a melhor arma ainda é uma filosofia que toma a precaução de fazer seu o lema de Sócrates, para então empreender a investigação da natureza num tom adequado: "há apenas duas filosofias no mundo a quem a verdade pertence e que não podem ser corrompidas pelo espírito: a socrática e a newtoniana. A última não merece o nome de sistema filosófico, porque abarca unicamente a mecânica. (...) Mas, quanto ao socrático, tudo está a seu alcance. Sócrates levou-nos a ver que o homem se assemelha a Deus (...) e [sua filosofia] não é filha do espírito ou da imaginação, mas é a fonte de uma bondade universal e indestrutível"[19].

Hemsterhuis sabe que essa postura não se encontra universalmente estabelecida entre os homens, muito ao contrário: através dos tempos, o que se verifica é uma oscilação entre uma moralidade que ignora o mundo físico e uma postura arrogante da razão que, valendo-se da matemática, sistematiza e domina os fenômenos físicos, ignorando o verdadeiro

---

18) Hartmann, op. cit., p. 195. Ver ainda Pelckmans, op. cit., p. 46.
19) *Sofile ou a filosofia*, v. I, p. 271.

caminho para a divindade. Sócrates apontou esse caminho, e entre os gregos situa-se a aurora do órgão moral: "para os gregos, que se encontravam divididos em pequenas monarquias e repúblicas, cada indivíduo era essencial. Esses pequenos Estados, vizinhos próximos uns dos outros, guerreavam continuamente, o que tornou os gregos ativos, aumentando prodigiosamente o número de seus conhecimentos. Essa viva atividade proporcionou-lhes um refinamento de espírito sem igual. (...) [mas] se considerarmos a dificuldade com que nasceram as ciências matemáticas, esse refinamento de espírito, que tinha necessidade de um alimento, não pôde encontrá-lo num mundo físico ainda pouco conhecido, e voltou-se para si mesmo, investigando o coração humano, fazendo eclodir um sentimento moral que caracteriza o espírito geral de todas as suas ciências e artes"[20].

A "eclosão" do sentimento moral a que se refere Hemsterhuis não é acompanhada de uma investigação da natureza, que teria de esperar alguns séculos de barbárie para atingir seu cume: "Newton elevou ao máximo possível nossos conhecimentos em física: tudo que diz é verdadeiro. Ele penetrou, até certo ponto, nas obras de Deus; demonstrou, por efeitos visíveis e palpáveis, as leis e a regularidade do movimento, da atração, da gravidade e de muitas outras forças e diferentes modificações de uma mesma força que se manifestam na natureza. Mas esse grande homem nunca se envergonhou por ignorar a causa da natureza. As imensas contribuições de sua ciência, assim como sua efetiva ignorância, levaram-no a ver e adorar ainda mais o grande motor"[21]. Newton revela aos homens, por meio de sua mecânica, o código divino em que a natureza é escrita, mas é sábio porque evita a perigosa inferência de que o mundo se reduz aos fenômenos perceptíveis na natureza, desvio que Hemsterhuis diagnostica no cerne do pensamento moderno — em Descartes e Espinosa, nomeadamente.

A tarefa que se impõe para a modernidade é então resgatar e aprimorar o uso do órgão moral. Para tanto é preciso, ainda uma vez, retornar aos gregos, vale dizer: é necessário que o homem se volte para si mesmo, examinando suas ações, refinando o convívio em sociedade, aprimorando o gosto pelo que é belo e verdadeiro. Se essa constitui a motivação mais íntima que anima o pensamento de Hemsterhuis, então seus melhores intérpretes ainda devem ser buscados entre seus primeiros e mais penetrantes leitores, como August Schlegel: "Talvez seja preciso

20) *Carta sobre a escultura*, v. I, pp. 31-32.
21) *Carta de Diócles a Diotima sobre o ateísmo*, v. II, p. 291.

ser arquimoderno para ter um ponto de vista transcendental sobre a Antigüidade. Winckelmann sentiu os gregos como um grego. Hemsterhuis, ao contrário, soube delimitar belamente um âmbito moderno pela simplicidade antiga e, do alto de sua formação, como de uma fronteira livre, lançou olhares cheios de vida tanto para o mundo antigo quanto para o mundo moderno"[22].

* * *

A reunião de escritos de Hemsterhuis que oferecemos ao leitor constitui a primeira versão de seus textos em língua portuguesa realizada a partir dos originais, em francês. Neste volume encontram-se cinco textos de Hemsterhuis: *Carta sobre a escultura* (1765), *Carta sobre o homem e suas relações* (1772), *Aristeu ou sobre a divindade* (1778) e a *Carta de Diócles a Diotima sobre o ateísmo* (1789). Acompanham esses textos os comentários de Diderot à *Carta sobre o homem e suas relações* (1774) e a carta de Jacobi a Hemsterhuis sobre o *Aristeu* (1783), enviada a Mendelssohn em 1784.

De maneira geral, a atividade filosófica de Hemsterhuis pode ser dividida em dois períodos. Num primeiro, que se inicia com a redação da *Carta sobre uma pedra antiga* em 1762, encontramos curtos tratados, quase sempre apresentados como "cartas" dirigidas a amigos; mas é a partir de 1778, com a publicação do diálogo *Sofile ou a filosofia*, que se encontra a obra de maturidade do autor.

O idioma de que se vale Hemsterhuis é, com raras exceções, o francês. Mesmo em sua correspondência privada, o filósofo evita o holandês, que não é conhecido fora de seu país natal, opção que evidencia um desejo de divulgar suas idéias, debatê-las e fazer com que sejam aceitas por um determinado público. A exemplo de seus contemporâneos franceses e britânicos, evita o jargão acadêmico, optando por uma linguagem acessível, ainda que por vezes a clareza da exposição seja prejudicada pela falta de domínio do francês. Superada essa dificuldade — manifesta nos primeiros textos, como a *Carta sobre a escultura* e a *Carta sobre o homem e suas relações* —, demonstra um estilo fluente e seguro, capaz de tecer os fios necessários para uma argumentação sólida que responde às exigências conceituais implícitas em suas preocupações temáticas.

---

22) "Ateneu", fragmento 271. In: Friedrich Schlegel, *O dialeto dos fragmentos*, p. 95. Trad. Márcio Suzuki. São Paulo, Iluminuras, 1997.

Poderíamos, assim, pautar a seleção dos textos a serem traduzidos por um critério de qualidade, optando unicamente pelos grandes diálogos compostos a partir de 1778, e evitando a produção anterior. No entanto, com isso se perderia algo fundamental: a noção de uma filosofia que se constrói e se transforma no tempo, num constante diálogo de Hemsterhuis com seus contemporâneos.

A *Carta sobre a escultura* (1765) é o primeiro escrito propriamente filosófico de Hemsterhuis. Seu interesse pode ser considerado sob duas perspectivas: por um lado, Hemsterhuis esboça uma teoria da apercepção do objeto artístico a partir da idéia de simplicidade da composição da obra, que deve ser elaborada pelo artista como um todo articulado organicamente. Por outro, tributária de Shaftesbury, que considera essa idéia a partir da pintura, ela é transposta por Hemsterhuis para a escultura. Um movimento significativo, por certo: enquanto em Shaftesbury o privilégio de uma arte sobre outra oscila em conformidade com o gênio de cada nação, para Hemsterhuis a escultura é privilegiada justamente por atingir com maior perfeição o objetivo das artes[23].

A *Carta sobre o homem e suas relações* pode ser considerada o escrito central da primeira fase da filosofia de Hemsterhuis, não somente por sua extensão, mas principalmente porque apresenta, pela primeira vez, a ambição à construção de um sistema filosófico original. De fato, a *Carta sobre a escultura* (1765) limitava-se a uma discussão concernente às artes, enquanto a *Carta sobre os desejos* (1768), por sua vez, esboçava uma teoria da vontade sem, no entanto, explicitar seus fundamentos metafísicos. *Sobre o homem e suas relações*, por sua vez, remonta a esses fundamentos, discutindo a natureza das relações entre o homem e o mundo físico e Deus, apresentando o conceito de "órgão moral", central para a filosofia de Hemsterhuis.

As *Observações sobre o escrito do Sr. Hemsterhuis intitulado Carta sobre o homem e suas relações*, redigidas por Diderot em 1774, apontam para as muitas obscuridades presentes na argumentação de

---

23) "Em pintura somente podemos dar a um trabalho em particular o nome de *tableau* quando ele é efetivamente uma peça única, compreendida num só olhar, e formada de acordo com uma única inteligência, significado ou intenção; que constitui realmente um todo, através de uma relação mútua e necessária entre suas partes, da mesma maneira como a dos membros num corpo natural". Shaftesbury, *Uma noção sobre o julgamento de Hércules* (1712). In: *Second Characters, or the language of forms*, p. 32. Bristol, Thoemmes Press, 1995. A remissão indireta a Shaftesbury explicita o parentesco temático entre o texto de Hemsterhuis e o *Laocoonte*, de Lessing, publicado em 1766.

Hemsterhuis e que, aos olhos de Diderot, aparecem como inconsistências. Nas observações de Diderot o leitor encontrará por vezes um crítico judicioso e perspicaz; noutras, um leitor ranzinza e apressado, indisposto com a obra que tem diante de si; no mais das vezes, o que se vê, no entanto, é um exercício notável de construção de uma filosofia própria.

Não custa lembrar que, por essa época, Diderot ainda se debatia com as questões formuladas nos *Princípios filosóficos da matéria e do movimento* (1770), e assim as idéias de Hemsterhuis servem-lhe como contraste propício à definição de suas próprias posições, fornecendo, ao mesmo tempo, um contraponto ao materialismo de Helvétius, que ocupa Diderot na *Refutação de Helvétius*, redigida nesse mesmo período.

Seja como for, o fato é que Hemsterhuis parece ter feito bom uso das ferinas críticas de Diderot: se, por um lado, aceita as correções que Diderot faz ao seu francês, por outro, parece certo que algumas críticas conceituais propiciam uma reformulação de conceitos que permaneceram insuficientemente formulados em *Sobre o homem e suas relações*. O resultado disso pode ser observado em *Aristeu ou sobre a divindade*. Aqui, o que transparece é um pensador seguro de si que evita desvios desnecessários, concentrando todo seu vigor em busca do que é essencial: a compreensão da relação entre o homem e Deus a partir de uma divindade que se manifesta no caráter e nas ações do homem virtuoso. Sem abandonar o que é dito em *Sobre o homem e suas relações*, o diálogo ambientado na Grécia antiga retoma e refina com elegância expositiva suas idéias mais centrais.

Mencionamos mais acima o impacto que o escrito tem em Lessing; Jacobi, por seu turno, parece ter percebido também as qualidades do *Aristeu*. Tanto é assim que, na famosa carta enviada a Hemsterhuis em 1783, Jacobi contrapõe Diócles, personagem condutor do diálogo, a Espinosa. Fiel a Hemsterhuis, Jacobi percebe a distância que o separa de seu antecessor, sem deixar de observar que, para superar Espinosa, é necessário compreendê-lo e refutá-lo, porque sua filosofia faz sentido. Se Jacobi dirige-se a Hemsterhuis em busca de uma refutação adequada de Espinosa é porque, malgrado as diferenças entre os dois holandeses, sabe que o que é dito no *Aristeu* tem muito em comum com a filosofia de Espinosa; em Hemsterhuis Jacobi vê alguém capaz de refutá-lo por vias que evitam a tradicional abjuração destinada ao autor da *Ética*. É assim que, após alguma hesitação, Hemsterhuis compõe a *Carta de Diócles a Diotima sobre o ateísmo*, redigida e publicada em 1789. Mais do que uma refutação *pari passu* da filosofia de Espinosa, o que Hesmterhuis apresenta é uma análise "antropológica" das origens do ateísmo que serve para demarcar as evidentes diferenças entre sua própria filosofia e a de Espinosa. Para que o leitor possa comparar a versão de Hemsterhuis com a tradução da *Carta* feita por Jacobi, apresentamos, ao lado de nossa tradução do francês, aquela realizada por Rubens Rodrigues Torres Filho a partir da versão alemã de Jacobi.

Se é verdade que esses textos poderão propiciar ao leitor interessado um panorama mais ou menos abrangente do pensamento desse filósofo peculiar e instigante, não devemos esperar de Hemsterhuis um sistema acabado suscetível a um rastreamento conceitual segundo uma determinada "ordem das razões". Ainda que, por vezes, Hemsterhuis ambicione a construção de uma filosofia sistemática, mais ou menos moldada nos termos em que se contróem as grandes filosofias pós-cartesianas, é nas oscilações, avanços e recuos que se percebe a potência de seu pensamento.

* * *

Como base para a tradução dos textos aqui reunidos, utilizamos as *Oeuvres de F. Hemsterhuis* (2 v., Paris, H. Jansen, 1792). Além dessa edição, pudemos contar com o precioso auxílio do Prof. M.J. Petry, da Universidade de Roterdã, Holanda, responsável pela preparação da primeira edição das obras completas de Hemsterhuis, com edição prevista para o ano 2000. O Prof. Petry gentilmente colocou à nossa disposição vasto material que está sendo utilizado na elaboração dessa edição, incluindo várias correções e adições aos textos apresentados na edição de Jansen. A Márcio Suzuki devemos as transliterações de nomes gregos e latinos, bem como a tradução de algumas passagens em grego. Rubens Rodrigues Torres Filho e Maria Lúcua Cacciola leram algumas provas das traduções, contribuindo para a sua melhoria. Por fim, gostaríamos de agradecer a Sérgio Cohn, cuja amizade possibilitou a existência deste livro.

SOBRE O HOMEM E SUAS RELAÇÕES

CARTA SOBRE A ESCULTURA

*Para o Sr. Theodore de Smeth,
antigo presidente dos vereadores da cidade de Amsterdam*

Senhor: há algum tempo me pedistes que vos comunicasse minhas idéias sobre a escultura; no primeiro momento de lazer de que dispus pensei em meios para satisfazer-vos.

Minha tarefa seria explicitar qual é o fim, o princípio e a perfeição da escultura, para então considerar as transformações por que ela passou nos diferentes séculos e nações. Mas, quando fui passar essas idéias para o papel, constatei que a escultura se encontra de tal maneira vinculada a outras ciências e artes, que percebi que seria mais adequado considerar antes as artes em geral, para somente então falar da escultura mais diretamente.

O primeiro fim de todas as artes é imitar a natureza, e o segundo é acrescentar à natureza produzindo efeitos que ela geralmente não produz, ou não é capaz de produzir.

Assim, deve-se examinar em primeiro lugar como se realiza essa imitação da natureza e, a seguir, o que significa acrescentar a ela e ultrapassá-la, chegando ao conhecimento do belo.

Na medida do possível, restringir-me-ei às artes que se relacionam diretamente com o órgão da visão, referindo-me às demais apenas quando for necessário investigar ou demonstrar algum princípio universal.

Antes de mais, impõe-se uma reflexão essencial para esclarecer coisas que até aqui foram tratadas um tanto obscuramente. Tomarei como axioma a seguinte reflexão: graças a um longo uso e à concorrência de todos os nossos sentidos, aprendemos a distinguir essencialmente entre os objetos, para isso empregando apenas um de nossos sentidos. Por exemplo: sem precisar do tato ou do som, distinguimos, por meio da visão, um vaso de um homem, de uma árvore, de um cetro etc.; e isso de tal maneira que algumas proporções e modificações que atribuímos à figura do cetro jamais poderão fornecer a idéia de um vaso sem que a do cetro seja destruída (e isso vale também para as outras idéias).

É por isso que tacitamente dividimos os objetos visíveis em duas classes bem determinadas: os que são produtos da arte, e os produzidos pela natureza; e é por isso que consideramos monstruoso todo objeto que não pertence a nenhuma dessas classes, ou que pertence a muitas classes ao mesmo tempo, como um animal desconhecido, um centauro, um sátiro, etc.

Vejamos agora como é possível imitar um objeto visível.

Distinguimos os objetos visíveis por meio de seus contornos aparentes, pela maneira como sua figura modifica as sombras e a luz e, finalmente, pela cor; mas poderíamos dizer que os distinguimos unicamente através do contorno, pois a cor é uma qualidade acessória, e a modificação da luz ou das sombras é apenas o resultado de um perfil que não vemos.

Por exemplo: na prancha I, cone A, a linha *a b* limita a sombra e a luz, ou um certo grau de intensidade de luz ou de sombra; e, ao mesmo tempo, imita o contorno de um perfil que é vísivel apenas em B.

Quando se trata de copiar o cone A, é evidente que um desenhista só poderá fazê-lo com imperfeição, pois a partir de B ele vê um triângulo, a partir de C um círculo, de D uma elipse e assim por diante. Mas, recorrendo à gradação de sombras, o pintor é capaz de fornecer a idéia de muitos contornos que não posso ver, e sua imitação será tão perfeita que, por meio desse artifício, ele poderá obter o maior número possível de contornos. Portanto, para que se obtenha uma cópia perfeita do cone, é necessário copiar todos os contornos, coisa possível apenas na escultura. Passemos agora da imitação para o segundo exame a que me proponho: descobrir o que significa superar a natureza por meio da arte.

Algumas vezes observei atentamente os desenhos feitos por crianças dotadas de gênio, que gostam de desenhar por si mesmas, sem o auxílio de um mestre. Certo dia, conheci uma que desenhou um cavalo. A bem da verdade, nada ali faltava: lá estavam todas as partes do cavalo, até mesmo o prego de sua ferradura; mas, ao mesmo tempo, ele não tinha a crina e o rabo nos lugares corretos. Levei a criança com seu desenho diante de um cavalo verdadeiro, e ela pareceu surpresa de que eu não me desse conta da perfeita semelhança entre o cavalo que desenhara e o cavalo real.

Vejamos o que se passou na cabeça dessa criança.

Aplicando as leis da ótica à estrutura de nosso olho, aprendemos que se forma, instantaneamente, uma imagem distinta quando apenas um ponto visível se projeta na retina. Então, se desejo formar a idéia distinta de um objeto, é necessário que eu percorra o eixo do olho pelos contornos desse objeto, para que todos os pontos que compõem seu contorno adquiram cor no fundo do olho com inteira clareza; a seguir, a alma faz a ligação de todos esses pontos elementares, adquirindo a idéia do contorno inteiro. Ora, é certo que essa ligação é um ato em que a alma dispende tempo, e tanto mais tempo quanto menos exercitado for o olho para percorrer os objetos. Deslocando-se ainda lenta e desordenadamente ao longo do contorno do cavalo, o olho da criança é sem cessar interrompido por tudo que atravessa seu caminho, sobretudo nos pontos mais heterogêneos do objeto. E são precisamente esses pontos, como os pregos da cela e da ferradura, que ela melhor reteve e representou em seu desenho, sem prestar atenção à relação particular que essas partes têm entre si.

A partir disso, realizei a seguinte experiência: desenhei dois vasos (que podem ser vistos na prancha II, em A e B), e mostrei-os a algumas pessoas, dentre elas um homem de muito bom senso, mas que não possui sequer um conhecimento medíocre das artes. Quando perguntei a elas qual era o mais belo desses vasos, todas responderam que era o vaso A; e, quando perguntei o porquê a esse homem, após alguma reflexão ele respondeu que era mais fortemente afetado pelo vaso A do que pelo vaso B. Considerei, então, a força com que esse homem foi afetado como efeito da ação dos vasos sobre sua alma, e decompus essa ação em intensidade e duração. Nas figuras A e B, a intensidade reside nas próprias figuras, como quantidades visíveis, em todos os traços escuros de a, b, c, d, etc; mas não como contornos ou limites de um objeto, e tampouco na medida em que eles se curvam, unindo-se ou dispondo-se de certa maneira, mas na medida em que contêm uma certa quantidade de pontos visíveis. Ora, podemos supor que nos vasos A e B a intensidade é a mesma, ou seja, que a quantidade visível é igual numa parte como noutra. Portanto, o vaso A agiu com mais velocidade sobre a alma daquele homem do que o vaso B, o que mostra que ele pôde fazer a ligação dos pontos visíveis em A num menor espaço de tempo do que em B, ou, o que é a mesma coisa, que ele teve uma idéia do todo A mais imediatamente do que do todo B.

Não deveríamos então concluir geometricamente que a alma julga mais belo o que lhe propicia uma idéia no menor espaço de tempo? Mas, sendo assim, a alma deveria preferir um só ponto escuro sobre um fundo branco à mais bela e rica composição. E, com efeito, se essa alternativa for dada a um homem enfraquecido por longas doenças, ele não hesitará em escolher o ponto à composição, um juízo que é, no entanto, motivado pelo torpor de seus órgãos; uma alma sã e tranqüila num corpo bem constituído escolherá a composição, pois ela propicia um número muito maior de idéias de uma só vez.

Então, é natural que a alma vise obter um grande número de idéias no menor espaço de tempo possível, e é por isso que existem os ornamentos: sem isso, todo ornamento seria um dispêndio inútil, chocando os costumes, o bom senso e a natureza; pois qual é, no vaso A, a relação entre a cabeça de um carneiro na alça do vaso e o combate de Hércules e Hipólito e os filamentos que servem para orientar o olhar do espectador?

É por causa desse princípio que amamos os grandes acordes em música e os bons sonetos em poesia, pois todo soneto concentra-se no refrão; enfim, é por isso que os epigramas são tão picantes: tudo que consideramos sublime em Homero, Demóstenes e Cícero deriva disso.

Como da solidez desse princípio depende muito do que direi a seguir, devereis permitir que eu me estenda em sua investigação.

Vimos que é por meio da ligação sucessiva das partes do objeto que a alma adquire a primeira idéia distinta do objeto. Cabe aqui acrescentar que, além disso, a alma tem a faculdade de reproduzir a idéia do objeto, e essa reprodução, que ocorre na alma, realiza-se de maneira inteiramente contrária à produção da idéia pelo objeto: esta surge da sucessão contínua das partes integrantes do objeto, enquanto a primeira surge num instante, na forma de um todo sem sucessão de partes; e isso ocorre de tal maneira que, se quiser efetivar a idéia reproduzida por meio da pintura, da escultura ou da poesia, deverei dividi-la em partes sucessivas que representem um todo. Não é difícil perceber que essa longa manobra reduz consideravelmente o esplendor da idéia. Enfim, um grande número de exemplos tomados entre oradores, poetas, pintores, escritores e músicos demonstra que as coisas que consideramos grandes, sublimes e de bom gosto são, na verdade, grandes todos onde as partes são tão artisticamente compostas que a alma é capaz de ligá-los num só momento, sem qualquer dificuldade[1]. O julgamento dos homens difere apenas à proporção de sua

---

1) Por exemplo, quando Homero descreve o combate dos deuses na *Ilíada*, ele diz: "*O inferno treme com o estrondo de Netuno em fúria, / Plutão deixa seu trono pálido,gritando; / teme que aquele deus, nessa terrível morada, / com um gesto de seu tridente, impeça a entrada do dia; / e, pela fissura aberta na terra abalada / revele a Styx e o rio desolado, / descobrindo aos vivos esse império odioso, / abominado pelos mortais e temido até mesmo pelos deuses*". Cumpre reconhecer que esse admirável quadro contém o maior todo possível. Em poucas linhas, Homero pinta de modo muito natural as mais veneráveis partes do universo, colocando-as num movimento terrível. É verdade que em Virgílio, e mesmo em Homero, se podem encontrar quadros mais refinados e delicados, mas nenhum que apresente tantos objetos de uma só vez, assim como as miniaturas da Rosalva arranjadas ao lado do Juízo Final de Michelângelo.

habilidade para ligar imediatamente as partes do todo em cada arte, e quanto à sua situação moral em relação àquilo que é representado. Por exemplo:

Há composições bem menos ricas mas que impressionam pela grande distância entre as idéias que as integram e que, sem qualquer dificuldade, formam um conjunto. Referindo-se a César e Pompeu, Lucano diz: *Quis justius induit arma, / Scire nefas: magna as judice quisque tuetur: (...) sed victa Catonis*. Aqui Catão e os deuses são aproximados sem qualquer absurdo ou contradição. Não posso recorrer à bela tradução de Brebeuf que, querendo reforçar essa passagem, acaba por mitigá-la; ele diz: *"Os deuses servem César, e Catão segue Pompeu"*. Lucano quis apenas aproximar Catão dos deuses, o que é muito elevado e sábio, mas Brebeuf posiciona os deuses muito abaixo de César; depois, ele põe Catão fora da ação, abaixo de Pompeu, o que introduz uma terrível confusão no quadro. Catão, que em Lucano é a parte dominante, torna-se em Brebeuf a parte menos interessante de todas. Escolhi essa passagem de Lucano para compará-la a outra do mesmo gênero, que se encontra no mesmo autor.

Perto de Marselha, César deseja acampar numa floresta sagrada. Após descrever o horror dessa floresta, que era habitada por demônios tão medonhos *"que o druida receava adentrar suas moradas, / vendo aí o que eles adoram, encontrando seus deuses"*, Lucano diz que os soldados de César não ousam tocar as árvores. O próprio César toma então um machado e mostra-lhes o caminho, dizendo: *Credit me fecisse nefas. Tunc paruit omnis / Imperiis non sublato secura pavore / Turba, sed expensa Superorum ac Caesaris ira*. Essa passagem vai ainda mais longe do que a outra. Na primeira, ao comparar Catão aos deuses, Lucano refere-se apenas à maneira como eles julgam diferentemente uma causa, o que significa aproximar duas idéias muito distantes entre si. Mas, nesta outra, os soldados de César pesam na balança as conseqüências dos efeitos de sua cólera e daquela dos deuses, constatando que a de César é a mais terrível; o que é mais ativo. De resto, na primeira passagem a coisa fica indecidida, e Lucano deixa ao leitor a tarefa de um julgamento muito difícil. É somente a infinita reputação de Catão que torna natural a aproximação das duas idéias. Pois se, em vez desse grande personagem, Lucano escolhesse um nome comum, como Pison, Millon, etc., a distância entre as duas idéias aumentaria e ele não atingiria o fim proposto nesse verso, já que não seria possível qualquer aproximação. Na segunda passagem, são juízes competentes que decidem a questão; e, para tornar essa decisão ainda mais positiva, Lucano vale-se da imagem de uma balança e, assim, parece que nossos próprios olhos a vêem pender para o lado de César. Que se escolha, ao invés de César, o nome de qualquer um de seus capitães, e essa passagem terá seu efeito reduzido. Mais uma vez, não posso recorrer à tradução de Brebeuf, onde essa bela idéia é miseravelmente estropiada. É absolutamente impossível que o sublime dessa ordem e espécie possa ser traduzido. Para copiar bem uma coisa, é necessário não somente que eu faça o que fez seu autor, mas também que me sirva dos mesmos utensílios e matéria que ele. Ora, nas artes onde são utilizados signos e palavras, a expressão de um pensamento age sobre a faculdade reprodutiva da alma. Suponhamos agora que o espírito do autor e do tradutor tendam exatamente à mesma inclinação: o último se servirá, portanto, de utensílios e de matéria totalmente diferentes. Acrescente-se a isso que a medida, o volume do som e a colagem de uma seqüência feliz de consoantes e vogais, tiveram sua origem com a idéia primitiva e são parte de sua essência. [Brebeuf (1593-1649), missionário jesuíta na Nova França, atual Canadá; Lucano (39-65 d.C.), poeta romano autor da "Farsália", que narra a disputa entre César e Pompeu. (N.T.)]

quando um homem que escapou de um naufrágio vê o quadro de um naufrágio, ele é mais afetado do que os outros; quando Cícero defende Ligário, todos admiram-no, mas é César quem empalidece e se arrepia: o que mostra que nas palavras de Pompeu e de Farsal havia mais idéias concentradas e coexistentes do que nas dos outros ouvintes.*
Passemos agora à representação da idéia concebida ou reproduzida. Suponhamos que Rafael queira pintar uma Vênus. É evidente que a Vênus surgida da cabeça de Rafael é digna dos altares de Pafos e Cnido**; mas, antes que metade da pintura seja realizada, a vigésima Vênus já lhe terá passado pela imaginação. Pode ser equivocado tomar aqui como exemplo esse ilustre gênio da pintura, pois parece-me impossível que se possa conservar por tanto tempo todas as partes e toda a majestade de uma grande idéia para somente então esboçar seu contorno; mas deve-se reconhecer que, na pintura comum, a cabeça, o braço e as pernas da Vênus pertencem a várias Vênus diferentes. O correto seria ensinar os jovens a desenhar com os olhos vendados, pois esse seria o melhor meio para a produção de composições excelentes. Nos primeiros esboços o olhar erra mais do que acerta, como testemunha a maioria dos pintores, que constantemente apagam ou acrescentam a seus rascunhos, o que não ocorreria se tivessem representado adequadamente sua primeira idéia. A primeira idéia distinta e bem concebida de um homem de gênio empenhado no tema que lhe interessa não é apenas boa, mas encontra-se muito além da expressão.

São os primeiros esboços que aprazem mais ao homem de gênio e ao verdadeiro conhecedor, e isso por duas razões distintas: em primeiro lugar, o esboço retém muito mais da divina vivacidade da primeira idéia concebida do que as obras terminadas, que exigem mais tempo; mas o mais importante é que o esboço põe em movimento a faculdade poética e reprodutiva da alma que, no instante finito e acabado, nada mais é do que o que já se encontrava esboçado. Por isso, o esboço lembra muito a arte oratória e a poesia que, valendo-se de signos e palavras ao invés de lápis e pincéis, agem unicamente sobre a faculdade reprodutiva da alma e, portanto, produzem efeitos muito mais consideráveis do que a pintura e a escultura mesmo em sua mais alta perfeição. Uma tirada excelente de um grande orador ou poeta dispara o coração, empalidece, abala todo

---

*) [Hemsterhuis refere-se ao "Pro Ligario", discurso que Cícero profere em defesa de Ligario, inimigo de César, por ocasião de seu julgamento. César comove-se com a eloqüência da peça e Ligario é absolvido. (N.T.)]

**) [Pafos, grupo de ilhas cipriotas onde havia um altar a Afrodite; Cnido, cidade da Cária com um templo a Vênus. (N.T.)]

nosso sistema, o que não ocorre à visão do mais belo quadro ou estátua. Parece-me que o célebre Leonardo da Vinci pensou da mesma maneira quanto aos esboços, pois recomendou aos pintores que prestassem atenção às paredes e muros que se encontram manchados ao acaso, pois as manchas irregulares muitas vezes suscitam no pensamento paisagens do mais rico ornamento. Para mostrar que os esboços têm o mesmo efeito em todas as artes, lembro-vos do *quos ego* de Vergílio*, que mostra muito melhor a veemência da ameaça de Netuno do que tudo o que o poeta pudesse dizer de mais enérgico; nas locuções de Cícero, boa parte do sublime encontra-se em esboço; e em quantas peças dramáticas um silêncio eloqüente não diz mais do que belos versos![2] Quantas locuções militares, consistindo apenas num punhado de palavras, muitas vezes aparentemente destituídas de sentido, propiciaram o surgimento e a coexistência de idéias muito fortes, incitando às batalhas mais perigosas!

Vimos que em todas as artes o belo deve propiciar o maior número de idéias no menor espaço de tempo possível. Assim, o artista pode chegar ao belo por meio de dois caminhos diferentes: por meio da fineza e da facilidade do contorno, ele pode propiciar a idéia de beleza de maneira imediata, mas em repouso, como na Vênus de Médici ou em vossa Galatéia; mas se por meio de um contorno igualmente delicado e fácil o artista exprimir em Andrômeda o medo e a esperança de maneira perceptível em todos os seus membros, ele propiciará não somente a idéia da beleza, mas também do perigo por que passa Andrômeda, o que suscitará admiração e comiseração no espectador. Creio que toda paixão exprimida numa figura qualquer contribui para diminuir a qualidade sutil do contorno que o torna tão fácil de percorrer com os olhos; mas, em contrapartida, a representação de ação e paixão numa figura propicia-nos mais meios para concentrar simultaneamente um maior número de idéias. Parece-me que Michelângelo, na composição de Hércules e Anteu,

---

*) ["(Vós) que eu...", reticência ameaçadora que Netuno dirige aos ventos amotinados. *Eneida*, I, 135. Apud. Paulo Rónai. (N.T.)]

2) Na tragédia *Hécuba*, de Eurípides, Taltíbio sai à procura dessa infeliz rainha para anunciar-lhe novos infortúnios: ela perderá seu marido, seus filhos, sua coroa, sua pátria e sua liberdade. Taltíbio pergunta por ela às suas mulheres, que a mostram caída de bruços, com a cabeça envolta por um tecido. Tomado de horror por esse espetáculo, Taltíbio diz: *ó Júpiter, que direi eu!* Esse esboço permite sentir vivamente o vazio da condição humana, sem que Taltíbio precise reforçá-lo com uma impiedade, acrescentando: *"Direi, Júpiter, que te intrometes nos assuntos dos homens; ou, então, que o acaso governa o universo, e que a opinião sobre a existência dos deuses é um erro".* Escolhi esse exemplo porque Eurípides fez bem em realizar o esboço e, ao mesmo tempo, o quadro.

desejava atingir esse *optimum*, favorecendo o *maximum* da quantidade de idéias por meio de uma expressão perfeita da ação de Hércules e da paixão de Anteu, em vez de diminuir o *minimum* do tempo que empregamos para percorrer a composição por meio de um contorno de grande facilidade que não interrompe o caminho do olhar. Ao contrário, parece-me que João de Bolonha buscou primeiramente, no Rapto das Sabinas, esse *optimum*, diminuindo o *minimum* do tempo através da facilidade do contorno, o que reduz os diferentes e bem contrastados membros e possibilita a concepção de uma composição com três figuras.

Quando essas duas peças são vistas de uma grande distância, a de Hércules e Anteu é muito superior à outra, pois a magia da expressão percorre uma grande distância, e então restam apenas as idéias que podem ser propiciadas por alguns membros mediocremente contrastados; o efeito é exatamente oposto em relação ao Rapto das Sabinas.

O que é mais prejudicial a esse *optimum* nas produções da arte é a existência de contradição no todo, tanto entre as partes do contorno como entre as que exprimem ações e paixões.

Para evidenciar uma contradição no contorno, copiei na prancha I uma figura do gabinete do rei da França. Até mesmo o olhar mais exercitado tem dificuldade para distinguir entre a figura da bigorna e a da criança, entre a do rochedo e a da perna de Vulcano, e assim por diante, porque os contornos são muito equivocados, e não permitem perceber como é possível atingir a idéia do todo. É verdade que há composições ainda piores, mas creio que essa é suficiente para ilustrar meu pensamento[3]. Para entender em que consiste a contradição na expressão, basta que se represente, no Hércules Farnésio, algum músculo excessivamente estendido para violentar o equilíbrio e o repouso, que são os únicos fins de Glicão*; que se imagine, ainda, na composição de Laocoonte, algum membro ou fisionomia referente à alegria; e, se quiserdes um exemplo perfeito dessa última contradição, basta que observeis vossa estátua de Marte de marfim, que permite entender perfeitamente o que quero dizer.

---

3) Há objetos em que todos os contornos são equivocados e que, no entanto, agradam infinitamente. É o caso das boas obras em mosaico que, no mais das vezes, são desenvolvimentos de poliedros. Pode-se compará-las a uma sinfonia, visto que esta não é tanto uma composição de partes, mas de todos. Nessa espécie de obra, cada parte pode ser a parte principal, relacionando-se com muitos todos diferentes, regulares e perfeitos. O movimento mais imperceptível do olho faz mudar a idéia do todo, produzindo uma admirável riqueza de objetos.

*) [Escultor grego. (N.T.)]

Os artistas incorrem nesse equívoco tão-somente pelo motivo exposto acima: a alma precisa de tempo e da sucessão de partes quando deseja efetivar, executar ou realizar, através das mãos ou de palavras, uma bela idéia que concebe.

Com isso, parece-me fácil entender que é perfeitamente possível, no que respeita ao belo, ultrapassar a natureza; pois seria um acaso muito singular o que unisse um certo número de partes de onde resultasse o *optimum* desejável, e que não fosse análogo à essência das coisas, mas ao efeito da relação que há entre as coisas e a construção de meus órgãos. Se as coisas mudassem, a natureza de nossas idéias do belo permaneceria a mesma: mas, se mudasse a essência de nossos órgãos ou a natureza de sua constituição, todas as nossas idéias atuais da beleza desapareceriam no mesmo instante.

Há ainda uma observação a fazer que prova incontestavelmente que o belo não tem nenhuma realidade em si mesmo. Que se tome uma composição ou vaso que tenha, na medida do possível, todos os princípios da fealdade; que se tome um outro com todos os princípios da beleza; que eles sejam então observados incessantemente por todos os lados, durante muitas horas seguidas. O primeiro efeito dessa penosa experiência será o desgosto; mas, quando esses dois objetos forem novamente comparados, nos admiraremos ao constatar que a percepção da diferença de seus graus de beleza foi extremamente reduzida, parecendo mesmo ter mudado de natureza. De alguma maneira, será evidente a indecisão quanto à escolha a fazer entre esses dois objetos que de fato diferem inteiramente entre si. A razão desse desgosto deriva de uma propriedade da alma que discutirei em outra ocasião; mas a razão da mudança de nosso juízo consiste em que, apesar da experiência, o olhar encontra-se de tal maneira acostumado a percorrer os contornos da má composição, que acaba seu curso quase no mesmo espaço de tempo requerido para que se obtenha uma idéia distinta do outro objeto. Ao contrário, ao percorrer tantas vezes o objeto belo, o olhar descobre nele toques e retoques que certamente havia ignorado num primeiro exame, e que agora o fazem tropeçar em sua caminhada. A mesma experiência terá o mesmo efeito em todas as artes.

A natureza ensina-nos a conhecer as coisas, e com o hábito aprendemos a distingui-las: mas a idéia da beleza das coisas é uma conseqüência necessária que decorre unicamente da singular propriedade da alma que demonstrei.

Encerrando essa parte um tanto metafísica de minha carta, observo de passagem que essa propriedade evidencia que há em nossa alma algo que repugna a toda relação com o que chamamos de sucessão ou duração.

Chegamos enfim à escultura. Dentre todas as espécies de imitação de coisas visíveis, ela é a primeira, pois é a mais perfeita, e a pintura vem a seguir; ou, melhor ainda, há um gênero intermediário entre elas, a escultura de baixo relevo, à qual dedicarei uma pequena seção no fim desta carta.

Acredito que o nascimento da escultura é anterior ao da pintura, pois a imitação em conjuntos parece mais natural do que a imitação de um objeto de bossa redonda sobre superfície plana, que requer uma abstração bem mais considerável, coisa que num primeiro momento não parece possível. De resto, é certo que a idéia abstrata de contorno foi absolutamente necessária para o nascimento do desenho e da pintura. Para adquiri-la, é necessário um certo grau de aperfeiçoamento e cultivo do órgão da visão. Ora, tudo indica que o tato era mais aperfeiçoado e, portanto, que os homens devem ter-se dedicado sobretudo à imitação de idéias por ele propiciadas em detrimento daquelas propiciadas pela visão. É verdade que esse sentimento abala a veracidade da história da bela dama que teria fixado com carbono a imagem de seu amado sobre uma parede. Ora, quando falamos numa parede, pressupomos a arquitetura que, assim como as outras artes, é uma arte imitativa; e como toda imitação direta de coisas sensíveis exige o conhecimento do desenho, então este é anterior à arquitetura, e essa história é apenas uma fábula fantasiosa.

Poucas vezes considera-se a antigüidade da escultura. Supõe-se, de um lado, que antes de Dédalo havia escolas em Sicíone e outros lugares; e, de outro, que Dédalo tenha sido o primeiro a fazer a parte de baixo de sua estátuas moldando pernas, de maneira que as estátuas de Dédalo parecem marchar e correr. A partir disso, que idéia podemos fazer dessas escolas?

Deixemos então a investigação da antigüidade da escultura, e vejamos qual foi o espírito que a presidiu na Ásia, entre os egípcios, nos séculos de Fídias e de Lisipo*, entre os etruscos, romanos, godos e, enfim, em nossos séculos de renascimento das artes.

Quando considerarmos o estado político do mundo nos tempos mais remotos encontraremos apenas patriarcas e déspotas que não diferem entre si senão quanto à proporção da extensão, muitas vezes imensa, dos povos e do território que tinham sob seu domínio. É natural que entre esses povos o grande e o imenso constituíssem o belo; e, limitados como eram, que acreditassem suplantar a natureza quando faziam coisas imensas, quando na verdade se restringiam a imitá-la. Isso conduziu-os

---

*) [Fídias, escultor ateniense cuja atividade concentra-se na época de Péricles; Lisipo, contemporâneo de Alexandre da Macedônia que esculpia em bronze em vez do mármore utilizado na Idade Clássica. (N.T.)]

ao maravilhoso, mas não ao verdadeiro. Também foi o maravilhoso que se tornou o espírito geral de suas artes e ciências, e tudo o que deles resta traz essa marca. Essas coisas assemelham-se a esses povos, sendo dotadas de uma grandeza absoluta onde não há composição ou partes. Creio que sereis convencido dessa verdade se examinardes a menor estátua egípcia dentre as que nos restam da alta Antigüidade, antes que o estilo grego se manifestasse em suas obras.

Quando dizemos que os gregos foram discípulos dos egípcios, damos a entender que estes lhes revelaram a existência das artes, ensinando-lhes a utilização grosseira de alguns utensílios. O exame atento das mais antigas moedas de Atenas, que aparentemente são cópias muito precisas de outras ainda mais antigas, mostra que as primeiras gravuras gregas são extremamente bárbaras e ruins, mas que ao menos não se encontra nelas qualquer traço do gosto dos egípcios. Essa consideração leva a crer que os gregos jamais copiaram as obras dos egípcios, e que se pode considerar que as artes nasceram de fato entre eles. Mais à frente, veremos que as nações que começam como copistas de outras chegam à perfeição por um caminho bem diferente do que o trilhado pelos gregos.

Dentre os antigos povos que aqui considero, a classe de seres essenciais e verdadeiramente ativos consistia apenas num pequeno número de déspotas, enquanto o restante dos homens não era nada. Entre os gregos, que se dividiam em pequenas monarquias e repúblicas, cada indivíduo era essencial. Vizinhos próximos entre si, esses estados guerreavam continuamente, o que tornou os gregos ativos, aumentando prodigiosamente o número de seus conhecimentos. Essa viva atividade propiciou-lhes um refinamento de espírito sem igual: os séculos precedentes haviam sido pouco esclarecidos, oferecendo-lhes poucas experiências interessantes; além disso, se considerarmos a dificuldade com que nasceram as ciências matemáticas, esse refinamento de espírito, que precisava de alimento, não pôde encontrá-lo num mundo físico ainda pouco conhecido, e voltou-se para si mesmo, investigando o coração humano e fazendo eclodir um sentimento moral que caracteriza o espírito geral de todas as suas ciências e artes.

É notável como na concepção de seus deuses os gregos apresentam um espírito inteiramente diverso dos egípcios: consideraram Minerva como a sabedoria, representando-a com um ar sábio, e Hércules como a força, atribuindo-lhe um ar robusto e enervado; na figuração de divindades equivalentes, os egípcios apoiavam sobre um tronco de figura humana uma cabeça de cachorro, leão ou falcão, simbolizando a sabedoria ou a força. As figuras dos deuses egípcios trazem o espírito do simbólico e do maravilhoso que faz delas monstros desarrazoados; ao contrário, a partir de idéias sólidas de independência, de uma virtude máscula e ativa, de honra e do amor à pátria, os gregos passam, com desenvoltura e por meio do entusiasmo, à deificação de seus semelhantes, não admitindo qualquer diferença entre os deuses e os homens senão quanto ao grau de perfeição. Por isso, quando representam Apolo, Minerva ou Vênus, dispõem naturalmente da aptidão para representar as maiores belezas possíveis; e, como a principal tarefa do escultor grego é a representação das divindades, antes de superar a natureza ele dirige-se a ela para estudar cuidadosamente sua beleza.

Nos exercícios, banhos e festas os gregos tinham constantemente diante dos olhos figuras nuas cuja beleza era aperfeiçoada com exercícios e banhos; e, como a agilidade e a força eram valorizadas em todos os exercícios, era muito natural que, quando se tratasse de escolher uma proporção para suas figuras, os artistas valorizassem aquela que convém à força e à agilidade, buscando o meio termo entre elas.

Um povo que começa como copista de outro dificilmente faz essa escolha. Após esgotar as belezas da natureza, uma necessidade impele os gregos à busca do belo ideal, a partir do qual produzem tantas obras-primas inimitáveis. Um indício certo de que essas obras-primas são de sua criação é a excelência que mostram na composição de monstros: observai os centauros, nereides e sátiros de criação grega, e dizei-me se não é verdade que nesse gênero os gregos chegaram à máxima perfeição, enquanto outros séculos e nações nele não passaram do medíocre.

Quanto aos etruscos, um grande número de monumentos que deles nos resta evidencia que copiaram os egípcios. Sabemos tão pouco a respeito desse povo que é impossível concluir qualquer coisa sobre suas artes, história, caráter ou estado político. Mas é igualmente evidente que eram muito polidos e tinham um gosto muito distinto, o que testemunha a seu favor. Uma coisa como a outra transparece em seus vasos e pedras gravadas, aos quais dedicaram um cuidado infinito. Por mais que não se saiba muita coisa a respeito de sua religião ou de seus deuses, as figuras que se encontram em seus vasos parecem mostrar que seu céu não era ornado de maneira tão alegre e amável como o dos gregos, visto que, no mais das vezes, essas figuras representam apenas monstros absurdos e composições bárbaras típicos de uma religião emblemática e supersticiosa. Ao contrário dos gregos, não sentiram a necessidade de investigar o belo para além da natureza: trabalhando de acordo com as obras egípcias e comparando-as sempre com a natureza, acostumaram-se a medir a distância entre elas e a natureza como se esta fosse o limite e termo da perfeição, para além do qual não haveria mais nada. É por isso que tomaram a imitação como regra única, como evidencia a secura observável em suas obras. Ora, quando se tem por fim a imitação servil, procura-se imitar os objetos onde mais há para imitar, ou seja, privilegia-se a imitação de um corpo em que os músculos são visíveis em detrimento de um corpo com pele lisa e delicada. Assim, os etruscos tomam como modelos figuras secas e magras, excessivamente longilíneas. A escolha dessa proporção propiciou-lhes um conhecimento verdadeiramente admirável de anatomia. É preciso apenas uma das duas magníficas gravuras que se encontram no gabinete do príncipe de Orange para que isso fique claro: refiro-me à que representa Aquiles inclinando-se para pegar seu arco, que tem uma fineza jamais alcançada pelos gregos. Ela é mal reproduzida no livro do ilustre conde de Cailos, a quem outrora pertenceu. Fala-se muito ainda da beleza dos vasos etruscos, e mesmo da elegância de seu contorno; mas, se examinarmos esses contornos com a devida atenção, perceberemos que freqüentemente falta algo ao todo, e é precisamente isso que indica um espírito escravo, copista, limitado e covarde.

Entre os romanos, considerados como copistas, em geral não se encontra mais do que um gosto misto do grego e do etrusco[4]; mas o tom que parece predominar nas obras autenticamente suas partilha da gravidade e da secura de seu caráter ao tempo da República. É evidente, meu senhor, que quando se trata de julgar os romanos a partir do que nos resta de sua arte oratória, da poesia e da arquitetura, é necessário fazê-lo de outra maneira, pois essas artes são mais análogas ao seu estado político, ou seja, a arte oratória nos últimos tempos da República, e a poesia e a arquitetura sob os imperadores.

Tenho muito pouco a dizer em relação aos godos. O que resta de sua escultura lembra muito o cavalo da criança que tomei como exemplo. Ao considerar as artes, disse muito pouco quanto à arquitetura: no que respeita ao seu princípio, ela é uma imitação[5], mas em sua perfeição ela

---

4) Em tais misturas predomina o etrusco. Mas pode-se ainda observar uma outra mistura nas obras dos sicilianos, entre o grego e o etrusco, com predominância do primeiro.

5) Contra as injúrias do ar, do sol ardente ou do frio excessivo, os homens dispõem apenas de dois meios de prevenção: esconder-se em cavernas ou refugiar-se sob a folhagem espessa das árvores. É natural que os homens tomem esses meios como modelo quando aperfeiçoam suas idéias, multiplicando seus prazeres, desejos e necessidades, chegando, enfim, a uma arquitetura. Da mesma maneira, é natural que, nos climas em que apenas as cavernas podem protegê-los dos ardores do sol e rigores do inverno, as cavernas tornem-se o modelo da arquitetura, a partir das quais nascem as cabanas dos Hotentotes e dos povos do norte, e também as pirâmides do Egito. Já nos climas temperados, onde a sombra das folhagens protege contra o calor incômodo,

é uma criação inteiramente humana. Em relação aos godos, apenas menciono a arquitetura, pois tudo que deles resta pertence quase unicamente a essa arte. Julgando-os favoravelmente, pode-se dizer que consideraram que um todo é somente um conjunto de partes; que ornamentaram essas partes na medida em que foram capazes disso; e que, ao fazê-lo, pensaram que ornamentavam o todo, e aí ainda se percebe o raciocínio da criança que mencionei antes.

O que aconteceu às artes após a decadência do Império Romano, assim como o abuso promovido na religião, quando se alterou sua simplicidade e pureza, não contribuiu em nada para o renascimento das artes. O povos que devastaram a Europa não tinham nada em seu caráter, estado político ou religião que os pudesse levar rapidamente à cultura das belas-artes. A religião cristã exigia templos e imagens, mas não eram mais Apolos, Bacos ou Vênus que seriam representados, mas sim a morte e o purgatório, santos sendo torturados, penitentes e mártires.

Na confecção de um Apolo o artista grego ultrapassa os limites da natureza por meio do belo ideal, representando realmente um deus, coisa somente possível de acordo com essas idéias. Mas o artista cristão tem uma idéia tão abstrata e distante da sensação dos seres divinos que deve representar, que toda imitação real se torna absurda, restando-lhe apenas representá-los como se alguma vez tivessem habitado a terra. O que impede ainda mais o artista de alcançar a beleza da natureza é o espírito cristão de humildade que o leva não à verdade simples, mas à verdade inferior e popular. E, como para fazer mártires ele sempre tem de representar paixões, faz-se necessário um conhecimento mais ou menos correto do efeito dos músculos. Os mendigos famintos servem-lhe como modelos; e, com o costume de estudar esses corpos descarnados para a partir deles realizar santos e mártires, a proporção geral de suas figuras torna-se excessivamente longilínea, e o estilo de seu trabalho, seco. Eis aí a razão da aparente semelhança que se verifica entre as boas obras etruscas e as obras dos primeiros tempos de nossos séculos de renascimento das artes.

A escultura então existia, mas com um ar triste e atormentado que ela não possuía nos belos séculos de Atenas.

Se acompanharmos essa marcha até o fim, veremos que quando a

---

os homens tomam essas árvores como princípio de suas construções. Se observarmos o caminho que naturalmente seguem, perceberemos que raramente a natureza lhes fornece as idéias sublimes da bela arquitetura, ou ensina-lhes a distinguir as partes das diferentes ordens.

religião se torna política e a Igreja ganha poder, transformando os padres em reis, todas as artes que tinham relação com o culto acompanham essa transformação. A emulação é então suscitada pela riqueza e, assim, quando se quer o belo, ele é buscado na riqueza de ornamento; mas, quando executado por mãos pouco hábeis, o ornamento não faz parte da coisa ornamentada; e, quando comparadas às belezas simples dos gregos, esvai-se toda aparência de beleza. Os gregos são então imitados, e seus deuses passam a figurar santos. Atribui-se a Apolo os raios de sua glória, e ele é novamente adorado sob um outro nome qualquer. A imitação dos antigos faz progressos imensos, e pode-se dizer que Michelangelo, esse gênio admirável que, se tivesse nascido em Atenas, seria digno dela e de Péricles, eleva a escultura a um grau um pouco superior ao que ela se encontrava antes quando, em todo seu esplendor, encantou a Grécia. Em minha opinião, não se deve buscar esse grau de superioridade em relação aos gregos na expressão das ações e das paixões (pois nisso os modernos não excedem em nada seus mestres), mas antes na qualidade delineada e fácil do contorno. Se me perguntardes a razão disso, creio que em grande medida ela reside no espírito geral de nosso século, que é o espírito da simetria, ou o espírito geométrico, que restringe a ousada liberdade que constitui a alma das artes, e que lhes foi tão favorável no espírito geral do séculos dos gregos. Para encerrar o paralelo entre os artistas gregos e modernos, peço-vos que atenteis às figuras que se atribui ao diabo, pois esse é o único tema verdadeiramente nosso e que não pudemos tomar emprestado aos antigos. Nossos artistas tratam-no da maneira mais hedionda e ridícula; tivessem considerado o mesmo tema, os gregos atribuiriam ao diabo uma figura imponente e interessante, com os traços do Lúcifer de Vondel ou de Milton*. É verdade que nisso os poetas têm uma grande vantagem sobre o escultor ou o pintor, e por duas razões: em primeiro lugar, quando representam o diabo podem recorrer ao gigantesco, tomando emprestados dos antigos os filhos da terra, os ciclopes, as divindades infernais etc.; em segundo lugar, podem representá-lo ativamente, e assim a enormidade de suas ações e a grandeza das coisas que lhe dizem respeito podem servir para compor a idéia do ser que combatia Miguel nas planícies do céu.

Volto agora a atenção para a escultura em particular, com o intuito de especificar em que ela difere das demais artes, quais os limites que

---

*) [Joost ven der Vondel (1587-1679), poeta, figura central da literatura holandesa. Hamsterhuis refere-se à trilogia "Lúcifer", "O exílio de Adão" e "Noé". John Milton (1608-77), poeta inglês, autor de "Paraíso Perdido". (N.T.)]

sua natureza lhe prescreve e qual escolha exige no que respeita aos objetos de sua consideração.

A escultura divide-se em dois gêneros: a escultura de bossa redonda e a escultura em baixo relevo. Apenas a primeira é uma arte à parte: ela representa perfeitamente o que propõe representar, dando conta do contorno e da solidez do objeto; ela satisfaz simultaneamente aos dois sentidos, o tato e a visão. A investigação de seus princípios e limites não deve ser realizada a partir da plástica, pois na plástica são utilizados materiais de manejo tão simples que se poderia atribuir-lhe a mesma extensão de composição da pintura. Na pintura, posso fazer um quadro que contenha vinte ricas composições que formam, em conjunto, uma grande composição geral. Mas, como nas obras de escultura geralmente se emprega o metal, o mármore ou qualquer outro material precioso; e como, de resto, essa arte exige um trabalho muito mais considerável, que apresenta muitas dificuldades que não existem na pintura; então ela não pode nunca abarcar tantos objetos como nessa outra arte. Em geral, a escultura imita os objetos em tamanho natural, e por vezes vai mesmo além: são então o preço e a rigidez do material que a obrigam a buscar mais unidade, e é assim que ela se encontra naturalmente limitada à representação de uma figura simples, ou a uma composição de poucas figuras muito simplificadas. Assim, o princípio necessário da escultura é a unidade ou a simplicidade de representação. Mas, como, por natureza a beleza de suas produções brilha por todos os lados e perfis possíveis, ela visa e deve aprazer tanto à distância como de perto; por essa razão, é necessário que ela busque aperfeiçoar o *minimum* do tempo que emprego para formar a idéia do objeto por meio da facilidade e da excelência de seus contornos, em vez de aumentar o *maximum* da quantidade de idéias por meio de uma expressão perfeita das paixões e das ações; e, assim, o repouso e a majestade convém a essa arte. No que diz respeito aos objetos que a escultura pode considerar, há duas razões principais que reduzem seu número: a primeira é que a idéia que uma representação propicia de um objeto deve ser análoga ou conforme à idéia que a faculdade reprodutiva da alma fornece do mesmo objeto, caso fosse pensá-lo sem a representação; a segunda é que a escultura deve apelar à mais longínqua posteridade, valendo-se para isso da linguagem da natureza. Assim, devem ser objetos proscritos da escultura temas tomados à escritura sagrada, sobretudo quando se trata do Ser Supremo, bem como de um grande número de qualidades, vícios ou virtudes personificadas, além de qualquer traje ou vestimenta referente a um século ou nação em particular.

Se a unidade ou a simplicidade do tema e a qualidade fácil e delineada do contorno do todo são princípios fundamentais da escultura, então, caso queira obter com facilidade uma maior perfeição em sua arte, é necessário que o escultor represente uma única figura; que ela seja bela e se encontre em repouso, numa atitude natural; que se apresente com graça; que se posicione de maneira que se possam ver de todos os lados e simultaneamente tantas partes diferentes de seu corpo quanto possível; que haja um pouco de vestimenta nessa composição para lhe dar decência, e para que pregas nobremente ordenadas, em contraste com o contorno nobre da carne, contribuam para aumentar o número de idéias propiciadas; e, para tornar o contraste ainda mais intenso, o artista deve acrescentar uma coluna, um vaso ou um pedestal cuja regularidade permita realçar a bela irregularidade da figura. Enfim, com todas essas qualidades, o contorno total será quase da mesma extensão em todos os perfis e, ao mesmo tempo, o mais curto possível.

Se o artista quer dar à composição um tema imponente, dotado de majestade e grandeza, as figuras devem, na medida do possível, diferir quanto a sexo, idade e proporção; sua ação deve ser una e simples, e todas as partes do grupo devem contribuir para reforçá-la; em todas as proporções deve haver o mesmo número de membros ou de peças salientes, numa atitude tão natural quanto possível. Se a intenção do artista é incitar horror ou terror, é necessário temperá-los com a beleza de uma figura picante e atraente que afaste o repugnante. Certa vez tive a oportunidade de observar um conjunto que representava Teseu arrancando a língua de Filomelo; que idéia para uma escultura! Uma mulher pode chorar e ser bela, mas essa ação de Teseu provoca contorções apavorantes. É lícito que, por vezes, a pintura recorra ao repugnante para estimular o horror, pois tais composições são suficientemente extensas para possibilitar que ele seja mitigado por outra parte; mas, nos limites da composição em escultura, ele seria a parte predominante no todo: na composição de Anfíon, por exemplo, Dirceu apodera-se elegantemente dos chifres de um touro. Enfim, o artista deve ser pintor na medida em que sua intenção é exprimir uma ação, mas deve ser escultor se quiser, da mesma maneira, destacar, na medida do possível, todos os perfis; de tal modo que, quando o contorno total de cada perfil seja medido, se constate que cada um deles tem praticamente a mesma extensão e, ao mesmo tempo, que sejam tão curtos quanto possível.

Segundo esse padrão, pode-se considerar que não há quase nenhuma grande composição perfeita em escultura. Concordo com isso, e ouso adicionar que as duas obras-primas dos ilustres rodianos, Laocoonte e

Anfíon, pertencem muito mais à pintura do que à escultura⁶. De resto, não se pode acusar os gregos desse defeito, mas pode-se dizer que os escultores modernos são na verdade antes pintores do que escultores, assim como os pintores gregos eram antes escultores do que pintores. A escultura em baixo relevo é na verdade um gênero difícil de pintura.

Por exemplo: se o artista visa representar a esfera E da figura D sobre o plano F da prancha 1, introduzindo sobre esse plano o mediano da esfera, sua imitação será perfeita, e ele poderá ser considerado um escultor de bossa redonda; mas, como se vê em G, ele deve criar, por meio de falsos contornos, gradações de sombras causadas pelos contornos da esfera verdadeira. Seria necessário uma profunda geometria para realizar um fragmento de extensão qualquer nesse gênero, pois quando nele se encontram verdadeiros contornos e partes salientes o trabalho é em bossa redonda.

Não existem muitas peças verdadeiras de baixo relevo além de medalhas, camafeus e gravuras sobre fundo ôco. Essa última arte vale-se apenas de um relevo pouco elevado, pois se a intenção é executar partes muito salientes, a fineza do contorno é prejudicada e destruída. Sei muito bem que alguns artistas gregos e, entre nós, Natter, Constanzi e outros, muitas vezes incorreram em tal equívoco, mas somente porque optaram por deslumbrar com uma execução difícil em vez de sabiamente restringir-se aos limites naturais de sua arte, aprazendo assim os bons conhecedores.

Visto que essa arte foi considerada com profundidade pelo conde de Calius e por Mariette, e que vossa magnífica coleção vos ensinou muito mais do que eu poderia dizer, apenas abuso de vossa paciência. Termino então minha carta assegurando-vos da profunda devoção com que sou, etc.

---

6) Deve-se observar que, nos conjuntos ou estátuas de marfim de tamanho reduzido, é permitido ao artista ser um pouco mais pintor, pois elas são vistas de perto e, portanto, é possível e vantajoso atribuir-lhes alguma expressividade. Quanto aos grupos de Laocoonte e Anfíon, considero que pertencem unicamente à escultura de bossa redonda. Se os considerarmos como construídos para decorar nichos, eles se aproximarão do gênero de baixo-relevo, e é unicamente então que poderão ser julgados a partir dos princípios dessa arte, pois a grande distância que essas peças exigem para ser vistas exige um ponto de vista único.

41

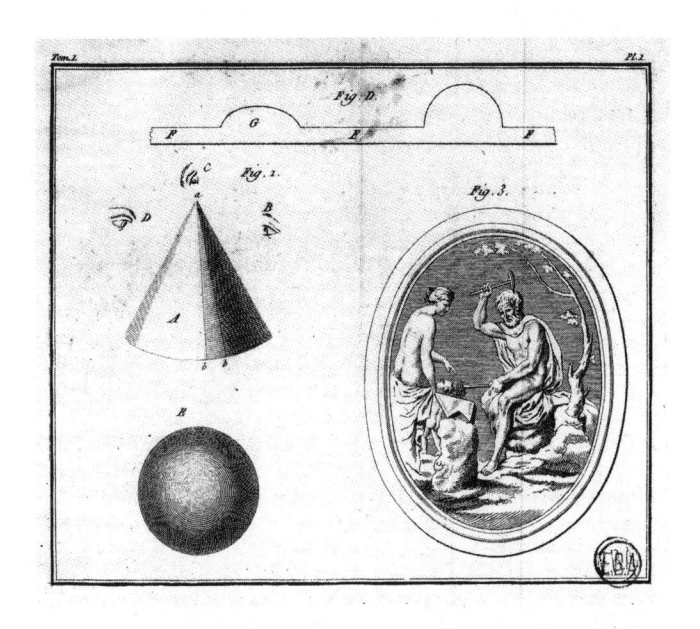

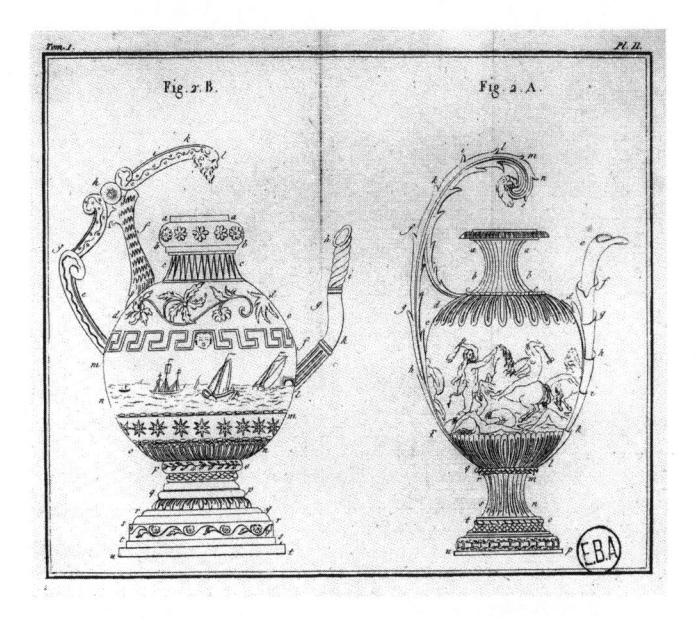

CARTA SOBRE O HOMEM E SUAS RELAÇÕES*

Para o Sr. F. F.

*Avia Pieridum peragro loca, nullius ante
Trita solo: juvat integros accedere fontes.*

Lucrécio**

Advertência do editor

O pequeno livro que apresento ao público não é dos mais fáceis de se entender, e não somente exige gênio no leitor, mas ainda uma atenção extrema, unida a um desejo ardente de conhecer as origens das coisas.

J. Kepler, *Dióptrica*.

A liberdade de imprensa nunca foi tão grande como em nossos dias; e, ainda que fosse prejudicial e mesmo perigoso para nossos conhecimentos restringi-la, é no entanto incontestável que o número de progressos que lhe devemos nas ciências e nas artes dificilmente iguale os danos reais que ela traz para a moral.

A prodigiosa quantidade de escritos em que se prega abertamente o

---

*) [A *Carta* é dirigida a F. Fagel, pupilo de Hemsterhuis a quem este presta homenagem póstuma na *Descrição filosófica do caráter do falecido Sr. F. Fagel* (1773). A "Advertência do editor" é de autoria do próprio Hemsterhuis. Com exceção da epígrafe, as citações de autores latinos e gregos seguem as traduções para o francês realizadas por Hemsterhuis. (N.T.)]

**) [Percorro agora, com vivo espírito, as regiões desviadas das Piérides, que ninguém trilhou antes de mim. Lucrécio, *De rerum natura*, Livro I, 926-28. Tradução de Agostinho da Silva. In: *Os pensadores*, v. V. São Paulo, Abril, 1973. (N.T.)]

ateísmo e em que se pretende destruir e tornar ridículas as noções da existência de um Ser Supremo, da imortalidade da alma, da necessidade de alguma religião e da realidade dos costumes, é um mal ainda maior que nos afeta num século em que o tom filosófico reina por toda parte, e o jargão das ciências e da filosofia é a linguagem da moda. Isso leva os espíritos medíocres, que são a maioria, a tomar por demonstrações sem réplica as mais absurdas declarações enunciadas com graça e cunhadas nesse jargão.

Eis o que me levou a publicar este pequeno escrito cunhado no jargão da filosofia, no qual se mostra, ao que me parece com evidência, que a mera razão, por meio de experiências simples e isentas das alterações que a imaginação e os preconceitos lhe trazem, jamais poderá levar aos sistemas do materialismo e da libertinagem.

Peço perdão ao autor pela liberdade que tomo ao dispor dessa maneira de sua obra, e desejo que ele esteja mais satisfeito de ter sido bem sucedido com a busca da verdade, do que irritado com espíritos fracos e incapazes de compreendê-lo que se alarmam com suas aparentes singularidades.

* * *

Senhor: é tanto para satisfazer-vos quanto para proveito próprio que organizei numa certa ordem as investigações que agora vos envio. Elas dizem respeito à natureza do homem, às coisas que estão fora dele e às relações que ele tem com essas coisas.

Acredito que muitas pessoas me reprovarão pela pouca inteligibilidade e clareza deste pequeno escrito. Mas, dirigindo-me a vós, tenho a vantagem de poder chegar à inteligibilidade e à clareza a partir da formação delas em vossa mente.

Assim, se encontrardes muitas sombras e lacunas em meu catálogo, peço-vos que considereis que o assunto é grandioso e às vezes obscuro, concernindo à face mais profunda do universo, que não se encontra voltada para os nossos órgãos, situada no abismo dos seres.

Devemos ainda considerar que já é muito que um céu cerrado e sombrio se modifique em nuvens isoladas, onde os interstícios permitem ao menos entrever a abóbada estrelada.

* * *

Um ser que tem a faculdade de sentir somente pode ter uma sensação de outra substância através de idéias ou de imagens que nascem das relações entre a substância e esse ser, ou entre ele e aquilo que a separa dele, que é o que chamo de órgão. Ou seja, um órgão não é apenas o olho que vê, mas também a luz que reflete sobre o objeto, não é somente o ouvido que escuta, mas também o ar posto em oscilação pelos movimentos de um objeto.

Quando recebe a idéia de um objeto, esse ser sente-se como passivo; pois, se a modificação do objeto e do órgão permanecerem a mesma, é inevitável que ele receba a idéia.

Assim, ele sente que há um objeto ou uma causa da idéia que está fora dele, convicção que é reforçada quando outros seres como ele têm a mesma sensação.

Então o objeto existe realmente fora do ser. Mas, como a idéia é o resultado das relações entre o objeto e a modificação dos órgãos, a partir disso ele conclui que, dentre todos os modos de existência desse objeto, encontra-se também o modo de existência do qual ele tem a sensação por meio de uma idéia. O que significa que, para ele e para seus órgãos, o objeto existe realmente tal como lhe aparece, e é isso que determina o princípio que podemos ter sobre as idéias primitivas que recebemos através do órgão.

Peço-vos que atenteis a essa reflexão, pois apenas ela dá o direito de aspirar ao conhecimento da verdade.

Essa aquisição das idéias primitivas, comum ao homem e à besta, é ainda muito pouco na constituição do ser pensante.

As idéias primitivas esvaem-se inteiramente na ausência dos objetos; portanto, é impossível que um ser compare dois objetos cuja ação sobre seus órgãos não coexiste simultaneamente, a não ser que recorra a um meio para fixar as idéias, ou seja, a signos.

Definirei provisoriamente os signos como símbolos distintos que correspondem às idéias. Dada a idéia, aparece o signo; e, reciprocamente, dado o signo manifesta-se a idéia correspondente.

Deve-se notar que considero aqui o ser que tem a faculdade de sentir como indivíduo absolutamente isolado, sem fazer parte de uma sociedade; e, portanto, que considero os signos unicamente como instrumentos para evocar as idéias, e não como meio para a comunicação de idéias entre um ser e outro.

Os primeiros signos naturais são efeitos do objeto sobre o órgão e, assim, o próprio objeto é signo da idéia que lhe corresponde. Mas, como o objeto que está fora do ser que tem a faculdade de adquirir idéias não depende desse ser, então ele recebe todas as suas idéias ao acaso, ou seja, na medida em que o signo ou o objeto apareça. Deve-se excetuar os casos em que a veleidade de um tal ser tem o poder físico de reter, por algum tempo, o objeto e a idéia.

É dessa espécie de signos que a maioria dos animais parece valer-se. Se o próprio objeto é o signo que lhe corresponde, a veleidade do ser não pode ter relação com esses signos; e, portanto, é apenas a partir das idéias de objetos que coexistem realmente diante deles que os animais são capazes de pensar ou fazer projetos[1].

Quando examinarmos a razão, mostraremos distintamente em que consiste a diferença entre a nossa maneira de pensar e a dos animais.

Assim, para que um ser que tem a faculdade de receber idéias pense, raciocine ou projete, é necessário que tenha signos que não sejam objetos, mas que correspondam aos objetos que ele deve dominar.

Um tal ser pode procurar para si mesmo, de muitas maneiras diferentes, signos que evoquem suas idéias. Para isso, basta reunir em coexistência com a idéia, ou com o último movimento de fibras que produz a idéia, alguma coisa que dependa de sua veleidade: um som de sua voz, um movimento de seu corpo, uma certa modificação de coisas fora dele que ocorra diretamente sob o domínio de seus órgãos. E, para verificar se o signo corresponde realmente à mesma idéia, ele pode reunir mais objetos em coexistência, comparando-os entre si.

Consideramos já a maneira de adquirir idéias, de evocá-las, e quais os princípios de que dispomos para verificar a veracidade das representações; veremos agora o que são a razão e o raciocínio.

O ser que tem a faculdade de sentir e adquirir idéias, ou a faculdade contemplativa, ou intuitiva, tem sensações verdadeiras dos objetos que se encontram fora dele e da modificação que se apresenta a seus órgãos. O ser que liga a essa faculdade intuitiva o poder de evocar idéias por meio de signos tem o poder de fazer com que essa faculdade atue sobre tantos objetos quantos ela possa reunir em coexistência por meio de idéias.

É essa faculdade intuitiva que chamamos de razão; e, à sua aplicação às idéias, chamamos de raciocínio.

O grau de perfeição da inteligência é constituído pela quantidade de

---

1) *A principal diferença entre o homem e a besta é que esta se acomoda unicamente às coisas atuais e presentes, instigando os sentidos com uma sensação muito fraca do passado e do futuro.* Cícero, *De Officiis*.

idéias coexistentes que ele é capaz de oferecer e submeter à faculdade intuitiva.

Uma inteligência que fosse absolutamente perfeita poderia reunir em coexistência mais idéias em toda força do termo. Assim, entre duas inteligências, a mais perfeita é a que aproxima o maior número possível de idéias de uma coexistência absoluta.

Por exemplo: seja $a:D::D:x$; seja, ainda, $a=2b$, $b=2c$, $c=2D$. Suponhamos que quatro inteligências evoquem as idéias de a, b, c, D e x, e de todas as relações que apresentei.

A primeira inteligência, que suporemos reunir em coexistência quase todas as suas idéias, sentirá que $x=a/64$. Ela compara, então, a com x, sem considerar todas as relações intermediárias; ou, mais ainda, ela sente todas essas relações num mesmo instante.

A segunda segue a primeira nisto: $x=a/64$, mas percorre rapidamente todas as relações intermediárias.

A terceira começa ordenando suas idéias, da mais simples à mais composta. Então ela compara as duas mais simples, e chega a uma conclusão, adquirindo uma nova idéia de relação. Ela compara essa nova idéia com a idéia menos composta de todas as seguintes, chegando assim a uma conclusão. E, com a nova idéia que daí resulta, ela continua a mesma manobra, chegando enfim à mesma verdade.

A quarta gradativamente reúne em coexistência duas dessas idéias ou relações, sem poder decidir qual delas é a mais simples ou a mais composta. Ela pensa ao acaso, comparando a relação entre a e b àquela entre c e D, ou ainda entre b e c àquela entre D e x, de onde não há qualquer conclusão, qualquer verdade, qualquer nova idéia a tirar, onde falta a intuição das idéias ou das relações intermediárias[2].

---

2) Esse é o lugar apropriado para uma reflexão geral. Entre o pequeno número de pessoas que a leitura desta obra poderá entreter, haverá muitos que se convencerão das verdades aqui contidas; mas, tão logo encerrem a leitura, retornarão às dúvidas e erros que há muito se acostumaram a ter como verdades. Mas não se deve por isso concluir que os raciocínios aqui apresentados sejam falsos, as conclusões indevidas, e que os argumentos que levam a essas conclusões sejam arbitrários, errados ou equivocados, pois a única razão desse efeito reside na imperfeição de nossa inteligência limitada.

A convicção perfeita é o sentimento do verdadeiro absoluto. Para nós, o verdadeiro absoluto é a identidade entre a idéia de uma coisa e sua essência.

Temos perfeita convicção e sentimento do verdadeiro absoluto. Para nós, o verdadeiro absoluto é a identidade entre a idéia de uma coisa e sua essência.

Temos perfeita convicção da verdade do seguinte axioma: um todo é maior do que sua parte; um todo é tão grande quanto a união de suas partes. Quando unimos uma linha reta a outra, temos perfeita convicção de que os ângulos dos dois lados são

No primeiro exemplo, temos o gênio que engasta; no segundo, o espírito que adivinha, que se adianta, e que pode equivocar-se; no ter-

iguais às duas retas: trata-se de uma verdade. Quando a combinamos com outras verdades igualmente claras, chegamos ao conhecimento de que os três ângulos de um triângulos são iguais a duas retas. Combinando essas verdades com outras, descobrimos que, no triângulo retângulo, o quadrado da hipotenusa é igual aos dois outros, e assim por diante; e, enquanto nos valermos de retas subsidiárias em nossa demonstração, nossa convicção permanecerá inteiramente inabalável. Mas se apagarmos as retas subsidiárias, mantendo diante dos olhos apenas o triângulo retângulo inicial, nossa memória recorda-nos de que, por meio de muitas manobras da razão, chegamos à verdade: por exemplo, que o retângulo da hipotenusa é igual aos dois outros retângulos. Mas, visto que não podemos reunir num mesmo instante todas as verdades por que passamos, a convicção que temos delas não pode ser tão grande quanto a que temos das verdades primeiras de que partimos, e isso apesar de todas as verdades — da mais simples à última a que chegamos — serem igualmente verdadeiras. Se uma dessas verdades fosse falsa, a própria essência do triângulo seria absurda, e assim pode-se concluir que o conjunto dessas verdades perfaz uma só verdade. Temos razões para crer que existem homens com uma convicção suficientemente forte do quadrado da hipotenusa, mas não é certo que uma inteligência limitada possa vislumbrar, num mesmo instante, tudo o que compõe um triângulo, a totalidade de todas as propriedades que sua natureza admite.

Se para investigar ou demonstrar uma nova verdade recorrermos a fórmulas algébricas em vez de figuras e linhas subsidiárias, a convicção será ainda mais forte, pois essas fórmulas não são mais do que signos de verdades um pouco mais análogos às verdades que designam do que as palavras o são em relação às coisas que representam. Portanto, parece incontestável que, desde que sejam realizadas com a devida atenção, o resultado das operações algébricas não somente será tão verdadeiro quanto a verdade simples de que elas partem, mas também que esse resultado é a mesma coisa do que a verdade simples, dessa vez considerada a partir de uma outra perspectiva.

O homem comum supõe que a verdade pode ser mais ou menos verdadeira, o que é impossível. Essa variação existe na convicção que, percorrido o caminho que leva do axioma mais simples à verdade demonstrada, se situa no sentido inverso à razão. Se pudéssemos concentrar todas as convicções instantâneas acerca de todas as verdades por que passamos, teríamos uma convicção tão forte do resultado dessas verdades quanto da mais simples entre elas (a que serviu como base e princípio da demonstração).

Se, percorridos alguns milhares de silogismos, pudéssemos conhecer ou demonstrar a verdadeira causa da aparente irregularidade da posição das estrelas, a convicção dessa verdade — que é igual à verdade simples de que partimos, apenas considerada de outra maneira — seria nula, mas seria absurdo concluir, por isso, que a própria verdade é nula. Nos raciocínios mais complexos o homem relaciona mecanicamente a conclusão última com a verdade de que partiu. Ele não sente tal relação e, assim, destrói-se a convicção e surge a dúvida; mas, quando toma a penúltima conclusão como axioma (o que de fato ela é), se acostuma a sentir as maiores e mais vastas verdades.

Creio que isso basta para mostrar as razões de sermos tão pouco convictos quanto às verdades mais incontestáveis.

ceiro, a sagacidade que procura e encontra; no quarto, trata-se da estupidez errante e cega.

Pelo que já se disse aqui, fica evidente que o raciocínio não é outra coisa do que a mera aplicação da faculdade intuitiva às idéias presentes e, na medida do possível, coexistentes; e que em todas as verdades de comparação das quais ela resulta, a verdade é sempre a mesma. Assim, do gênio deve esperar-se as verdades maiores e mais distantes; da sagacidade, as verdades claras e sensíveis para todo o mundo; do espírito, as verdades e os erros; e, da estupidez, as trevas.

O que muitas vezes se apresenta sob a denominação de filosofia é, propriamente falando, apenas o excremento que resta após a efervescência da imaginação.

Não há nada de tão extravagante que essa espécie de filosofia não tenha alguma vez imaginado, e isso deve ser atribuído à cegueira da estupidez; assim, inventou-se uma lógica para mantê-la minimamente sob controle e, se é que isso é possível, iluminar, por pouco que seja, o caos da estupidez.

Deve-se notar que essa lógica é artificial, sendo, portanto, posterior à faculdade intuitiva, onde se encontra a única lógica verdadeira.

O ser que tem a faculdade de sentir dispõe de três meios naturais por intermédio dos quais pode receber idéias:

$1^{\underline{o}}$ A ação dos objetos que põem os órgãos em movimento.

$2^{\underline{o}}$ O movimento acidental dos órgãos.

$3^{\underline{o}}$ O movimento imprimido aos órgãos por meio de signos.

É importante considerar ainda o grau de clareza das idéias que daí surgem.

A idéia que resulta da presença do objeto tem toda a clareza requerida, sem confusão.

A idéia produzida pelo movimento acidental dos órgãos é bem menos clara, sendo, na maioria das vezes, confusa.

A idéia que tem a veleidade evocada pelo signo tem ainda menos clareza, mas é bem acabada e isenta de confusão.

Podem-se medir esses graus de clareza pela experiência.

Quando sonhamos e a cena do sonho se passa à luz do dia, se prestarmos atenção ao sonho e, ao abrir os olhos, compararmos a claridade do verdadeiro dia com aquele que foi deixado para trás, constataremos a enorme diferença entre a idéia produzida pelo objeto real e presente e a que é ocasionada pelo movimento acidental dos órgãos.

Quando nos aprazemos em acompanhar uma demonstração

geométrica, ou quando jogamos xadrez com os olhos fechados, torna-se perceptível a distância entre a clareza das idéias imprimidas pelo objeto real e aquelas que acompanham o pressentimento do signo.

Nos sonhos muitas vezes descobrimos verdades geométricas que em vão procuramos durante a vigília; nos sonhos, o homem é mais resoluto e determinado do que nas horas de vigília: ele tem mais medo e mais coragem e, ouso afirmar, raciocina mais justamente, pois sua faculdade intuitiva não contempla senão idéias presentes e coexistentes que não foram evocadas por signos e que, portanto, são mais fortes e verdadeiras do que as idéias de evocação. É nos sonhos que o homem se encontra em sua verdadeira característica. Num relato fidedigno dos sonhos de um homem, encontra-se o quadro perfeito de seu caráter moral: Alexandre jamais escolheu a fuga em sonho.

Portanto, concluímos que os movimentos das últimas fibras do órgão, ocasionados pelo estado acidental do corpo, são muito mais fortes do que os imprimidos por meio dos signos.

Se considerarmos ainda que a maioria dos animais é mais determinada e resoluta em suas ações do que a maioria dos homens, compreende-se facilmente qual a espécie de diferença existente entre o estado intelectual dos animais e o do homem.

O animal não tem signos arbitrários e, portanto, não tem a faculdade de evocar idéias de objetos através da vontade, o que priva sua faculdade intuitiva de uma quantidade imensa de idéias que poderiam ser contempladas.

Vejamos então a quantidade e a qualidade das idéias que lhe restam.

A quantidade é formada pelas idéias que o animal recebe através da impressão atual dos objetos, e por algumas idéias acessórias que a aparição do objeto, na condição de signo, evoca. Que se tome um cachorro que foi surrado por um homem. Esse animal carece de signos arbitrários, ele não tem a faculdade de evocar, através da vontade, a idéia do homem e das pancadas que recebeu. Mas, tão logo o homem reaparece, ele torna-se um signo que evoca a idéia das pancadas recebidas, da dor que o cachorro sentiu, etc. Ele raciocina justamente sobre essas idéias coexistentes.

Quanto à qualidade das idéias que lhe restam, as idéias recebidas do objeto presente são tão fortes como as que o homem recebe, com a restrição de que a perfeição do órgão pode ser maior ou menor neste ou naquele animal. Tais idéias decorrem do movimento das fibras do órgão ocasionado pela presença do objeto, e as idéias acessórias resultam do movimento que imprimiu nas fibras vizinhas anteriormente postas em movimento pelos objetos que coexistiram com o objeto que agora serve de signo.

Assim como o homem, o animal também recebe idéias em sonhos, por meio do estado acidental de seu corpo, em quantidade proporcional à das idéias que ele é capaz de adquirir em vigília.

Disso resulta, em primeiro lugar, que a faculdade intuitiva do animal é capaz de agir apenas a partir das idéias que os objetos ou a limitação de seus órgãos lhe permitem.

Em segundo lugar, as idéias coexistentes, que compõem os únicos objetos sobre os quais a faculdade intuitiva aplica sua medida, são em número muito escasso se comparadas à imensa quantidade de idéias que a veleidade é capaz de reunir em coexistência e comparar.

Em terceiro lugar, o animal recebe quase todas as suas idéias com a mesma clareza: ele tem paixões igualmente fortes e, por assim dizer, sua espécie tem mais caráter nacional do que o homem, o que poderia responder à questão de Filêmon:

> Por que razão, Prometeu, quando criastes os homens e os animais, destes a estes, em cada espécie, um só caráter moral?[*]

Pelo que já afirmamos parece claro que, excetuando a possibilidade de que a faculdade de recorrer a signos arbitrários pertença à essência do homem, os animais encontram-se infinitamente abaixo dele no que respeita à faculdade intelectual.

Parece-me ainda que o instinto é o juízo ou o resultado necessário da ação da faculdade intuitiva sobre um punhado de idéias simples, claras e coexistentes.

Consideramos até aqui o ser que tem a faculdade de sentir, pensar e raciocinar. Passemos agora à contemplação do homem como ser ativo, investigando se ele é simples ou composto, suscetível à destruição ou dotado de uma essência permanente.

---

*) [Na mitologia grega, Filêmon e Baucis, casal de idosos que recebem Zeus e Hermes disfarçados de mendigos. Como recompensa pela hospitalidade, os deuses poupam sua casa de um dilúvio e a transformam em um templo. Após sua morte, Filêmon e Baucis são transformados em árvores com galhos entrelaçados. (N.T.)]

1. Um corpo em repouso mantém-se naturalmente em estado de repouso.
2. Portanto, é apenas pela ação de algo que não é ele mesmo que tal corpo pode passar do repouso ao movimento, ou do movimento uniforme ao movimento acelerado.
3. Através de um ato de sua veleidade, o corpo do homem passa do repouso ao movimento, ou deste ao movimento acelerado[3].
4. Assim, o corpo do homem é posto em movimento, ou seu movimento é acelerado, pela ação de uma coisa que não é esse corpo.
5. Portanto, o princípio motor desse corpo, que é a alma, é uma coisa diferente dele.

1. É contraditório que uma coisa qualquer destrua uma propriedade essencial a si mesma, visto que essa propriedade pertence à sua essência; e, se isso ocorresse, ela seria reduzida a nada.
2. Permanecer movendo-se numa mesma direção é uma propriedade essencial de um corpo em movimento.
3. Ora, por meio de um ato de sua veleidade, o homem muda a direção do movimento de seu corpo.
4. Portanto, se não influísse sobre outra coisa além de seu corpo em movimento, o homem destruiria uma propriedade essencial a si mesmo.
5. Portanto, o primeiro motor desse corpo é a alma, que é diferente dele.

1. As idéias que temos das coisas derivam da relação entre elas e nossa maneira de perceber e sentir.
2. Podemos ter uma idéia de tudo o que é extenso e figurado.
3. A menor partícula de nosso corpo é extensa e figurada.
4. Portanto, somos capazes de ter uma idéia da menor partícula de nosso corpo.
5. Mas a idéia é o resultado da relação entre a partícula e aquele que a percebe.
6. Portanto, aquele que a percebe é algo diferente da partícula, e a alma é uma coisa diferente do corpo[4].

---

3) A demonstração da realidade da veleidade e da espontaneidade do homem encontra-se nas páginas 57ss.
4) Contra os que negam a imaterialidade e a imortalidade da alma, considerando a matéria como algo eterno, podemos sustentar o seguinte raciocínio.
   A sensação íntima do *eu* é simples. Suponhamos que um homem seja composto pelas partes materias isoladas *a*, *b*, *c*, etc. Se o *eu*, ou a sensação do *eu*, encontra-se em *a*, *b* ou *c*, ele é outra coisa do que *a*, *b* ou *c* e, portanto, não pertence à matéria. Se ele é *a*, *b* ou *c*, então segue-se que: 1. Ele é eterno, tal como *a*, *b* ou *c*; 2. Para ser *a*, ele

1. As idéias que temos de ação e de força advêm da dificuldade que temos para mudar as coisas de lugar.
2. Mudar as coisas de lugar exige, então, uma ação.
3. Ora, um corpo em movimento muda de lugar a todo instante.
4. Portanto, a todo instante esse corpo obedece a uma ação presente e real.
5. Mas, sem obstáculos, esse corpo continuaria eternamente a mover-se de maneira uniforme.
6. Portanto, o princípio movente que se encontra nesse corpo em movimento, faz com que ele se mova, exista e aja eternamente.
7. Assim, considerado em si mesmo, o movimento é uma ação única, uniforme e eterna.

1. Uma causa somente é causa de um efeito quando produz um efeito.
2. Portanto, um efeito é o efeito ou a seqüência necessária da causa que o produziu.
3. Portanto, os efeitos são proporcionais às suas causas.
4. Como nascer, crescer, envelhecer e morrer são efeitos necessários de uma causa cujo modo de existência consiste na coexistência sucessiva das partes, então o movimento enquanto tal, ou essa ação única, uniforme e eterna, é o efeito necessário de uma causa única, uniforme e eterna.

Uma reflexão sobre o que é o eterno não parece fora de propósito, e deve-se tê-la em vista sempre que nos referirmos à matéria.

Muitas vezes consideramos uma coisa como essencialmente eterna, como uma coisa que existiria por si mesma. É verdade que uma coisa que existisse por si mesma seria necessariamente eterna em sua essência, mas disso não se segue que toda coisa essencialmente eterna existiria por si mesma.

Uma coisa que, para não existir, precisasse apenas ser decomponível, não é essencialmente eterna.

Uma coisa que, para não existir, precisasse ser destruída, seria essencialmente eterna.

Tudo o que cai sob nossos sentidos, seja um animal, uma planta,

---

não precisa ser *b* ou *c* . Para ser *b*, ele não precisa ser *a* ou *c*; e assim por diante. Portanto, ele não é *a*, *b* e *c* nem em *a*, *b* ou *c*. Da mesma maneira, ele não pode ser *a* - *b* - *c*, e isso por duas razões: 1. Porque ele é simples; 2. Porque então ele seria outra coisa diferente de *a* - *b* - *c* . Ele não pode ser *a* - *b* - *c* porque é simples, e a - *b* - *c* é apenas um agrupamento de partes isoladas, em nenhuma das quais ele pode encontrar-se. Portanto, o *eu* resulta da combinação entre *a*, *b*, *c*, etc. Mas esse resultado é algo diferente de cada uma dessas partes e, assim, o *eu* é distinto da matéria.

uma pedra ou uma construção, encontra-se, enquanto tal, no primeiro caso. Vimos que o movimento se encontra no segundo, e mostrarei agora que o mesmo se passa com a matéria.

O que é decomponível até a extinção de sua essência, ou até que deixe de ser o que é, não é essencialmente eterno. Uma árvore consumida pelas chamas deixa de ser árvore, mas a matéria enquanto tal não pode ser decomponível até a extinção de sua essência, porque a última partícula permanece essencialmente extensa, figurada e impenetrável. Portanto, para que a matéria não existisse seria necessário que ela fosse destruída, e assim ela é essencialmente eterna[5].

Quanto ao movimento, vimos que o que é essencialmente eterno pode ter tido um começo. Portanto, não é impossível que a matéria, que é essencialmente eterna, tenha tido um começo. Digo mais: não somente isso não é impossível, mas mostrarei que ela necessariamente deve ter tido um começo.

O que existe por si mesmo, e cuja essência consiste em existir, existe necessariamente de modo determinado; e, existindo necessariamente, seria contraditório que não existisse, ou que existisse com uma outra determinação[6].

Suponhamos agora que as últimas partículas da matéria sejam cubos: não seria contraditório que elas fossem esferóides, octoedros, etc. Portanto, a matéria não existe necessariamente de modo determinado. Também não é contraditório que, no lugar dessa partícula, existisse apenas a extensão. Portanto, a matéria não existe necessariamente, e a exis-

---

5) Eis aqui algo que pode servir como corolário a esse respeito: o que não pode ser decomposto até à extinção de sua essência é essencialmente eterno, e o que não pode ser decomposto de nenhuma maneira é essencialmente eterno. Ora, o *eu* é simples, e não pode ser decomposto. Portanto, o que constitui o *eu* é essencialmente eterno.

6) Tudo o que existe, existe a cada momento de modo determinado, e é contraditório que a mesma coisa exista ao mesmo tempo de dois modos diferentes. Portanto, o que existe por si mesmo, ou o que existe essencialmente, existe num momento dado de modo determinado, e é contraditório que, nesse momento, exista de um modo diferentemente determinado; e, existindo essencialmente, o modo como existe pertence à sua essência. Mas o modo de existência pertencente à sua essência num dado momento deve pertencer à sua essência em todos os outros momentos. Ora, sendo contraditório que esse algo exista de outro modo num outro momento, também é contraditório que exista de outro modo em todo outro momento. Portanto, o que existe por si mesmo existe eternamente de modo determinado, e é imutável. Ele existe então necessariamente, pois seria contraditório que não existisse. Suponhamos algo que existe por si mesmo como sendo A num determinado momento: ele tem em si mesmo, nesse momento, tudo que é necessário para que seja A. Ele é A porque seria contraditório que, nesse momento, não fosse A. Mas, se a existência é a essência de A num dado momento, ela é sua essência em todo outro momento.

tência não faz parte de sua essência; e, assim, ela não existe por si mesma, mas por meio de um outro[7].

Voltemos ainda uma vez à alma. Como causa única, uniforme e eterna, é apenas quando adquire idéias de coisas que se encontram fora dela que a alma pode sentir que existe. Ela sente que é diferente de tudo de que tem idéias, que é diferente de tudo que está fora dela. O que está fora dela, e de que ela tem idéias, é o ponto de apoio do qual parte para chegar à sua própria existência. Através desse ponto de apoio cego, ou seja, dos órgãos através dos quais ela pode ter idéias de coisas exteriores mas nada compreendem, a alma não poderia ter qualquer sensação de sua existência. São seus desejos, sua faculdade atrativa, que a advertem de que ela é. Ela sente que age através da idéia de reação. Sem a reação, ela não teria qualquer idéia de sua veleidade: anulada por um momento toda reação, a veleidade (a faculdade de poder agir) pára, visto que ela se manifesta apenas por meio da reação. Assim, é bem pouco filosófico concluir, sobre o estado da alma, quando ela se encontra num sono profundo, que ela não existe.

Para formar idéias, pensar e agir, a alma precisa de órgãos. Sua ação, ou a impulsão que ela imprime às coisas exteriores, é essencialmente eterna e indestrutível, na medida em que não é contraditória com a impulsão maior, imprimida na natureza pelas mãos do Criador.

Quando nos viramos com grande rapidez, quando corremos e quando saltamos, podemos sentir distintamente a indestrutibilidade desses movimentos que nossa veleidade imprime ao corpo. A veleidade não pode destruí-los, a menos que, por meio dos órgãos, recorra às forças imprimidas em toda natureza, dirigindo-as contra o movimento que suscitou por si mesma.

Nas faces do universo que conhecemos há apenas uma única organização à qual a alma pode ligar-se agindo sobre ela. Mas, uma vez ligada aos seus órgãos, tudo o que é homogêneo a eles se transforma para ela

---

7) Pode-se demonstrar a mesma coisa de outra maneira. Vimos que o que existe por si mesmo existe eternamente de maneira determinada e que, portanto, suas modificações não podem ser alteradas. Ora, a matéria é essencialmente figurada e figurável e, assim, uma modificação qualquer da matéria pode ser modificada ao infinito. Portanto, a matéria não existe por si mesma, mas por meio de um outro.

O que existe por si mesmo e cuja essência é a existência é essencialmente infinito, pois já vimos que uma coisa que é essencialmente imutável não é suscetível a qualquer acréscimo, sendo, portanto, essencialmente infinita. Ora, a matéria é essencialmente figurável, e, portanto, essencialmente figurada; assim, a determinação e a finitude pertencem à sua essência. Portanto, a matéria não existe por si mesma, mas por meio de um outro.

em órgão. A alma relaciona-se com todas as faces do universo que conhece, agindo sobre todas elas assim como age sobre seu próprio corpo; ou seja, proporcionalmente à intensidade da ação que emana de sua veleidade diante das forças das leis da natureza derivadas das emanações da veleidade suprema.

A razão para que o homem ainda duvide da imortalidade e da indestrutibilidade de sua alma, após demonstrações e provas tão claras, é que ele sente e se dirige apenas às coisas que estão fora dele. Poucas cabeças são capazes de uma abstração maior, e a maioria acostumou-se comodamente a atribuir à alma uma certa modificação que, em maior ou menor medida, se adequa às idéias vagas e superficiais que formam de suas próprias ações, em vez de aprofundar a natureza de suas ações, para daí remontar à constituição da essência da alma.

Mostrai a uma lagarta o estado de bondade que lhe é próprio; ela duvida, acreditando que Deus a destinou a caminhar por folhas, roer suas bordas e, por fim, a ser consumida para o bem de outrem; quando, na verdade, sua alma encontra-se ligada a um princípio físico que dentro em breve a levará a brincar nos ares, voar de flor em flor, viver do orvalho e sorver em grandes goles os prazeres mais puros do amor.

Como nos raciocínios precedentes não foram consideradas as conseqüências neles implícitas, creio que, antes de passar à contemplação das coisas que estão fora do homem, será necessário responder a algumas eventuais objeções.

1. Nos sonhos recebemos as idéias da mesma maneira que na vigília. Segundo os raciocínios aqui apresentados, deve-se concluir que as coisas das quais parecemos ter idéias existem tal como elas se nos aparecem, e que não existem em nenhuma parte senão nas imagens ou idéias que nascem do movimento acidental dos órgãos.

Sem repetir o que foi dito em relação à clareza das idéias que temos em nossos sonhos — e, com respeito à vigília, que a sensação de outros seres de nossa espécie nos convence da existência de coisas fora de nós —, observo apenas que nos sonhos e no delírio acreditamos ver coisas compostas por partes que de fato vimos durante a vigília, por meio de imagens ou idéias primitivas que essas partes realmente existentes produziram, por meio de suas ações, sobre as fibras últimas do órgão.

Assim, é verdade que as partes que compõem esse monstro ou espectro imaginário existem, ou realmente existiram, da mesma maneira como se nos apareceram.

2. A única coisa que poderia enfraquecer a demonstração da heterogeneidade entre a alma e o corpo é a afirmação de que raciocino apenas a partir da constituição da matéria bruta que cai sob nossos sentidos; e que, segundo todas as aparências, a matéria teria uma infinidade de propriedades essenciais, distintas daquelas que conhecemos; e, sendo assim, eu deveria ter sido mais circunspecto ao concluir sobre as poucas propriedades conhecidas da matéria.

Não se pode afirmar ou negar coisas das quais não sentimos a possibilidade e a impossibilidade, a existência e a não-existência; e, como essas supostas propriedades encontram-se nesse caso, é impossível formar qualquer argumento a esse respeito.

Suponhamos que a matéria tenha uma infinidade de propriedades essenciais que desconhecemos. É perfeitamente possível que uma coisa qualquer tenha duas propriedades essenciais contraditórias, vale dizer, que a matéria seja, ao mesmo tempo, figurável e não-figurável, extensa e não-extensa, etc. Portanto, é absolutamente impossível que, dentre a infinidade de propriedades essenciais nela supostas, se encontrem propriedades pelas quais a matéria possa ser não-figurada, não-extensa, etc.; assim, as conclusões tiradas dos argumentos fundados sobre o conhecimento da matéria bruta não têm nada de fortuito.

3. Da demonstração da imortalidade da alma segue-se que a alma do homem, do animal e a de uma mola, consideradas como causa do movimento, que é essencialmente eterno, são da mesma maneira essencialmente eternas.

É verdade que, a exemplo do homem, a alma do animal também parece ser eterna; eu digo parece, visto que não posso apreender o que o animal sente, e posso apreender o que o homem sente, porque sou homem e, portanto, raciocino sobre verdades que sinto. Se me acusam de aproximar demais o animal do homem, deve-se recordar o que se afirmou mais acima a respeito da faculdade intelectual do animal, e a respeito da possibilidade que o uso dos signos arbitrários faz aderir à nossa essência. Ademais, essa reflexão não é ditada por orgulho, inveja ou vaidade. No que diz respeito à mola, há muito a dizer; por enquanto, basta notar que a mola é um corpo posto em movimento por algo que lhe é exterior.

4. Se a veleidade ou a espontaneidade do homem não foi ainda demonstrada, é porque o que chamamos de veleidade poderia bem ser

um acidente derivado do primeiro movimento imprimido na natureza pelas mãos do Criador, ou então do movimento próprio à natureza. Pretender que se demonstre a veleidade do homem é pretender que se demonstre sua existência. Quanto àquele que não sente sua existência quando recebe idéias de coisas fora de si, ou que não sente sua veleidade quando age ou deseja, ele é outra coisa que não um homem, e nada poderíamos afirmar a respeito de sua essência.

Mas, como sinto que essa resposta não satisfará os filósofos materialistas, que poderiam afirmar, aparentemente com razão, que não faço senão eludir a questão, vejo-me obrigado a dar uma resposta um pouco mais distinta.

Para provar que a veleidade reside na alma e não é efeito de uma causa exterior, é suficiente considerar a vontade no caso em que ela não se extingue, ou seja, quando transpõe nosso poder.

Admitamos que a veleidade seja o efeito necessário de uma causa física, e que a vontade queira produzir um determinado efeito físico — o deslocamento de uma pilha de cem livros —, mas que apenas disponha de meios ou forças para deslocar cinqüenta livros. Nesse caso, é necessário que, quando comparar os cinqüenta livros de força com os cem livros da pilha em questão, a vontade seja nula, negativa ou contínua. Poderia ser dito que esse caso é exatamente o mesmo da mola. Sem desenvolver uma investigação sobre a constituição desse instrumento (de resto infinitamente curiosa), apenas respondo que os meios que a vontade emprega podem ser verdadeiros no caso da mola, mas não quando age por si mesma.

Admitamos que uma mola com força de cinqüenta livros agisse contra um obstáculo de cem livros. É verdade que a ação da mola não é anulada ou se torna negativa, mas permanece a mesma. Mas a mola não continua sua ação de maneira uniforme, ou seja, com a força de cinqüenta livros, da mesma maneira que os meios que a vontade emprega. Ora, se a vontade fosse uma modificação causada por impulsões de partes quaisquer da matéria, em boa física ocorreria um dos três casos: ou a vontade seria negativa, ou seria anulada ou sua intensidade permaneceria a mesma, proporcionalmente aos meios empregados, ou seja, ao valor de cinqüenta livros. Mas a vontade não dá atenção a isso, visando ainda o deslocamento dos cem livros.

É notável como freqüentemente verificamos, através da experiência, que a intensidade da vontade aumenta à proporção que os obstáculos aumentam.

Suponhamos que se forme em minha mente a idéia de um belo edifício, e que eu não me contente com a idéia, mas deseje construir um edifício conforme a ela; suponhamos ainda que eu venha a erguer um tal edifício, dispendendo esforço e trabalho; suponhamos, enfim, que tudo seja matéria no universo: nesse caso, da idéia primitiva à formação do edifício, tudo se passa de uma matéria a outra, de um movimento ao outro. Mas uma força qualquer produz seu efeito, e nada mais. Ora, é claro que a força que dirige algumas partículas de matéria para o meu cérebro para formar a idéia primitiva é muito pequena se comparada à força necessária para erguer e alocar as enormes massas que compõem o batimento; assim, é preciso que a força primitiva seja de natureza tal que por si mesma permita fixar as prodigiosas elevações, e que se verifique na matéria um aumento progressivo de massa; ou então, no movimento, uma aceleração intrínseca de intensidade, o que contradiz tudo o que sabemos a respeito da matéria e do movimento. Portanto, a vontade que produziu o edifício não é uma força modificada pelo movimento da matéria, ou mesmo uma modificação da matéria, mas é de natureza tal que pode por si mesma pôr a matéria em movimento, modificando-o ou acelerando-o, sem o que seria inteiramente impossível a existência de qualquer produção da indústria dos homens e dos animais.

Após ter demonstrado que a natureza da veleidade é diretamente contrária à da matéria, repugnando tudo o que sabemos a respeito das qualidades essenciais desta e do movimento, podemos entender a liberdade da vontade.

Parece-me que aqueles que negam a liberdade da vontade cometem erros grosseiros. Eles afirmam que, entre duas pessoas, o homem sábio prefere necessariamente a mais sábia; o que, propriamente falando, é substituir o efeito pela causa. A pessoa sábia que deve ser escolhida se torna a causa, e a escolha a fazer se torna o efeito. Mais apropriado seria dizer que o homem sábio prefere necessariamente a pessoa mais sábia porque deseja ser sábio. O que eles dizem é que não há efeito sem causa, o que é correto; mas não provam que toda causa gera um efeito, tomando gratuitamente o que se chama de vontade por um efeito, o que significa pôr o que está em questão.

Admitamos que eu possa escolher entre A e B. Quando eu escolho A, eles afirmam que minha escolha não é livre, mas sim necessária. Eu sustento que não posso provar o contrário pelo efeito, unicamente porque a escolha está feita e não posso mais voltar atrás. Mas, se o objetivo é investigar o que é a liberdade, por que tomar a coisa depois da escolha, quando a liberdade não pode mais subsistir, e não no momento anterior, quando ela ainda existe? É porque sou livre que posso fazer com que a pessoa que prefiro dependa de vossa vontade ou da vontade de um terceiro. Portanto, a pessoa que escolho não depende de causas que podem fazer com que também a escolhais como sendo boa, justa ou sábia, mas depende unicamente de minha vontade, que nada sabe das impulsões que emitis. Se se afirma que a minha submissão à vossa vontade é necessária, continuamos a considerar a coisa após o fato, e isso é então incontestavelmente verdadeiro, como antes do fato era incontestavelmente falso.

Passemos agora à contemplação das coisas que se encontram fora do homem.

Num primeiro momento, o homem não vê fora de si mesmo nada além de matéria, mudança e movimento. Mas ele percebe distintamente que a matéria é divisível, e que os movimentos e mudanças são regulares, adquirindo assim um conhecimento da matéria a partir do qual pode transformá-la de acordo com seus fins, criando leis para o movimento e a mudança. A primeira dessa afirmações evidencia-se pelo uso que o homem faz das modificações da matéria, e a segunda pela certeza com que ele pode prever o futuro em astronomia, agricultura, etc. O que o homem ignora é a essência da matéria, o mecanismo de suas mudanças e a origem primeira do movimento.

Quanto ao conhecimento da essência da matéria, por mais que a alma receba as sensações das coisas através de meios, isso não propicia conhecimento da essência de qualquer coisa que seja, e o homem não sabe absolutamente o que é a matéria; mas sabe, por meio de uma ciência exata, entre outras coisas, que ela é o que ele vê.

Quando o homem age sobre um corpo ou sobre a matéria, ele sente uma reação, concluindo ao menos que o corpo resiste à sua ação.

Quando estende ou comprime uma mola, ele sente uma reação constante e durável, e quando afrouxa um pouco a mola percebe que é passivo, concluindo que há na mola um princípio ativo.

Os mesmos efeitos são obtidos quando ele realiza a mesma experiência com uma outra mola. Mas, quando estende ou comprime a mola através da pressão de uma outra igualmente comprimida, ele não obtém nenhum efeito; e conclui, a partir da primeira experiência, que tais molas agem incessantemente uma contra a outra. Na gravidade, na inércia e na atração, ele percebe ação e reação contínuas; aliando essa reflexão às experiências com as molas, ele conclui que tudo é instrumento, e que os princípios de ação no universo são mais numerosos do que os efeitos. Com relação aos efeitos, as ações e reações parecem destruir-se mutuamente, mas na verdade elas permanecem sempre vivas e ativas.

A inércia é o que faz de uma coisa o que ela é[8]. A atração é o que faz com que uma coisa exista do modo como existe em relação às outras coisas.

Essas duas forças são próprias à matéria (ao universo físico), e parecem agir uma contra a outra, em direções opostas. Examinemos agora mais detidamente sua natureza.

A atração age em razão da massa (a quantidade de matéria) e em razão do quadrado da distância entre dois corpos. Mas a inércia, na condição de força que faz de uma coisa o que ela é ou, mais ainda, como aquilo que constitui o grau de indestrutibilidade de uma coisa[9], é também a razão da quantidade de matéria, em razão de sua porosidade ou, o que é o mesmo, em razão dos quadrados das distâncias das partes que a compõem. Podemos então concluir que, quanto ao seu princípio, essas forças são uma e a mesma; e que, por meio dessa única força, dessa tendência à união, o universo logo seria reduzido a uma unidade. Portanto, não é na aparente contrariedade entre inércia e atração que

---

8) O lugar que as coisas ocupam é o resultado do estado de equilíbrio e repouso perfeito do total ou do todo em cada momento individual. A inércia é então a medida de cada coisa, da força dispendida para conservar seu repouso ou localização atual, e essa força depende diretamente da energia da composição que a coisa tem em relação àquilo que a circunda. Ora, a energia depende diretamente da quantidade de matéria e da posição recíproca das partículas de matéria que compõem tal coisa. Portanto, a força de inércia é propriamente a força por meio da qual uma coisa é o que é.
A inércia não é então a faculdade de manter um corpo em estado de movimento ou de repouso.
1. O movimento e o repouso não caracterizam o estado de uma coisa.
2. A faculdade de mudar constantemente de lugar é inteiramente contrária à faculdade de permanecer em repouso.
3. Vimos mais acima que, num corpo, o movimento é a ação ou o efeito de uma ação exterior contínua e presente.
9) O repouso de um corpo qualquer é o estado de equilíbrio entre sua ação e todas as ações que sofre das coisas circundantes. Se para mover tal corpo apenas fosse preciso romper esse equilíbrio, bastaria um mínimo de força para pôr em movimento qualquer corpo que fosse. Todo corpo é um composto de partículas de matéria; toda ação sobre um corpo qualquer não somente tende a movê-lo, ou a mudá-lo de lugar, mas sobretudo tende a destruir sua composição, a dissolvê-lo e emaranhar as ações que cada uma de suas partes exerce sobre as outras. Num corpo inteiramente mole, cuja coerência interna (das partes que o compõem) fosse nula, bastaria um mínimo de força para destruir sua composição e mudá-lo de lugar; suponhamos agora um corpo duro, dotado de massa e coerência interna. Suponhamos que, por causa de um obstáculo, o movimento ou a mudança de lugar desse corpo se tornasse impossível. Nessa situação, a composição do corpo seria destruída, bastando para isso que a força que agisse sobre ele superasse sua coerência interna, que é a medida de sua indestrutibilidade ou de sua força de inércia.

devemos buscar a causa das mudanças de geração, vegetação, caducamento e destruição, mas sim na modificação das partes que compõem os indivíduos.

Se, depois de aperfeiçoar meus órgãos tanto quanto possível, recorro ao testemunho da experiência, nela encontro a matéria composta de partes homogêneas e heterogêneas.

Resta ainda provar que um certo número de partes homogêneas e uniformes compõem, pela atração, um todo mais indestrutível do que um certo número de partes heterogêneas, pois o centro de gravidade do todo ou do indivíduo necessariamente coincide com o centro geométrico do indivíduo formado pela coagulação de partes homogêneas e uniformes. Podemos então concluir que a primeira coagulação de um certo número de partes homogêneas e uniformes necessariamente gera um princípio de regularidade.

Esse princípio de regularidade constitui as sementes de todos os indivíduos físicos, determinando em cada semente a modificação que ela deve produzir durante os séculos em que o universo físico existir[10].

Se a terra for semeada com a semente de uma flor ou de uma planta num lugar em que nem a terra, nem a água, nem a atmosfera lhe forneçam partes homogêneas às que a compõem, nenhum efeito resultará dessa cultura. Semeando a mesma semente num terreno em que ela encontre partes homogêneas à sua essência, a terra atrai a semente, enriquecendo-a e propiciando seu crescimento. Mas a atração inercial exercida pela homogeneidade diminui, pois o princípio de regularidade se enfraquece, tornando-se uma massa em que a atração geral (a gravidade) supera a inércia enfraquecida (a atração de homogeneidade reduzida), e a planta cai, conhecendo seu fim. Ela perece por meio das partes semelhantes à sua fonte, e assim a inércia (o princípio de atração por homogeneidade), que é o princípio regulador, vinga-se da destruição de sua planta-mãe pela atração universal.

Quantas experiências não podem feitas a esse respeito! Pois, a partir do que afirmamos, segue-se que mais indivíduos, nos três reinos, contêm partes prolíficas em muitos outros lugares do que aqueles que parecem unicamente formados pela geração. Cada partícula da hidra, do fungo, do verme solitário, é semente. Quantas plantas não produzem seus semelhantes por meio de tubérculos, raízes, caules e folhas! Todo o reino mineral é semente.

---

10) *Todas as coisas heterogêneas e dessemelhantes são compostas de partes homogêneas e semelhantes.* Aristóteles.

Parece então evidente que, sendo composto de partes homogêneas e heterogêneas, o universo físico poderia produzir, apenas pelo princípio da atração, todas as vicissitudes que observamos nas modificações dos indivíduos que ele contém; e é possível fazer uma ligeira idéia dessa operação com um ímã e uma limalha de ferro. Mas esse jogo não vai muito além: se a lei pela qual as coisas são o que são é a mesma pela qual elas tendem à união, o universo físico seria, em breve ou num tempo determinado e finito, reduzido a uma só massa, onde as partes não teriam entre si nenhuma relação da qual pudesse resultar um efeito. Assim, é necessário que essas partes tenham ainda uma determinada direção de movimento que impeça uma união total.

A coisa se passa de outra maneira na união centrífuga.

Imaginemos um planeta que percorra uma órbita qualquer em torno de seu sol. Se a atração for anulada, o planeta tomará seu caminho uniformemente a partir da tangente de sua órbita. Portanto, esse planeta tem em si, ou recebeu de alhures, uma direção de movimento distinta da que o conduz para o centro; e os primeiros princípios da mecânica mostram que, qualquer que seja essa direção, ela será suficiente para impedir a união se for diferente daquela da atração em direção ao astro principal.

Se agora supusermos que as partes homogêneas ou uniformes do universo em que as primeiras coagulações formam as sementes (os princípios de regularidade) sejam as únicas que não receberam esse movimento estrangeiro, ou bem as únicas que o receberam em direção a seus semelhantes (ou seja, em direção a suas atrações mútuas), e que as partes heterogêneas sejam as únicas que têm ou receberam movimentos em direções distintas de suas atrações, permitindo assim uma aproximação qualquer e impedindo uma união perfeita: então, ao menos não parece impossível que o mecanismo de mudanças no universo seja tal como o descreveremos a seguir.

Vimos mais acima que, através de sua veleidade, a alma tem a faculdade de imprimir um movimento que é eterno.

Mas, como trata-se aqui da propagação das almas, é suficiente que, em vez de tecer conjecturas, essa parte de minha carta seja encerrada com uma experiência das menos conhecidas e mais singulares.

Que se tome um cachorro, ou outro animal do sexo masculino que, durante alguns dias, não se tenha aproximado de qualquer fêmea de sua espécie. Se comprimirmos com as mãos seus vasos de esperma de tal maneira que o líqüido seminal seja expelido, e observarmos esse líqüido ao microscópio, encontraremos um número prodigioso de partículas ou animálculos de Leeuwenhoek* em repouso e sem qualquer sinal de vida. Se, a seguir, introduzirmos no aposento uma fêmea da mesma espécie que esteja no cio e esses dois animais derem algumas voltas no quarto sem copular, e examinarmos novamente o líqüido do macho, encontraremos os animálculos não somente vivificados, mas nadando velozmente no líqüido que agora se encontra engrossado.

Repito que, sem a idéia de reação, a alma não tem qualquer idéia de suas ações ou de sua veleidade.

A terceira coisa que o homem ignora é o princípio primeiro do movimento, mas ele pode ainda recorrer à experiência. Na natureza ele encontra, por toda parte, mudança de movimento, de lugar e de direção, mas em nenhum caso vê ou percebe distintamente a origem ou o início do movimento sem perceber também que sua causa primeira é a veleidade de um ser animado. Disso ele deve concluir, por analogia, que em todos os outros casos em que não há uma percepção clara dos nascimento ou do início do movimento, a veleidade de um ser animado deve ser a causa primeira de todo movimento.

Antes de passar à consideração do homem em sociedade, observemos ainda que, tal como o consideramos até aqui, o homem percebe no universo apenas ação e reação, instrumento e força ativa. Na atração e na força centrífuga ele percebe dois agentes universalmente responsáveis por toda a natureza, um esforço e um combate contínuo entre dois princípios contrários. Como é contraditório que uma coisa que existe por si mesma tenha dois princípios opostos, ele conclui que é certo que o universo não existe por si mesmo e, portanto, que ele existe por meio de um outro.

Quando o homem contempla as modificações recíprocas de diversas coisas particulares, por exemplo do olho (abstraindo-se o nervo ótico, e unicamente considerado como uma modificação de diversos corpos diáfanos), ele percebe que, para formá-las, é necessário uma geometria prodigiosamente transcendente e profunda que excede em muito todo esforço do espírito humano; pois é possível demonstrar que, sem uma geometria e as infinitas combinações resultantes da modificação do olho, seria inteiramente impossível que ele produzisse o efeito que produz[11].

---

*) [Antonie van Leeuwenhoek (1632-1723), microscopista holandês aperfeiçoador do instrumento e estudioso de microorganismos. (N.T.)]

11) O leitor versado em geometria ótica encontrará, nas memórias do ilustre Euler, uma reflexão sobre a lei de refração dos raios de diferentes cores com relação à diversidade dos meios pelos quais eles passam. Ver a *História da Academia Real de Berlim do ano de 1753*. [Leonard von Euler (1707-83), matemático suíço com contribuições para a ótica e a astronomia. (N.T.)]

E se refletir ainda que uma tal modificação deve ter ocorrido na primeira semente, ou no primeiro indivíduo, de tal maneira que tenha subsistido em todos os indivíduos subseqüentes, nascidos no decorrer de uma infinidade de séculos, ele conclui que o autor do universo físico e dos indivíduos nele contidos é um ser inteligente. Sentindo-se dotado de inteligência, ele a compara à essa imensa inteligência, e constata que entre elas há uma distância infinita.

Eis tudo que o ser que tem a faculdade de receber, evocar e comparar idéias, considerado como indivíduo, pode saber quanto à existência de seu autor. Ele não é capaz de ter uma idéia de suas relações com esse Deus, dos deveres que daí possam resultar e dos atributos desse ser imenso. Como o sábio Filêmon, dele se pode dizer:

> *Credes e venerais um Deus, mas não o investigais, pois não fazeis outra coisa além de investigar.*

Vou mais longe: se esse ser individual continuasse ainda suas investigações para, se possível, chegar ao conhecimento do Criador, se refletisse que uma infinidade de milhares de mundos, tal como ele os percebe, é um nada, e que há não somente a possibilidade, mas a probabilidade de uma progressão infinita de órgãos que revelariam uma progressão infinita de faces do universo, segundo esta proporção: *assim como a face tangível está para a face visível, também a face visível está para uma outra face, etc.*, ele chegaria a uma idéia sombria de um universo inteiramente diferente deste. E, se refletisse ainda que esse rico todo não é senão um pensamento do Deus supremo, ele sentiria esse espantoso poder com um terror sagrado, sentiria sua própria aniquilação sem sentir qualquer relação, e esse conhecimento obscuro, estéril e triste de Deus faria dele o mais infeliz dos seres.

Antes de mais nada, veremos que é inteiramente equivocado considerar que seja esse o destino do homem. Por enquanto, observemos qual seria o destino do animal se ele fosse capaz de conhecer a divindade.

Assim como o órgão do tato mostra ao indivíduo humano o universo tangível, o ouvido e o ar mostram-lhe o universo sonoro, e a vista e a luz mostram-lhe o universo visível, o coração (ou consciência) e a sociedade entre seres homogêneos mostram-lhe o universo moral.

Não há incomensurabilidade entre a face moral do universo e a face visível, bem como entre a face visível e a face sonora, a face sonora e a face tangível, etc. E todas essas diferentes faces do universo que percebemos por meio desses diferentes órgãos se encontram, da mesma maneira e distintamente, submetidas às faculdades contemplativas e ativas do homem.

Amor, raiva, inveja e estima são palavras que exprimem sensações tão distintas como árvore, astro e volta, dó, ré e mi, doce, amargo e ácido, odor de rosa, de jasmim e de cravo, frio e quente, duro e mole. Quando se trata da diferença entre a precisão e a nitidez das nossas percepções dessas diferentes faces, o homem deve dedicar-se ao exercício do órgão que se volta para essa face, ou ao constrangimento que lhe possa ser dado por esta ou aquela modificação da sociedade.

Na atual modificação da sociedade, os órgãos da visão e da audição são os mais exercitados e menos constrangidos, enquanto os do gosto, do odor, do tato e do coração são mais constrangidos e menos exercitados. Portanto, temos atualmente percepções mais claras das faces visíveis e sonoras do universo do que das faces morais, tangíveis, etc.

A fim de proceder com alguma ordem na contemplação do homem em sociedade, devemos começar examinando mais detidamente o órgão que até aqui não tem nome próprio, e que chamamos comumente de coração, sentimento ou consciência. Esse órgão volta-se para a face mais rica e bela de todas as que conhecemos, onde residem o bem, o mal e quase todos os nossos prazeres e sofrimentos; esse órgão propicia-nos o sentimento de nossa existência, pois ele permite sentir as relações que temos com as coisas que existem fora de nós, enquanto os outros órgãos apenas permitem sentir as relações que as coisas exteriores têm conosco.

Assim como os órgãos da audição e da visão não se manifestariam no homem se não existissem o ar e a luz, também o coração e a consciência se manifestam no homem apenas no momento em que ele se encontra entre outros seres animados e veleidades ativas em direção conforme ou contrária à sua veleidade. É então que paixões e desejos surgem em grande número, e que a alma adquire sua elasticidade, sentindo a si mesma, amando-se, estimando-se e reconhecendo sua fonte.

Nesse ponto precisarei de vossa indulgência. O caminho pouco trilhado que tomo nessas investigações certamente me obrigará a incorrer numa aparente desordem, a muitas vezes fazer reafirmações e expor as mesmas idéias sob diferentes luzes para que nos familiarizemos com elas, evitando assim o erro de rejeitá-las por serem novas ou de admiti-las, pelo mesmo motivo, como opiniões brilhantes.

Assim como a vista e a luz propiciam idéias de coisas visíveis, com as quais eu percebo ter relações por meio da faculdade contemplativa ou intuitiva, conhecendo assim as leis derivadas dessas relações que ligam as coisas entre si; assim também o coração, a sociedade e a comunicação entre os seres pensantes e veleidades responsáveis pelas causas primeiras e princípios primitivos da ação propiciam à faculdade intuitiva idéias de veleidades ativas e, portanto, das leis derivadas das relações que elas têm entre si. Isso revela ao homem uma parte da face moral do universo.

Mas esse órgão, o coração que propicia sensações da face moral do universo, difere dos demais principalmente por propiciar a sensação de uma face de que faz parte a nossa alma, o nosso *eu*. Assim, o próprio *eu* torna-se um objeto de contemplação para esse órgão; e, ao contrário dos outros órgãos, ele não propicia somente sensações das relações que as coisas exteriores têm conosco, mas também das relações que temos com elas. Disso resulta a primeira sensação que temos de dever.

Em toda a perfeição de sua faculdade intelectual o indivíduo humano, tal como o consideramos mais acima, ascende a uma certa noção da divindade, mas isso não propicia uma sensação de dever com relação a Deus ou a qualquer outra coisa.

Se a luz e as coisas visíveis não existissem, o olho seria totalmente inútil; assim também o coração seria inteiramente inútil para o homem se não existissem veleidades ativas, e um acordo entre elas quanto aos signos de comunicação.

Por um lado, alguns insetos evidenciam que há animais que desfrutam de um órgão que não temos, voltado para uma face do universo que nos é desconhecida. Por outro lado, se examinarmos bem, e sem preconceitos (o que é muito difícil), constataremos que eles carecem inteiramente de coração e que, assim, a face moral do universo lhes é desconhecida. Na verdade, isso é o suficiente para reforçar a idéia de que a faculdade de recorrer a signos para evocar ou comunicar idéias pertence à natureza e à composição atual do homem.

O olho é designado para a face visível, e assim é necessário que a luz exista; o coração é feito para a face moral, e então é necessário que existam signos comunicativos.

Para evitar a obscuridade, restringi-me até aqui à opinião estabelecida que chama indistintamente de *signos* o meio do qual a alma se vale para evocar idéias e ao qual recorre para comunicá-las. Antes de prosseguirmos, no entanto, é necessário examinar o que são propriamente esses meios ou signos.

Quando prestamos atenção aos nossos gestos naturais (os movimentos mais ou menos notáveis de certas partes de nosso corpo que sempre acompanham estas ou aquelas idéias ou maneiras de pensar); quando consideramos que, meditando profundamente sobre um discurso ou ação que desejamos realizar, percebemos muitos movimentos em diferentes partes vivas de nosso corpo que são controladas pelo juízo, ou que são já muito exercitadas; quando refletimos ainda sobre a sensação desagradável e inteiramente singular que temos ao associar um gesto de gravidade ou desespero a uma idéia risível; em todos esses casos nos convenceremos de que certamente existe uma analogia entre essas idéias e as diferentes partes de nosso corpo.

Aqueles que estão acostumados a gesticular quando meditam, ou seja, que têm a cabeça e o corpo dotados de agilidade ou sensibilidade apuradas, podem levar essa observação ainda mais além: basta pensar em qualquer assunto grave ou majestoso, realizando, com as mãos, ou qualquer outra parte do corpo, um gesto de alegria. Perceberão assim que o passo de seu pensamento muda, e essa experiência é tão verdadeira que é possível atenuar, da mesma maneira, uma frase forte e dura e, ao contrário, dar nervo e corpo a uma expressão muito frouxa ou frágil.

Observe-se ainda que todos esses gestos e movimentos de músculos que acompanham nossas meditações são naturais, e não foram adquiridos pela educação ou através de imitação.

É provável que a alma do homem dotado de uma veleidade tão vigorosa a ponto de ser mesmo impossível contê-la sirva-se do movimento das últimas fibras do cérebro para obter signos de evocação, e é muito provável que os signos comunicativos naturais venham da mesma fonte.

A alma põe em movimento as fibras últimas do órgão que se voltam em sua direção, assim evocando idéias, reunindo-as em coexistência, comparando-as e contemplando-as. Mas, quando visa efetivar e exprimir essas idéias, ela dirige o movimento das fibras para fora, e esse movimento comunica-se com as partes do sistema nervoso que correspondem às fibras, produzindo, sob a forma de gesto ou de fala, movimentos e sons análogos às idéias que os originaram. Se, por fim, esses movimentos podem imprimir ao sistema de um outro indivíduo movimentos uniformes e isócronos, é necessário que esses movimentos representem as mesmas idéias à alma desse indivíduo; portanto, é necessário que um som, fala ou gesto qualquer produza gradualmente as mesmas idéias nas almas de todos os indivíduos de uma mesma espécie. Isso é mais do que suficiente para evidenciar a possibilidade de uma língua natural e primitiva na qual as palavras contêm, simultaneamente, os efeitos e os signos necessários das idéias.

É notável o quanto a educação e a modificação atual da sociedade, que é tão artisticamente composta, nos distanciaram do estado de natureza, a ponto de ser impossível verificar esse sistema através de experiências suficientemente numerosas, como requer um assunto dessa importância. Mas, para que não se pense que a base desses raciocínios é inteiramente imaginária, carecendo de experiências incontestáveis, arriscarei algumas experiências, pedindo-vos que atenteis para cada uma delas.

1. Quando nos encontramos num lugar onde uma pessoa boceja, também bocejamos. O mais notável é que esse efeito ocorreria ainda que tivéssemos os olhos vendados.
2. Muitas vezes ocorre o mesmo ao vermos um cavalo, um cachorro ou qualquer outro animal bocejar.
3. Existem diversos movimentos da face que, quando realizados por uma outra pessoa, ou mesmo um animal, são imitados por nossos músculos, apesar de nossa vontade.
4. Quando uma pessoa sentada à mesa corta acidentalmente a própria mão, os outros convivas realizam contorções súbitas, como se eles mesmos se tivessem cortado; até mesmo aqueles que não viram o corte muitas vezes têm a mesma reação.
5. Se observamos a multidão que assiste a um suplício cruel, vemos um grande número de homens, e sobretudo de mulheres, nos quais os mesmos músculos produzem os mesmos movimentos em diferentes partes de seus corpos.
6. Se observamos um homem cujo coração enrijece à visão ou audição de algum objeto que lhe desagrada, fazemos a mesma careta que ele, mesmo que esse objeto não nos desagrade; e, ainda que não tenhamos o mesmo objeto diante de nós, nosso semblante evoca a idéia de um objeto que nos desagrada.
7. Quando nos encontramos num concerto musical, nossas mãos, pés e outras partes do corpo marcam o compasso, mesmo quando pensamos em outra coisa.
8. Na primeira representação de uma bela tragédia, quantas pessoas não se comovem, mesmo sem entender nenhuma palavra do que diz o ator! A causa da comoção reside no gesto. Quantas pantomimas bem encenadas afetam tanto ou mais do que uma peça pouco mais do que medíocre! Se perfeitamente recitado, um verso numa língua que não conhecemos produz a mesma sensação que produziria se dominássemos essa língua[12].

---

12) Filostrato diz, na vida de Favorino: *Quando falava contra Roma, todos eram tomados pelo desejo de entendê-lo, e seus discursos faziam sentido até mesmo para aqueles que desconheciam a língua grega;* da mesma maneira, na vida de Adriano da Fenícia: *era de tal maneira conhecido em Roma, que inspirava o desejo de compreensão mesmo nos que não estavam familiarizados com a língua grega.*

9. Quando caminho com uma pessoa que tem as pernas mais compridas ou mais curtas do que as minhas, nossos primeiros passos não são isócronos. Mas, sem que notemos, em breve marchamos em uníssono, e quando um de nós colocar o pé direito à frente, e o outro o esquerdo, teremos a sensação desagradável de um esforço que não é natural.
10. Quando vemos um homem encolerizado impedido de saciar sua sede de vingança, ou um animal furioso impedido de saciar sua raiva, observamos movimentos súbitos, freqüentes e inquietos nos filamentos dos nervos e músculos. Mas esses movimentos não foram ordenados pela veleidade ou premeditados pela faculdade intuitiva da alma, para que deles resultasse determinada ação ou efeito: eles são o resultado necessário do movimento primeiro das últimas fibras que representam as idéias, assim como o movimento de uma extremidade do bastão é o resultado necessário do movimento da outra extremidade.
11. Quando meditamos, ainda que sobre as coisas mais abstratas, percebemos um movimento mais ou menos fraco do órgão da voz e da audição, que sempre atuam conjuntamente; sentimos o início ou o fim de um som articulado, de uma fala obscura ou de uma palavra conhecida, mas ainda informe. Isso evidencia que a alma se vale do movimento das fibras para evocar idéias, pois ainda que ela não queira exprimir a idéia, o primeiro movimento das últimas fibras propaga-se suficientemente para que ela se torne perceptível, como essa experiência demonstra manifestamente.

A partir dessas experiências e das precedentes, pode-se concluir que:

1. Temos órgãos como a vista, a audição, o tato etc., em que as últimas partes em movimento representam idéias de coisas exteriores.
2. A alma tem a faculdade de reproduzir esses movimentos para evocar idéias.
3. A alma tem a faculdade de conduzir os movimentos das fibras até a extremidade do corpo e do órgão da voz, o que dá origem aos gestos e sons articulados.
4. Portanto, um dado som articulado é a seqüência necessária de uma dada idéia.
5. Assim, uma dada palavra exprime uma dada idéia.
6. Assim, o movimento produzido no sistema de um indivíduo produz movimentos análogos ou conformes a ele no sistema de um outro indivíduo; ou seja, quando se introduz no ouvido de um outro indivíduo,

o som articulado por um indivíduo dá ao órgão da voz desse outro o mesmo movimento daquele que produziu o som articulado no órgão da voz do primeiro.

7. Portanto, a mesma palavra ou som articulado geralmente exprime, em todos os indivíduos, a mesma espécie de idéia.

8. Portanto, a língua primitiva era necessariamente a mesma para todos os indivíduos.

9. Assim, pertence à essência do homem possuir signos comunicativos, ou uma determinada língua, mas não uma língua em que as palavras imitam o ruído das coisas que designam, mas em que são resultado necessário do movimento imprimido ao órgão da voz pelo primeiro movimento que serviu para representar idéias.

Pode-se então indagar qual foi a primeira língua natural e necessária, uma questão que deveria ser dirigida aos selvagens, se é que ainda existem selvagens. Ademais, repito que o trabalho de tantos séculos encobriu de tal maneira a natureza na arte, que ela raramente transparece; e, quando isso ocorre, ela encontra-se já embebida, em maior ou menor medida, da tintura que a recobre.

Portanto, se alguém quiser prestar-se à penosa investigação de uma língua primitiva, certamente ela seria encontrada na música sublime, que não é senão um tecido de palavras que lhe pertenciam. Quando considerarmos os conhecimentos humanos, veremos por que essa língua é tão irreconhecível.

O indivíduo humano, tal como o consideramos mais acima, não tem qualquer sensação da face moral do universo e, portanto, do bem moral e do bem físico. Tudo o que ele vê fora de si é efeito necessário de outros efeitos, em que ele entrevê tão-somente uma causa primitiva. A coexistência de tais efeitos produz novos efeitos, que são igual e necessariamente análogos a essas coexistências. A composição ou a decomposição das coisas não é um bem ou um mal, mas apenas uma mudança. É possível para o homem invocar a idéia do mal através da idéia da dor, supondo que essa idéia não é uma idéia fictícia. Mas, tão logo os signos comunicativos (que pertencem à essência do homem) produzam um comércio de idéias e sensações entre diferentes veleidades e causas primeiras de ações, o homem adquire sensações reais do sofrimento e das fruições de seres que lhe são homogêneos; ele compara seu estado ao dos outros, o que suscita a idéia do bem, tanto moral como físico, da mesma maneira como a idéia da multiplicidade das coisas e da sucessão dos eventos suscita as idéias de extensão e tempo. E, como na face visível a idéia de grandeza necessariamente suscita a idéia de infinito, assim também na face moral a idéia do bem produz a do que é melhor. A idéia de maior, ou de infinito, que deriva da idéia de grandeza, não é apenas a idéia de algo possível ou imaginário, mas sim necessário. Dado o bem, a idéia do melhor não é apenas a idéia de algo possível, mas de algo cuja existência é necessária.

Quando aplicada a algo real, a grandeza tem como resultado o poder; da mesma maneira, quando aplicado ao estado de uma essência, o bem tem como resultado a bondade. Da grandeza finita somos levados à extensão do universo, e do poder finito somos levados ao poder infinito, passando do bom ao melhor, da bondade finita à bondade infinita.

Eis aí os primeiros passos do homem dotado do órgão moral. Que distância não o separa do indivíduo que facilmente se aterroriza diante do grande poder!

Imaginemos um homem cego que tenha consciência da lenta marcha do imenso globo solar sobre sua cabeça: ele seria tomado pelo terror; se lhe fosse dada a visão, ele adoraria o amável objeto que antes temia.

Do órgão do tato resultam três espécies diferentes de sensação: impenetrabilidade, calor e agrado.

Do órgão da audição resultam três espécies diferentes de sensação: medida, som e harmonia[13].

Do órgão da visão resultam três espécies diferentes de sensação: limite ou contorno, cor e beleza.

Do órgão moral resultam três espécies diferentes de sensação: motivação ou desejo, dever e virtude.

Observe-se que nesses quatro órgãos existem quatro sensações que parecem ter íntima relação entre si: virtude, beleza, harmonia e agrado; e seus contrários, vício, deformidade, dissonância e desagrado. Podemos assim concluir que o órgão moral tem uma comunicação com os outros órgãos, ou então que as faces do universo que se voltam para esses diferentes órgãos não são tão dessemelhantes como podem parecer numa primeira abordagem.

---

13) Deve-se notar que a harmonia e a melodia são uma só e a mesma coisa. A harmonia é o resultado da relação entre dois sons coexistentes, ou entre duas idéias e dois sons coexistentes; a melodia é o resultado da relação entre o som atual e o som passado ou futuro; mas, se a idéia do som passado e do som futuro não coexistissem com a idéia do som atual, não haveria melodia. Portanto, a melodia é o resultado da relação entre duas idéias coexistentes, e assim é o mesmo que a harmonia.

Essas duas conclusões são provavelmente verdadeiras, mas essa reflexão vale principalmente para ressaltar que não devemos confundir a faculdade intuitiva ou intelectual com o órgão moral.

A faculdade intelectual ou intuitiva forma a idéia geral da virtude, da sensação do desejo ou da motivação, e ainda do dever; ela forma a idéia geral de beleza, da sensação de contorno, e também de cor; ela forma a idéia geral de harmonia, de sensação sonora e de medida; em suas ações, ela combina desejos e deveres de maneira tal que daí resulte a virtude; em seus quadros, ela combina contornos e cores, de tal maneira que daí resulte a beleza; em sua música, combina os sons e a medida, de tal maneira que daí resulte a harmonia.

Menedemo, o Eritreu, afirma com razão que justiça, prudência e coragem são nomes de partes ou de diferentes modificações da virtude; e é assim que o elegante e o gracioso são nomes de diferentes modificações do belo, enquanto o patético, o terrível, etc. são nomes de diferentes modificações da harmonia.

Uma evidência de que temos sensações de amor, ódio e estima por meio de um órgão é que nenhum homem, por menos cultivado que seja, se engana mais quanto às sensações, do que quanto a idéias de uma árvore, de uma circunferência, de dó, ré e mi. Todos os homens têm as mesmas sensações, proporcionalmente à perfeição de seus órgãos; mas, quanto à justiça, à prudência, à coragem, à elegância, à graça, ao patético, ao terrível, ao aveludado e ao áspero, a coisa não se passa da mesma maneira. Essas idéias são partes ou modificações da virtude, da beleza, da harmonia e do agradável, que dependem da inteligência, que as reduz à idéia geral e relativa de bem e mal.

O bem e o mal não são coisas contrárias, mas é a modificação da sociedade e de nossas ações com relação a ela que nos posicionam entre o que chamamos de bem e mal. O que se situa entre o bem e o mal é o indiferente, e é a partir dele que aprendemos a avaliar o grau de bondade ou maldade das coisas e das ações.

Consideramos até aqui as diferentes sensações que temos pelos diferentes órgãos, na medida em que eles parecem análogos entre si, para mostrar que, assim como as outras faces, a face moral do universo também se manifesta por meio de um órgão; e, para que se dê a devida atenção ao que se segue, acrescento que essa é uma analogia perfeita.

Somos passivos em todas as sensações que temos das diferentes faces do universo: impenetrabilidade e calor, medida e som, contorno e cor, desejo e dever.

Mas, quanto às sensações de desejo e dever, pode-se considerar que a coisa é diferente, pois dizemos: *eu desejo, eu devo*.

Nessas sensações somos efetivamente passivos, tanto quando consideramos apenas os desejos e deveres dos outros, como quando consideramos os desejos e deveres realizados em nossas ações; e a aparente diferença entre a natureza do órgão moral e a dos demais órgãos resulta unicamente de que, para esse órgão, o *eu* em si mesmo torna-se um objeto de contemplação, assim como para nossos órgãos todas as outras coisas conhecidas são objetos de contemplação.

Suponhamos que o *eu* tivesse diante de si, por meio da face sonora, a face moral, e que, portanto, o *eu* fosse um objeto de contemplação da alma somente por meio do ouvido. Nesse caso, nossa veleidade inteligente e contemplativa teria a faculdade de modificá-lo de tal maneira que daí resultaria uma harmonia entre ele e os objetos sonoros exteriores, e teríamos uma sensação distinta, íntima, idêntica e extremamente desagradável da dissonância entre o *eu* e as coisas exteriores.

Uma tal sensação, da qual podemos até mesmo formar uma idéia, é o quadro mais perfeito do remorso da consciência que se segue à intuição de uma ação má eventualmente realizada.

Tendo demonstrado, por meio da analogia entre todos os nossos modos de percepção, a grande possibilidade da existência real de um órgão moral, restam ainda ainda algumas reflexões que poderão servir para reforçar essa demonstração. Mas antes é necessário observar que nos habituamos a chamar de material e físico tudo aquilo de que temos idéias distintas e individuais e que, se tivéssemos tais idéias acerca do que é, ele seria chamado de físico e material.

Quando ouvimos acordes musicais grandes e sublimes; quando vemos uma coisa nova, surpreendente e inesperada; quando nos damos conta de que recitamos uma ação heróica e generosa, empalidecemos, nossas forças falham e sentimos uma espécie de aperto no coração, acompanhado de uma tintilação nas veias que se espalha até as últimas extremidades do corpo.

Quando vemos um homem virtuoso perseguido e consternado por uma má fortuna implorar por nosso socorro, e então aliviamos seu sofrimento, derramamos lágrimas de piedade e alívio.

As pessoas suficientemente sensíveis para passar por experiências como essa sem dúvida sentem que a alma nunca é tão passiva como nesses momentos, e que, longe de ser a causa desses efeitos, por educação ela se esforça, muitas vezes inutilmente, para reter as lágrimas e conservar seu corpo numa postura decente.

Tais efeitos ou movimentos de partes do corpo têm uma causa necessária, que deve ser a veleidade da alma que habita o corpo, ou o movimento imprimido por algum corpo estrangeiro.

Suponhamos que não exista um veículo particular para as sensações da face moral, e que a idéia desses acordos, dessa coisa nova que é a bela ação do virtuoso perseguido, nos venha apenas pelos olhos e ouvidos; então, na medida em que eles se referem à face visível e sonora, seríamos totalmente indiferentes a esses objetos, pois o movimento imprimido às fibras dos órgãos da visão e da audição não produz no corpo os prodigiosos efeitos que esses objetos ocasionam. Assim, as fibras devem transmitir, através do sangue, alguma espécie de movimento ao órgão moral, onde se manifestam os maiores esforços em direção ao coração.

Seria possível acrescentar ainda outros fatos que mostram que mesmo os órgãos do odor, do gosto e do tato podem comunicar um certo movimento ao órgão moral; no entanto, encerro essa parte de minha carta observando que, dado que pertence à essência do órgão moral tender à mesma face que a alma, é provável que dela nunca venha a se separar.

Por tudo o que foi dito acerca do órgão moral, é evidente que a relação de cada indivíduo com Ser Supremo ou com outras veleidades ativas é medida pelo grau de perfeição ou sensibilidade do órgão, o que deriva do grau de homogeneidade ou possibilidade de união da essência, assunto que discuto na *Carta sobre os desejos**.

É ainda evidente que os deveres somente resultam dessas relações e que, portanto, são proporcionais à perfeição do órgão moral. Assim, quem tem o órgão moral menos sensível tem própria e naturalmente menos deveres para cumprir, sendo um ser menos perfeito. Essa é a única razão verdadeira da constituição dos homens maus que se tornam célebres por crueldades atrozes.

Assim como a veleidade, considerada em si mesma — abstraídos, portanto, os efeitos limitados e finitos que dela resultam —, é igualmente forte e infinita em todos os indivíduos, a perfeição do órgão moral difere em todos os indivíduos; portanto, dois indivíduos quaisquer têm deveres diferentes a cumprir, não em relação às leis factícias e marginais da sociedade, mas em relação às leis naturais e à ordem eterna que deriva da coexistência das coisas. Existem homens em que o órgão moral é tão sensível e a consciência sente relações tão distantes, que eles são incapazes de participar da sociedade atual.

---

*) [*Carta sobre os desejos*, publicada em 1768. (N.T.)]

Quando Brutus traiu César, cometeu um crime diante dos olhos do povo, às vistas da sociedade; mas, na alma de Brutus, essa ação sem dúvida parece conforme à ordem eterna.

O maior bem a que o homem pode aspirar em qualquer época parece residir no aperfeiçoamento da sensibilidade do órgão moral, que o capacita a julgar melhor sobre si mesmo, reaproximando-o de Deus e dos princípios ativos que lhe são subordinados.

A maior sabedoria a que o homem pode pretender consiste em tornar todas as suas ações e pensamentos análogos às impulsões do órgão moral, sem levar em consideração as instituições humanas ou a opinião de outrem.

Timoleonte foi autor e testemunha da morte de seu irmão, tirano de sua pátria; quando descansava em seu jardim, fora de Corinto, esse homem sentiu tristeza e remorso. A reflexão de Plutarco a esse respeito é justa e notável: *se a razão e a filosofia não lhes derem vigor e estabilidade, os juízos que formamos de nossas ações se alteram facilmente ao menor elogio ou condenação do vulgo, destruindo assim os motivos mesmos que nos levaram a agir. — Pois o arrependimento torna vergonhosas até mesmo as mais belas ações.**

Passemos agora à investigação da sociedade e a algumas reflexões sobre os conhecimentos humanos.

O ser que tem a faculdade de sentir e agir possui tudo aquilo de que tem sensações e sobre o que pode agir, na medida em que é capaz disso. Seu poder e seu direito são uma só e a mesma coisa; o desejo é o único motivo de suas ações. Mas, à medida que ele se comunica com indivíduos da mesma espécie através do órgão moral, seu *eu* multiplica-se pelo número de indivíduos com que tem contato e que compõem a sociedade.

Suponhamos que na sociedade primitiva todos os indivíduos fossem perfeitamente iguais em inteligência, atividade etc., e que o órgão moral fosse absolutamente perfeito, de maneira tal que cada indivíduo tivesse sensações tão fortes dos prazeres e sofrimentos dos outros indivíduos como de seu próprio estado. É evidente que, numa tal sociedade, a lei fundamental e natural seria a lei do equilíbrio, e cada indivíduo amaria aos outros como a si mesmo, privilegiando assim o bem de todos em detrimento de seu bem individual.

Suponhamos, em contrapartida, que na sociedade primitiva todos os

---

*) [Plutarco, *Vida de Timoleonte*. Nobre coríntio do século IV a.C., Timoleonte conspira contra seu irmão, aspirante a tirano. Posteriormente, deixa Corinto para exilar-se em Siracusa. (N.T.)]

indivíduos diferissem em inteligência, atividade, etc., e que não existisse um órgão moral: na disputa pelo direito ao poder, eles rapidamente destruiriam uns aos outros.

Suponhamos ainda indivíduos desiguais, mas dotados do órgão moral em toda sua perfeição: a lei natural dessa sociedade seria ainda a lei do equilíbrio; e, para cada indivíduo, o bem de todos prevaleceria sobre o bem de cada indivíduo.

Mas suponhamos indivíduos desiguais que também diferissem quanto à perfeição do órgão moral, de tal maneira que um indivíduo qualquer tivesse sensações mais fortes ou mais fracas do que um outro indivíduo qualquer quanto ao estado de outros indivíduos; suponhamos ainda que aquele dentre todos os indivíduos que tivesse o órgão moral mais perfeito fosse capaz de uma sensação muito mais forte de seu próprio estado do que do estado dos outros. A partir disso, podemos concluir que cada indivíduo avaliaria a bondade das ações dos outros indivíduos a partir da perfeição de seu próprio órgão moral.

Consideremos agora esses indivíduos como dotados de um aspecto físico, de um corpo. É verdade que o corpo tem necessidades temporais, mas a satisfação dessas necessidades era originalmente tão natural e simples, que o indivíduo com o corpo mais robusto e o órgão moral menos perfeito não provocaria qualquer desigualdade ou desordem sensível.

Mas, quando abusa da singular faculdade atrativa da alma, o homem forma para si uma idéia de posse e crescimento de seu ser que suscita a falsa e ridícula idéia de propriedade. Ele refina essa idéia, forjando signos que representam suas possessões, e assim a igualdade é destruída. Por esse meio, o homem torna-se inteiramente físico diante da sociedade. Um homem que tem cem varas de terra e cem escravos é uma só massa, que no entanto nada vale em comparação à massa de um homem proprietário de cem mil escravos e varas de terra.

Para evitar a destruição total que resultaria do choque contínuo dessas massas, recorre-se ao mecanismo da legislação.

A lei que a inteligência cria a partir da contemplação dos efeitos que se referem às faces físicas substitui o órgão moral, que se torna inútil e é por fim esquecido. É verdade que, quando perfeita, a lei impede os efeitos de toda ação má; mas, em sua perfeição máxima, o órgão moral tornaria a própria causa impossível.

Nascido livre, o homem torna-se escravo da legislação[14], que é útil e

---

14) *A lei, esse tirano dos homens, faz muitas violências à natureza*, diz Protágoras em Platão.

necessária apenas para os indivíduos enquanto pertencem ao mundo físico.

É por isso que a atual sociedade é em si mesma apenas um objeto físico, e as leis que a governam têm por fim tão-somente efeitos físicos, e não o bem-estar interior e real de cada indivíduo, que só é possível a partir de sua relação com o Ser Supremo e com outras veleidades ativas.

Se os homens se tivessem dedicado à tarefa de modificar a sociedade a partir de um mínimo de religião e virtude, é evidente que teriam sido mais bem-sucedidos do que foram. O pouco que nos resta de religião e virtude se deve apenas à necessidade que a legislação se colocou de construir um eixo central em seu mecanismo, sem se importar com a natureza da religião e da virtude, visto que elas não produzem efeitos físicos e poderiam interromper o movimento uniforme de seu grande autômato.

Afirmei em outro lugar que a religião somente pode resultar da relação de cada indivíduo com o Ser Supremo; veremos agora que o órgão moral é o único meio possível para o estabelecimento dessa relação.

Já era tarde quando a legislação se deu conta de que o órgão moral atrofia à medida que a atividade dos homens é circunscrita, determinada e administrada pela lei; já era tarde quando se deu conta de que, para a estabilidade de seu império, ela precisa desse órgão para três coisas: dar valor ao juramento, suscitar amor à pátria e inspirar as chamadas virtudes guerreiras.

O juramento precisa da religião; mas, como foi privado de sua verdadeira fonte, recorre-se a supostas revelações, ou então às religiões instituídas.

Para suscitar o amor à pátria, concede-se parte do poder legislativo a cada indivíduo; para cultivar as virtudes guerreiras, libera-se o homem no momento certo, como quem solta um cão, concedendo-lhe inteira liberdade por alguns intantes, permitindo que seja tão bravo e feroz quanto quiser. Note-se ainda que a glória e os louros que lhe são atribuídos por suas vitórias acabam por eludir as impulsões sagradas do órgão moral.

Antes de ir mais além, é necessário discutir a religião. Como neste escrito não pretendo ver mais do que permite a mera luz da razão, a religião deve ser considerada sem luzes extraordinárias, seja da educação, da tradição, da fé ou dos milagres. Acrescento ainda que não escolheria outro meio se o objetivo fosse combater o espírito de irreligiosidade de nosso século.

A relação do indivíduo com Deus diz respeito à face moral do universo, e assim é através do órgão moral que temos uma sensação dessa face.

O grau de proximidade dessa relação, na medida em que podemos ter uma idéia dela, depende do grau de perfeição do órgão moral.

A religião é o resultado da relação de cada indivíduo com o Ser Supremo.

Assim, a religião consiste no cumprimento de nossos deveres para com Deus; e, em nossa condição atual, eles constituem-se em apenas duas coisas:

1. No culto, que deriva necessariamente da admiração e do amor suscitados pela contemplação refletida, ou da sensação moral da onipresença desse ser imenso.
2. No cuidado que temos de tomar para que todos os nossos pensamentos e todos desejos estejam para o Ser Supremo (que compreende tudo de acordo com a ordem eterna, na medida em que conhecemos esse ser através de nossa consciência), assim como nossas ações estão para a ordem civil diante da sociedade e do governo.

Se abstrairmos tudo que podemos saber através da revelação, o culto não deve consistir razoavelmente senão em atos de reconhecimento; e, considerada como um ato que pode produzir uma mudança favorável na vontade do Ser Supremo, a prece não se encontra entre tais atos.

A prece pressupõe uma insuficiência em quem reza e uma falha na vontade ou na atenção daquele para quem ela se dirige. Se a prece é ouvida, quem reza mudou a vontade do outro, ou então despertou sua atenção. Ora, seria o maior dos absurdos aplicar essas idéias à idéia do Deus todo-poderoso e onipresente, criador e conservador do universo. Mas, visto que a revelação é algo manifesto, comprovado e estabelecido, é evidente que, sem considerar que a prece é ensinada, seu absurdo desaparece, pois a revelação dá ela mesma um exemplo de mudança na vontade de Deus, não somente com respeito aos homens em geral, mas com respeito a este ou aquele indivíduo, e assim uma tal mudança de vontade é possível.

Além do mais, a insuficiência de um ser limitado, o sentimento da possibilidade ou da existência de um ser mais poderoso, a possibilidade de uma mudança de estado e a esperança de uma tal mudança fazem da prece algo natural para todo ser imperfeito que sente e raciocina.

Se considerarmos ainda a prece independentemente de toda possibilidade ou impossibilidade de seu efeito por parte daquele a quem ela se dirige, perceberemos, por meio de muitos exemplos, que no sofrimento e na dor homens de toda espécie buscam na prece respostas e tranqüilidade às quais seu estado não parece nada suscetível, o que acaba ativando seu órgão moral. Somente isso pode distrair-lhes de toda sensação advinda por meio de outros órgãos, e assim a prece paulatinamente produz em todos os homens o mesmo efeito que os pensamentos grandes e elevados produzem na alma do filósofo esclarecido.

Não discutiremos aqui a violenta sensação experimentada quando o órgão moral se encontra ativo em direção ao Ser Supremo, pois todos os que já a sentiram conhecem os assombrosos efeitos que então se produzem no sistema inteiro do indivíduo. Os mal-afortunados que nunca experimentaram essas sensações, devido à fraqueza natural de seu órgão ou por não terem cultivado seu uso, não compreendem o que isso significa.

Resta ainda considerar os cultos estabelecidos, um assunto em que o preconceito deve ser especialmente evitado.

Como quase todos os cultos fundam-se em revelações, devemos em primeiro lugar investigar em que consiste a revelação.

A revelação pressupõe que o homem não é tudo o que deveria ser, e que os meios de que Deus se serve para conservar a vida e o bem-estar temporal do homem não são suficientes para torná-lo o que ele deveria ser, mas que Deus precisa ainda de outros meios. Além disso, a revelação pressupõe que é necessário para nosso bem-estar que tenhamos idéias mais ou menos claras de uma face do universo que não se volta para nossos órgãos, ou então de uma relação com Deus que pertence a uma outra face do universo que não conhecemos, ou ainda de algumas verdades obscuras contidas na face que nos é conhecida.

Nos dois primeiros casos, é necessário que a revelação se realize para cada indivíduo por infusão, visto que não dispomos de signos comuns apropriados para a comunicação de idéias de coisas que não pertencem nem à face do universo que conhecemos, nem à nossa maneira presente de perceber e de sentir; mas a infusão também é necessária porque todos os nossos signos pertencem à face do universo que conhecemos e, portanto, não podemos adquirir essas idéias por evocação ou através da aparição de algum de nossos signos, já que todos eles pertencem aos nossos órgãos atuais.

Nesse último caso, Deus manifestaria presentemente o objeto da verdade revelada, ou então mostraria sua imagem, e cada um dos indivíduos presentes teria uma sensação dela. Por fim, Deus poderia ainda causar o movimento nas fibras de nossos órgãos por meio de idéias análogas a tal verdade, e cada um dos indivíduos receberia uma revelação.

Mas Deus também poderia manifestar o objeto a um só indivíduo, ou tocar as fibras de um só indivíduo, e nesse caso se trataria da fé. Mas o que é a fé?

A fé é a faculdade de poder crer no que não é crível, de querer crer no que não é crível ou, finalmente, de crer no que parece crível.

Nos dois primeiros casos, é necessário um ato particular do Ser Supremo, enquanto no último o indivíduo é passivo, pois não depende dele que uma coisa lhe pareça crível; sendo assim, requer-se ainda uma ação particular de Deus sobre a alma de cada indivíduo e, portanto, a fé não deve ser apenas um dom particular de Deus.

Ainda que suponhamos que a revelação seja necessária, existe uma imensa probabilidade de que as verdades que deveríamos saber pertençam a uma outra face do universo que não conhecemos, pois elas derivam da relação de Deus conosco. Em todo caso, parece claro que, seja qual for a revelação que tenha recebido, ou o milagre que possa realizar, um indivíduo qualquer não pode ter o menor direito sobre a crença ou a fé de seu semelhante, ou sobre sua relação que tenha com o Ser Supremo.

Quando consideramos as religiões estatuárias que, com o passar do tempo e a ação de diferentes legislaturas, se misturaram a diversas constituições políticas, é necessário levar em conta que elas não se mostram mais inteiramente nuas, mas adornadas pelas ciências e virtudes dos homens, desfiguradas pelas leis, costumes, maneiras e artes das diferentes épocas, e além disso degradadas e temperadas pela fantasia, os vícios e as paixões dos homens.

Se as artes e as ciências fossem reestabelecidas e aperfeiçoadas na Ásia tal como na Europa, o maometismo não nos pareceria tão absurdo como parece.

Entre os antigos, os poetas assumiram uma religião politeísta que eles mesmos criaram. Nessa época, os poetas encontravam-se mais próximos do povo do que os sacerdotes e filósofos, e deve-se observar que estes últimos eram pessoas muito honestas e prudentes, pois ousaram aplacar a fúria do entusiasmo e do fanatismo adequando-os, na medida do possível, às verdadeiras idéias de Deus e da virtude.

Quando do renascimento das ciências e das artes, a religião cristã — tão malatratada por mãos bárbaras, após ter passado pelas dos platonistas —, relacionava-se com o calendário, a cronologia, a astronomia e, através desta, com todas as ciências exatas; ela caminhava ao lado das ciências que, ao se aperfeiçoarem, despiram-na dos farrapos tecidos pela estupidez monacal com que se revestia. Mas o verniz estranhamente místico que recebeu da escola degenerada de Platão era do gosto dos padres que, segundo sua própria fantasia, dele se valeram para que a religião reluzisse diante dos olhos do povo, evitando assim sua destruição pelos filósofos.

Assim, parece mais difícil remontar à origem de uma religião do que à de uma seita filosófica. Com o passar do tempo, ambas recebem modificações estrangeiras, mas as religiões passam pelas mãos de todos os homens, e os acréscimos que sofrem são assim muito mais heterogêneos e monstruosos. Por esse motivo, é quase impossível representar a religião cristã em toda sua pureza, formando uma idéia justa dos dias e eventos que marcaram seu nascimento.

Julgar o cristianismo pelo cristão comum de hoje em dia seria inteiramente absurdo. Já observei mais acima que o pouco de elevado que resta em suas virtudes e vícios se deve à mistura entre a religião e a virtude civil. Observai como eles dirigem-se a Deus: pedem uma longa vida de riquezas, prosperidades e vitórias para si e seus príncipes, o que somente é possível às custas de seus semelhantes, que por sua vez pedem exatamente as mesmas coisas ao mesmo Deus, esperando que Ele acredite que todas as guerras são apenas defensivas e servem apenas para prevenir ou impedir a injustiça. Os pagãos são mais conseqüentes quando pedem a destruição de seus inimigos aos seus deuses tutelares, pois esses deuses podem todos ser maus: eles não se envergonham em render graças ao ser do qual emana a vida de todo o universo, quando este destrói a vida por meio de suas bênçãos, desde que isso seja feito em nome deles próprios e às custas de seus irmãos. Nesse sentido, deve-se reconhecer que o homem comporta-se de maneira absurda e mesquinha, violentando sua própria essência. Felizmente, sua pequenez é sua obra, é a conseqüência necessária do mecanismo da sociedade artificial.

> *Oh! como o homem é desprezível quando não se eleva acima do que é humano!*

Consideremos agora a oração dominical sob um prisma filosófico. O cristão inicia a oração glorificando seu Criador, na medida em que permite o estado de limitação em que se encontra; ele deseja o advento do reino de Deus, deseja aproximar-se da fonte de todas as coisas, submetendo inteiramente sua veleidade à veleidade suprema; ele concentra toda sua capacidade física no momento da fala, sem preocupar-se com o momento físico seguinte, sentindo de tal maneira sua relação com Deus (sua consciência encontra-se ao lado daquilo que deseja e sobre o que medita), que ousa exigir de Deus que o trate sempre como ele trata seus semelhantes: nisso, o cristão comporta-se como um deus subalterno que se dirige a seu pai.

Não se trata aqui da vossa crença, da minha ou de quem quer que seja. Como já afirmei, meu objetivo é investigar até onde a razão ou a pura faculdade intuitiva nos leva, e é com esse fim que encerrarei este artigo sobre a revelação com a seguinte reflexão.

Se retirarmos da religião cristã tudo o que parece postiço ou falso, rejeitando todas as interpretações que os homens imprudentemente fizeram daquilo que anunciam como a palavra do Deus supremo, torna-se evidente que sua instituição é muito semelhante a uma revelação; que é somente essa religião que conclama o homem a uma bem-aventurança individual; que é somente ela que retira o homem dos laços da sociedade artificial, devolvendo-o a si mesmo; e, enfim, que não há uma religião que considere os deveres do indivíduo com relação à sociedade, senão enquanto eles tenham relação com os deveres do indivíduo com o Ser Supremo, únicos que constituem a verdadeira boa ventura.

Sem considerar que a religião cristã é o principal sustentáculo das sociedades européias atuais, essa reflexão deve, por si mesma, ser suficiente para que os incrédulos a tenham como respeitável.

Deveremos ainda examinar as extravagantes adorações de astros, animais e plantas, mas por enquanto basta notar que o órgão moral propicia sensações reais da presença do Ser Supremo, e que não somente os outros órgãos comunicam movimento ao órgão moral, mas que, ao recebê-las, comunica-os em seguida para os outros órgãos, e é assim que surgem os estranhos objetos de culto que encontramos entre os homens.

Afirmamos, mais acima, que é possível que os poetas sejam os criadores do politeísmo e de todas as divindades de figura humana que habitam os céus e infernos dos pagãos; acusa-se Homero de ter transformado deuses em homens, e homens em deuses; mas é necessário examinar se a deificação dos homens e a humanização dos deuses é uma coisa tão absurda, e se alguma vez a maioria dos homens chegou a mudar sua maneira de pensar quanto a esse respeito.

Todo homem sadio e bem-resolvido tem uma sensação mais ou menos distinta da existência real e necessária da divindade, sem que precise recorrer à inteligência; sendo assim, não existem homens ateus. No indivíduo humano a sensação da divindade é extremamente fraca, enquanto no homem que vive em sociedade o órgão moral aflora, tornando-a mais forte.

O homem acredita ter clareza de que a parte mais essencial do universo é o globo que habita. A idéia de que há uma distância limitada e definida pelo alcance de sua vista é unida à medida real e direta das coisas que ela pode alcançar. Ele não percebe a real medida entre o globo e os astros; assim, com relação a estes, a idéia de distância deixa de existir e, considerados apenas como fenômenos, os astros tornam-se seres divinos, pouco sujeitos à mudança, inspetores do universo, adornos da paisagem celeste, luminárias que afastam os horrores da obscuridade da noite. E ainda que, por meio de combinações entre idéias geométricas e abstratas, os astrônomos atribuam às distâncias dos corpos celestes grandezas mensuráveis, elas excedem de tal maneira nossa compreensão que dificilmente se pode dar crédito a esses homens: o globo terrestre permanece com uma importância infinita, e o homem é o que há de mais importante sobre a Terra. Como então é possível que Deus não se pareça com homem? Como é possível que um grande homem saudoso não seja um Deus?

A raça dos homens e dos deuses é a mesma, pois eles surgem do mesmo oceano.

A maior revolução nas idéias dos homens ocorreu quando os filósofos lhes mostraram de maneira incontestável que o globo é apenas um planeta como tantos outros, e que o universo é infinito: o que se acreditava ser tão importante não é nada. Se essa descoberta tivesse ocorrido nos séculos em que o órgão moral ainda retinha um pouco de seu vigor primitivo, é provável que ela transformasse inteiramente a forma da sociedade; mas, tendo ocorrido nos séculos em que órgão perdera seu vigor, a inteligência apenas permitiu entrever um Deus um pouco mais conforme àqueles que se adorava, sujeitando-o a idéias já existentes sobre a religião.

É provável que Pitágoras e sua seita sagrada tivessem em vista uma tal forma. Com idéias justas e verdadeiras a respeito da cosmologia e, portanto, da nulidade de nosso globo diante do universo físico, tinham concepções muito diferentes acerca de Deus. Propunham uma modificação da sociedade cujo fundamento não residiria na perfeição do órgão da visão, da audição ou do tato, mas sim do órgão moral. Se prestarmos atenção ao que dizem quanto à *semelhança com a divindade na medida do possível*, às *virtudes teóricas e práticas*, à *faculdade de ser moderadamente afetado por tudo que acontece*, à *separação entre o corpo e a alma* e à *vida desta em si mesma*, torna-se evidente que seu sistema é fundado na maioria das verdades que procuramos demonstrar.

O resultado dessa filosofia é conhecido, e a primeira escola de Pitágoras dá o exemplo, único no mundo, de uma sociedade de seres superiores, em que a virtude é necessária, o vício impossível, e em que são proporcionados ao indivíduo os talentos requeridos para a elevação de sua alma.

Retornemos ainda uma vez à contemplação da sociedade em sua

atual modificação, para compreender sucintamente sua natureza, mostrar suas imperfeições, e para saber se ainda há como remediá-las.

A natureza da força atrativa do homem deu origem a uma sociedade que permeneceu geral, sem uma certa amplificação de seus conhecimentos, impedindo que os indivíduos aos poucos se tornassem iguais entre si.

Os homens encontram-se naturalmente ligados entre si, proporcionalmente às idéias adquiridas que tenham em comum. Portanto, tão logo os signos naturais se desenvolveram através da alimentação e educação comuns e da conversação cotidiana, um indivíduo passou a ter mais idéias em comum com aqueles de sua família do que com qualquer outra família. Os homens dividiram-se em famílias ou em grupos, e estes tornaram-se heterogêneos à medida que a língua e o pouco de conhecimento de que dispunham se aperfeiçoaram. Mas, tão logo tais conhecimentos chegaram a um ponto em que puderam produzir efeitos gerais, a necessidade dos homens ligou novamente muitas sociedades particulares num conjunto. Mas, enquanto a sociedade primitiva geral era composta por indivíduos iguais ou quase iguais entre si, as sociedades particulares, surgidas a partir de um certo refinamento do espírito, eram extremamente heterogêneas, o que inevitavelmente causa a desordem; para impedir que isso ocorresse, e para dar solidez e limites à sociedade, foram criados os governos.

Como os homens fazem tudo por imitação, para formar governos eles tomaram como modelo o governo do universo, de acordo com a opinião que tinham dele, imaginando que o universo é governado despoticamente, coisa que, como veremos, é impossível.

Quando Deus cria A, é déspota de A, e quando cria B é déspota de B; mas, quando reúne A e B em coexistência, surgem relações a partir das quais derivam leis que Deus não pode alterar sem aniquilar A, B ou ambos. Assim, o universo é governado por leis que derivam da natureza que Deus imprimiu às diferentes partes que o compõem.

Segundo esse modelo, uma sociedade (ou o todo das ações de um certo número de homens) deveria ser governada por leis derivadas das relações que os homens têm entre si; e, visto que na natureza os homens são inteiramente iguais, as relações que têm entre si devem pautar-se pela igualdade; isso poderia ter evitado os monstruosos eventos e catástrofes tão desproporcionais à natureza do homem, como Caio Mário sentado sobre as ruínas de Cartago.

Se considerarmos que há uma estranha desproporção entre os indivíduos que compõem a sociedade, e que o legislador tem de aplicar castigos iguais e exigir as mesmas ações de todos os homens — ricos e pobres, sábios e ignorantes, fortes e fracos —, e tem ainda de se fiar igualmente na bravura de todos os seus soldados e na fidelidade de todos os seus cidadãos; enfim, de não ter garantia da relação de cada indivíduo com Deus, que difere em cada indivíduo; torna-se evidente a extrema imperfeição da atual modificação da sociedade. Põe-se então uma alternativa: ou promove-se a igualdade entre os indivíduos por meio da educação pública (coisa que é muito difícil), ou descobre-se uma maneira de conhecer melhor a natureza de cada indivíduo e de suas relações. Para isso existem dois meios: o primeiro, extremamente imperfeito, consiste em diminuir o número de indivíduos, introduzindo a escravidão; o segundo consiste em fazer com que cada indivíduo aponte para si mesmo, que cada cidadão se mostre tal como é, e, diante da sociedade, o rico não pareça pobre por causa de sua avareza, nem o homem de talentos inábil por causa de sua indolência. O único instrumento que o governo poderia empregar para produzir um tal efeito seria o amor à pátria.

Grande parte das imperfeições da atual modificação da sociedade deriva da diferença entre os fins da religião e da virtude civil: uma visa o bem eterno e permanente de cada indivíduo, a outra o bem temporal da sociedade.

Já houve tentativas de mesclar religião e virtude, o que é impossível. Os reis asiáticos, os antigos da Montanha e os papas tentaram confluir esse dois princípios em suas pessoas, o que significa dizer que, de alguma maneira, eles representariam a sociedade do Ser Supremo, sendo ao mesmo tempo príncipes e deuses.

Coisa bastante diferente, que não se vê em nenhuma parte na história, é que algum legislador tenha proposto a identificação total entre as idéias de divindade e de pátria.

Não podemos encerrar essa parte de nossa carta sem dizer ainda uma palavra sobre o mais perigoso mal que assola a sociedade em nossos dias, e que concerne mais particularmente ao nosso século do que a todos os outros.

Ainda hoje se considera que não há nada no mundo mais respeitável do que os teólogos e filósofos. De um lado, temos os chamados ortodoxos, cuja rigidez, teimosia, estupidez e falta de esclarecimento e ambição para ir além nos fazem pretender que todos os homens devem pensar e entender as coisas tal como eles; eles não consideram que, se houvesse provas contra a religião cristã, a mais forte seria que a palavra de Deus necessitasse de sua interpretação, ou de que ela seja passível de infinitas interpretações. De outro lado, temos a multidão dos chamados filósofos, tão superficiais e pouco esclarecidos quanto os ortodoxos. Por meio de desregramentos, vícios e sofismas, eles calam temporariamente o órgão moral, pregando a irreligião e o ateísmo com mais zelo ainda do que os teólogos dedicam à sua pretensa ortodoxia, visando a conversão de todos os homens à sua causa, impedindo-os de vislumbrar o Deus onipresente que recusam e de desenvolver o órgão que permanece o mesmo após essa vida, cujo uso é constrangido à medida que é exposto a sensações desagradáveis ou más. Os assim chamados ortodoxos, bem como os pretensos filósofos, são duas espécies nocivas que travam uma guerra cruel que, se ao menos fosse eterna, não propiciaria o triunfo do mal. Mas, como quem pode ridicularizar seu adversário triunfa em nosso século sobre aquele que pode apenas difamá-lo, provavelmente é a última das duas espécies que tem vantagem, propiciando o triste e hediondo espetáculo de uma assembléia de homens entre os quais não há mais costumes nem religião. A menos, é claro, que a Igreja possa livrar-se de tais cabeças duras, admitindo no sacerdócio apenas pessoas esclarecidas que, através de uma educação refletida, possam humanizar-se e tornar-se dignas. Quanto às verdades filosóficas, elas não serão palpáveis e populares enquanto os miseráveis sofismas da segunda espécie não deixarem de persuadir até mesmo às crianças.

Mas é tempo de passar a algumas reflexões ulteriores sobre os conhecimentos humanos.

Vimos mais acima que a faculdade de comunicar idéias a outros seres homogêneos pertence ao feitio da atual composição do homem. É verdade que as palavras não têm mais a propriedade primitiva que fazia delas puros efeitos das idéias primeiras dos objetos. A diferença dos órgãos nas diferentes nações provavelmente ocasionou diferenças de dialeto, mas de início elas não eram tão significativas para impedir a comunicação. Com o passar do tempo, a especificação do uso da língua em cada família e em povos distantes entre si transformou as palavras em signos representativos; e, tão logo eles se tornaram dessemelhantes e pouco conformes aos signos primitivos, tornou-se impossível o entendimento entre os homens de grupos diferentes, que passaram então a recorrer à imitação dos objetos como meio de comunicação comum, dando origem à escrita. A essa imitação grosseira seguiram-se figuras simbólicas e, finalmente, a desigualdade das cordas e tubos que compõem os instrumentos sonoros primitivos propiciou a idéia de representar os sons por meio de traços, reproduzindo-os assim para o órgão vocal do leitor.

Assim, a primeira escrita foi a imitação de objetos, a segunda a representação do objeto, e a terceira a representação do signo ligado à idéia do objeto.

A idéia de medida pode ter sido a primeira de todas as nossas idéias, anterior mesmo ao nascimento, pois parece que se deve unicamente à sensação de ondulações sucessivas do sangue nas imediações do ouvido. Como fala primitiva, o som foi o primeiro veículo das idéias; depois, a idéia de medida foi ligada àquela de som, produzindo a idéia de harmonia; e, finalmente, foi ligada à idéia de som como veículo de idéias, e mesmos aos gestos, o que produziu o patético e a música vocal, a versificação, uma parte da retórica e a dança. A partir disso, três considerações podem ser feitas.

Em primeiro lugar, a ligação dessas idéias heterogêneas, operada pela inteligência, é a mais antiga de todas, muito anterior a tudo que se chama de ciência.

Em segundo lugar, a ligação dessas idéias propicia ao homem o conhecimento de uma beleza e de um sublime grosseiro, como testemunham o estilo das produções dos povos primitivos e das estátuas de Dédalo, que, malgrado sua grosseria, tem qualquer coisa de divino.

Considerada como som e, nessa qualidade, moldada, modificada ou ornamentada pela medida, a harmonia e a melodia, a fala primitiva logo perde seu caráter original, efeito imediato da idéia que ela representava; daí a razão da dificuldade que se apresenta quando tentamos alcançar a língua primitiva e real dos homens por meio da música.

Quanto às outras artes que derivam do gênio imitativo do homem, cuja perfeição se funda numa propriedade singular da alma, apresentamos uma ligeira idéia numa obra sobre a escultura publicada há alguns anos*.

A ciência ou o conhecimento humano consiste nas idéias adquiridas através dos sentidos e nas relações que existem entre elas. As primeiras são isoladas e representam objetos isolados, enquanto as outras derivam da coexistência de um certo número que a faculdade intuitiva é capaz de reunir das primeiras. A totalidade dos conhecimentos, ou da ciência em geral, é então composta pelo número de idéias de relação adquiridas.

Se o homem tivesse idéias de todos os objetos que compõem o universo físico e sensível, ele não seria sábio a não ser que dispusesse de um certo número de idéias de relação semelhantes ou análogas às relações que se encontram realmente entre as coisas.

Se o homem tivesse idéias de todas as relações e combinações dos objetos no que diz respeito à ciência e à situação do universo, na medida em que o conhecemos, sua ciência seria perfeita e ele se assemelharia à Deus.

---

*) [*Carta sobre a escultura*, publicada em 1765. (N.T.)]

A grandeza dos conhecimentos humanos em geral, ou o estado do espírito humano, pode então ser medida pela quantidade de idéias primitivas adquiridas pelos órgãos, multiplicada pela quantidade de idéias de relação. Mas, como a perfeição da ciência e dos conhecimentos é também uma razão para a grandeza da quantidade de idéias de relação em proporção à quantidade de idéias adquiridas; então, a perfeição do espírito humano está num determinado século para sua perfeição num outro, assim como o produto das idéias adquiridas multiplicado pelas idéias de relação, e como a quantidade destas últimas proporcionalmente às primeiras.

A ciência do homem, que é única, desenvolveu através dos tempos inumeráveis ramos, à medida que a faculdade intuitiva encontrou certas massas de objetos homogêneos ou homólogos entre os quais a coexistência ideal era mais fácil de executar, ou entre os quais as relações respectivas eram menos distantes do que entre os objetos mais heterogêneos.

A contemplação de árvores e plantas deu origem à botânica, assim como a dos astros à astronomia; e, ainda que existam na natureza relações determinadas e perfeitas entre os astros e as plantas, elas nos parecem tão distantes, e nossa faculdade intuitiva encontra uma dificuldade tão insuperável para reunir em coexistência as idéias desses objetos, que somos obrigados a fazer da astronomia e da botânica duas ciências diferentes.

Antigamente muitas ciências e artes que hoje se encontram fundidas eram muito bem delimitadas, e considerava-se sua ligação com outras ciências de tal maneira absurda que, entre os egípcios, uma ciência ou arte era muitas vezes privilégio de uma família, sendo hereditária por lei.

Com o passar do tempo, os homens relacionam ciências próximas entre si. Demócrito, Hipócrates, Platão, Arquimedes e outros obtêm sucesso em suas tentativas, mas há duas razões principais para que não tenham chegado às grandes verdades de nossos dias, que no entanto devemos aos mesmos procedimentos: uma delas é que a geometria e a aritmética se encontravam ainda em sua infância, e a outra será examinada a seguir.

A geometria e a aritmética pura são os únicos ramos do conhecimento humano em que a ciência é perfeita, porque os objetos dessas ciências são todos de nossa criação e, portanto, o objeto e sua idéia são uma e a mesma coisa; sendo assim, cada nova idéia refere-se a uma relação perfeita e determinada.

Seria este o lugar para apresentar as leis motrizes do conhecimento humano; mas, como proponho-me a considerar esse assunto de maneira mais detalhada em outra ocasião, farei aqui apenas algumas reflexões.

A ciência do homem e o espírito humano em geral parecem mover-se em torno da perfeição assim como os cometas movem-se em torno do sol, descrevendo curvas excêntricas. A ciência tem seus periélios e afélios. Mas, como mostra a história, conhecemos bem apenas uma parte dessa revolução, ou seja, dois periélios e o afélio que os separa.

Em cada periélio reina um espírito geral que esparrama seu tom e cor sobre todas as ciências e artes, sobre todos os ramos do conhecimento humano.

Em nosso periélio esse espírito geral poderia ser definido como o espírito de geometria, ou espírito de simetria; no dos gregos, como espírito moral, ou espírito do sentimento; e, se consideramos o espírito das artes entre os egípcios e os antigos etruscos, fica claro que o espírito geral do periélio que precedeu o dos gregos foi o do sobrenatural.

Esse tom universal não é, em cada periélio, igualmente favorável a todos os ramos do conhecimento humano: se lançarmos um raio de luz vermelha sobre diferentes cores ele reforça o vermelho, mas obscurece as outras cores, que são anuviadas e, de alguma maneira, alteradas.

É evidente que, em nosso periélio, a perfeição das ciências é proporcional ao seu grau de aplicabilidade à geometria e à aritmética. Quando comparamos uma linha a um raio de luz ou a uma mola, um número a uma posse, ou ambos ao movimento e à duração, aperfeiçoamos a ótica, a mecânica, a economia e a astronomia.

Mas a moral, a política e as belas-artes, essas flores tenras outrora tão vivas e vistosas sob o sol de Atenas, encontram-se desbotadas e ressecadas em nossos áridos climas, apesar da sabedoria e riqueza de nossa cultura.

No periélio dos gregos, o do espírito moral e do sentimento, as idéias de amor, reconhecimento, ingratidão, ódio, vingança e ciúme eram idéias de relação tão claras, perfeitas e determinadas como as de triângulo e círculo; mas, se aplicarmos o amor à atração, o horror ao vácuo à elasticidade, a preguiça à inércia, logo veremos o que se fará da física[15].

Quanto ao espírito do maravilhoso no primeiro periélio, não é preciso

---

15) Aqueles que estudaram e meditaram sobre a arte da guerra, e sobretudo sobre a tática, podem comparar o estado dessa ciência em nossos séculos aos séculos dos gregos: é surpreendente o quanto o tom universal de cada periélio influiu sobre ela. Toda tática dos antigos baseia-se apenas sobre a condição moral do indivíduo, enquanto, entre nós, seu fundamento consiste na aplicação da idéia de uma figura geométrica ou de uma massa a um certo número de indivíduos que podem agir de uma determinada maneira. Os modernos que escreveram sobre as batalhas mais célebres dos gregos e romanos não fizeram essa reflexão, e buscam em Leuctro, Canes e Fársalo muito mais geometria e arte do que é possível encontrar.

observar os efeitos de sua influência sobre os conhecimentos humanos; algumas artes dele receberam um sublime grosseiro, que nada mais é do que a coagulação de um certo número de idéias ou disparatadas e muito distantes entre si.

A força do tom universal em cada periélio torna-se evidente pelos trabalhos infrutíferos dos homens singulares que, de tempos em tempos, surgem num periélio em que parecem estrangeiros: Demócrito e Hipócrates tinham o mesmo fim que temos, buscando fundar uma filosofia sobre experiências exatas; Arquimedes já aplicava sua admirável geometria à mecânica; mas nenhum deles pôde fazer algo contra o domínio desse espírito universal.

Assim, pode-se concluir que o grau de perfeição em nossos conhecimentos não aumenta somente à proporção do aumento das idéias primeiras adquiridas e isoladas, mas sobretudo em razão do crescimento da quantidade de idéias de relação.

Vimos que em cada periélio há uma ciência privilegiada, mais análoga ao espírito geral das outras ciências, e que se aperfeiçoa até o grau mais elevado. Essa ciência tão pura e bela é aplicada a todas as outras sem que se considere se isso é conveniente ou não, dando origem a uma imensa quantidade de idéias novas que podem ser falsas e disparatadas à medida do absurdo da aplicação, tão distantes umas das outras a ponto de a faculdade intuitiva não conseguir compará-las. É então que a quantidade de idéias primeiras e isoladas de fato aumenta, mas a das idéias de relação diminui proporcionalmente, dando origem ao erro. Mas, como o homem por natureza ama o verdadeiro e repudia o falso, o domínio deste fastia-o inteiramente, levando-o, por frivolidade, à indolência que impede a determinação de uma verdade ofuscada pela imensa quantidade de idéias inúteis.

Nesse ponto deveríamos remontar à obscura e remota origem do espírito universal em cada periélio[16]; mas, após tanta paciência de vossa

---

16) O espírito geral que domina todos os conhecimentos humanos em cada periélio é conseqüência necessária das primeiras idéias de relação que se formaram na mente dos homens, tão logo tenham superado o estado de barbárie. Essas idéias de relação são, na verdade, as de maior utilidade imediata, e as mais fáceis de se formar quando os homens deixam um afélio. A natureza dessas idéias de relação depende da natureza da condição do homem em cada afélio. Quando a condição dos homens num afélio é de completa ignorância, as primeiras idéias de relação que surgem são idéias de coexistência. Uma estrela eleva-se ao pôr-do-sol? Uma estrela esconde-se ao nascer do sol? Um rio transborda?: uma coisa deve ser causa da outra. O curioso é que freqüentemente o objeto menos conhecido é considerado como causa do objeto mais conhecido. Que se tome como exemplo a estrela de Sirius e o rio Nilo. Surge um cometa? Algum grande

parte, não ouso vos ofender com o quadro desagradável de nossos tristes afélios, e esta carta deve encerrar-se retomando ainda uma vez as verdades mais importantes que apresenta.

A alma humana é uma essência eterna e indestrutível; seu criador é Deus. Quando unida a alguns órgãos, ela tem idéias das faces do universo que são análogas a eles; ela tem uma faculdade intuitiva e inteligente, por meio da qual compara todas as idéias que recebe, contanto que não sejam muito distantes entre si; ela tem um princípio de atividade, a veleidade, que parece não ter limites; mas a intensidade das ações que dela emanam parece ser proporcional ao vigor de seus órgãos diante das coisas que estão fora dela; e, caso esses órgãos deixassem-na, ela perderia qualquer idéia das faces do universo que se voltam para ela, e é mesmo provável que ela esteja ligada a outros órgãos, que poderão servir-lhe melhor no futuro.

O órgão moral, para o qual a própria alma é um objeto de contemplação, não pode abandoná-la; o órgão do intelecto, ou a faculdade que contempla e compara, refere-se a todas as faces possíveis do universo, e parece igualmente aderente à alma; ela tem um desejo insaciável pela visão, e não pelo conhecimento: é feita para contemplar e fruir, não para saber, e é provável que passe a eternidade contemplando a sucessão das inúmeras diferentes faces do universo; seja qual for a face que tenha diante de si, terá diante de si o paraíso ou o inferno, não tendo mais nada a esperar ou crer; o órgão moral faz as vezes de um juiz severo; o paraíso e o inferno não são punições ou recompensas, mas a decorrência necessária da constituição do indivíduo; a legislação deve recompensar e punir para retificar sucessivamente as imperfeições de sua obra, mas Deus não corrige o universo; o crime resulta de uma modificação de um membro da sociedade que é contrária à modificação da sociedade em que ele se encontra; o vício apenas é vício relativamente aos viciosos, e diante de Deus não pode haver vícios e crimes. Essa asserção pode parecer à primeira vista muito severa, e é necessário esclarecê-la em poucas palavras.

---

evento ocorre na Terra nesse mesmo momento?: acredita-se que a relação entre essas duas coisas é de causa e efeito, e é a contemplação superficial de coisas tão disparatadas que dá ensejo ao gosto e ao espírito ligados ao maravilhoso.

Quando a condição do homem no afélio é a escravidão, o excesso de população e as migrações, as primeiras idéias que surgem dizem respeito à utilidade imediata, às relações dos homens entre si, à formação, estabelecimento e defesa de pequenas sociedades, de onde naturalmente surgem o heroísmo, o amor à pátria, o espírito de sentimento moral.

Quando a situação do homem no afélio é o fanatismo supersticioso, os conventos e monges dão ensejo ao espírito pusilâmine e de simetria, de onde finalmente surge o espírito de exatidão geométrica.

Dizemos que uma coisa existe quando, de acordo com nossa composição atual, podemos ter dela uma sensação direta.

Dizemos que uma coisa é possível quando sua existência não implica em contradição; mas que, sem existir, não nos propicia qualquer sensação no estado em que nos encontramos.

Consideramos que todo o existente e todo o possível constituem em conjunto o universo; que o existente e o possível derivam igualmente de relações infinitas que se encontram entre as coisas que compõem o universo; e, portanto, que o existente e o possível são, diante de Deus, uma só e a mesma coisa.

Consideramos que aquilo cuja existência é possível não existe apenas para nós, e que, diante do universo e de Deus, o que consideramos como existente é apenas possível; assim sendo, tudo que é possível existe.

Deus criou seres ativos e livres cuja veleidade parece ser infinita, mas a atividade livre depende das relações que tem com as coisas exteriores; essas relações são infinitas e não podem ser enumeradas, e delas resulta uma infinidade de possíveis modificações da veleidade e das ações dos homens. A atividade livre do homem pode manifestar-se em sua esfera inteira, mas em qualquer raio dessa esfera em que se manifeste ou queira efetivar-se, ela apenas se efetiva nas relações possíveis para o homem, visto que, diante de Deus e do universo, sua existência é, ao mesmo tempo, efetiva e possível em todos os raios dessa esfera[17].

A existência de seres ativos e livres é o instrumento da vida do universo; e, mesmo supondo que todos esses seres fossem viciosos, isso não faria a menor diferença no todo, pois a esfera de sua atividade é limitada por suas

---

17) Suponhamos dois indivíduos, A e B, cuja relação atual de coexistência seja exprimida por m, e uma possível relação de coexistência exprimida por x. A relação m produz certos efeitos, enquanto a relação x produz outros efeitos. Ora, as relações m e x pertencem igualmente à essência de A e de B, e a essência de A e de B seria muito absurda se a relação x, assim como a relação m, não tivesse lugar. Ora, o criador desses indivíduos imprimiu em suas essências tanto x quanto m, ou seja, as causas necessárias dos efeitos que resultam dessas relações. A relação que A e B têm com seu criador resulta da essência imutável do criador e da essência imutável de A e de B, que contém igualmente x e m. Portanto, diante de Deus, A e B são imutáveis, e sua essência é de tal modo a conter x e m. Mas suponhamos que A seja um ser livre e ativo, que pudesse escolher entre x e m. O indivíduo A atualiza x, mas m pertence igualmente à sua essência, o que vale dizer: para A, x pertence à sua própria essência, enquanto, para aquele de que sua essência depende, x e m lhe pertencem igualmente. Deus criou as essências juntamente com todos os seus possíveis. O ser livre, ativo e dotado do órgão moral tem o poder de atualizar os possíveis dessas essências.

relações recíprocas e, portanto, nenhum indivíduo poderia modificar ou destruir a essência de outro indivíduo; supondo que todos esses seres fossem virtuosos, isso também não significaria a menor mudança para o todo, pois nenhum deles pode expandir a essência de outro.

Podemos assim concluir que, diante de Deus, não existem vícios e crimes. Para o indivíduo, o que importa é se, em sua esfera, que provavelmente se estenderá por toda eternidade, sua atividade toma a direção do Ser Supremo e da ordem que conhece através da consciência, ou se o órgão e a consciência tornam-se, no decorrer dos séculos, mais ativos e sensíveis para fazê-lo perceber vivamente a imensa distância que o separa de sua boa ventura.

Por uma conseqüência necessária das coisas, o homem vicioso é e será menos afortunado e perfeito, e, pela mesma razão um destino contrário está reservado ao homem virtuoso. Não teríamos qualquer idéia de vício e crime se o homem não se iludisse com uma idéia de suposta grandeza ligada ao aperfeiçoamento físico de seu ser. Ouço dizer: sem essa ilusão, as artes não existiriam! É verdade; mas nós precisamos das artes? Mas que número imenso de idéias não devemos às artes e ciências! Concedo; mas não seriam essas inteligências mais puras se dedicando ao amor, à amizade e à relação com o Ser Supremo? Não teriam feito assim muitas descobertas na face moral do universo, tanto quanto as realizadas na face visível ou na face sonora? Não seria melhor, Oh Cibaritas!, neglicenciar a face tangível, onde reside a dor? Afortunadamente, a dor não pertence à face sensível, onde temos feito as maiores extravagâncias, pois a vida seria então um suplício! Mas basta: dou-me conta de que me excedo, tal como Juvenal; reconsidero a questão, e percebo a injustiça que faço ao homem. Sob a escassa luz da estrela matinal, é com dificuldade que o olho distingue os objetos circundantes: tão logo se eleva o sol, o universo visível se mostra. É possível que, da mesma maneira, o veículo de sensação das essências morais tenha mais energia após o crepúsculo desta vida; ou então que os órgãos da consciência e do coração, que não podem manifestar-se sob nosso invólucro grosseiro, sejam asas ainda informes, escondidas sob a pele da ninfa.

Tenho a honra de ser, etc.

ARISTEU OU SOBRE A DIVINDADE*

'Αν γνῶς τί ἐστι Θεός, ἡδίων ἔσῃ.**

Advertência do editor

Em nossos dias não há quem não conheça a filosofia, e o estudo da moral chegou a uma perfeição e refinamento admiráveis; assim, é com satisfação que contribuímos para o entretenimento do público oferecendo-lhe esta pequena obra moral-metafísica.

Ao que parece, o manuscrito foi encontrado na ilha de Andros, quando da expedição russa ao arquipélago. O texto grego encontra-se extremamente corrompido, o que obrigou o tradutor, pouco versado em crítica, a muitas vezes verter apenas as partes mais significativas dos raciocínios e a substituir o jargão indecifrável da física dos antigos por termos de nossa físico-geometria, a fim de tornar o texto inteligível para o público em geral. Essa advertência é necessária, para que nossos sábios não suponham que os gregos possuíam conhecimentos cuja criação não lhes deve ser atribuída.

Devemos ainda desculpas à castidade do público por algumas expressões um tanto ousadas que se encontram neste pequeno escrito; mas pedimos humildemente ao público que considere, por um lado, que elas são inevitáveis quando o objetivo é investigar a natureza dos desejos; e, por outro, que reflita que os séculos devem uns aos outros uma certa indulgência, e que, se o senso comum imaginasse um século ainda mais perfeito do que o nosso, nós mesmos, malgrado nossa perfeição, precisaríamos de uma certa indulgência da parte dele.

---

*) [A "Advertência do editor" é de autoria do próprio Hemsterhuis. (N.T.)]
**) ["Se conheceres o que é um deus, mais doce serás." Tradução do Prof. Márcio Suzuki. (N.T.)]

O autor deste escrito parece pertencer à Escola de Sócrates. Percebem-se na obra alguns traços do bom senso desse filósofo, da poesia de Platão e da precisão de Aristóteles. Ele parece ser um ateniense contemporâneo de Demétrio de Falera pois, em seu diálogo, cita o célebre Protógenes, pintor que floresceu no tempo do reinado de Rodes; e, além disso, sabe-se que um dos interlocutores se destacou na guerra lamíaca. A obra é dirigida a Diotima. Sabemos que Diotima era uma mulher sagrada e prodigiosa que floresceu na octagésima segunda olimpíada, de quem Sócrates aprendeu tudo que sabia a respeito da natureza da amizade; mas, confundi-la com aquela de que aqui se trata exigiria supor que o autor tivesse pelo menos a idade de cento e quarenta anos.

Faço votos sinceros de que esta obra possa aprazer e instruir, em conformidade com o espírito de nossos dias.

* * *

DIÓCLES A DIOTIMA

Bondade.
Sábia e sagrada Diotima: dirijo-vos este diálogo sobre a Divindade em que procurei desenvolver os dogmas que vos guiam na educação de vossos filhos, na instrução daqueles com quem convíveis e na conduta da vida em geral. Encontrarás com satisfação a representação de vossos costumes, de vossa doutrina e do tom que governa vossas ações. Mas poderíeis dizer com pesar: quisessem os deuses, Diócles, que vossa dedicatória se dirigisse a todos os atenienses!

* * *

ARISTEU E DIÓCLES

DIÓCLES. O que observais, meu caro Aristeu? Trata-se de alguma planta desconhecida?

ARISTEU. Não; trata-se de um espetáculo que me ocupa já há um quarto de hora, e que me traz idéias tristes e desagradáveis. Vede este pobre

verme que é atacado sem piedade por um inseto: está inteiramente indefeso, sem qualquer arma para defender-se de seu cruel inimigo. Vede como ele curva-se e dobra-se: não vos parece imenso o sofrimento deste animal?
DIÓCLES. Certamente. A força de seus movimentos parece-me uma linguagem demasiado eloqüente para duvidá-lo. Esmaguemos então esse inseto que oferece uma visão tão desagradável.
ARISTEU. Se o esmagasse, diríeis de mim o que digo do inseto, pois ele não tem mais defesa do que o verme.
DIÓCLES. Ora bem! Encerremos essa guerra: eis ambos bem mortinhos. O inseto foi punido, e o verme não sofre mais.
ARISTEU. Ah, como sois cruel! E um elefante, por sua vez, não vos esmagaria?
DIÓCLES. Não. Mas dizei-me, quais eram as idéias tristes que tal espetáculo vos propiciava? Idéias desagradáveis, eu suponho.
ARISTEU. Não é triste ver um ser que sente ser despeçado e esmagado por um outro sem poder amenizar seu sofrimento por um ato de defesa? Se o todo-poderoso e justo Júpiter tivesse formado este universo, não presenciaríamos uma tal desordem. Devo então concluir, a partir de tal desordem, que o universo não é obra de um Deus, mas que existe eternamente por si mesmo, e que suas partes devem suas modificações a casos fortuitos de contingência?
DIÓCLES. É verdade, Aristeu, que o que dizeis é bastante rico, compreendendo muitas coisas em poucas palavras.
ARISTEU. Como assim?
DIÓCLES. Afirmais que o mal de ser devorado constitui uma desordem; que se houvesse um Deus, essa desordem não existiria; que, portanto, não há um Deus; e que, assim, o universo é governado pelo acaso.
ARISTEU. Sim, assim parece-me. E a vós?
DIÓCLES. Penso que ser devorado vivo é um mal para aquele que é devorado, mas para quem devora é um bem; e não vejo nisso, afinal, qualquer desordem.
ARISTEU. Como não? Não constitui uma desordem no universo que um ser suscetível a sensações agradáveis sofra os mais horríveis tormentos?
DIÓCLES. Para responder a essa questão, Aristeu, seria necessário que soubéssemos o que é a desordem. Sabeis o que é a desordem?
ARISTEU. Para que vos certifiqueis disso, basta comparar a vida errante dos antigos Pelasgos[*] à sociedade regrada de nossos atenienses.

---

[*] [Literalmente, "povo do mar", que habitava a Grécia antes da chegada dos Aqueus. (N.T.)]

DIÓCLES. Meu caro Aristeu, pode ser que assim apresenteis o quadro do bem e do mal, mas não da ordem e da desordem.
ARISTEU. Como então poderiam ser mais bem definidas?
DIÓCLES. A idéia de ordem, Aristeu, pertence à maneira de pensar própria ao estado em que nos encontramos. A palavra *ordem* designa uma certa modificação, uma certa disposição das coisas que faz com que nosso intelecto, segundo sua constituição atual, possa perceber com a maior facilidade possível o todo formado pela coexistência, a sucessão ou a natureza das coisas, e possa sentir, com a maior facilidade possível, as relações que elas têm quando reunidas num conjunto. Concordais com essa definição?
ARISTEU. Perfeitamente.
DIÓCLES. Sendo assim, como os homens diferem imensamente quanto às suas forças intelectuais, e como alguns podem ver relações mais extensas do que outros, então a idéia de ordem é relativa a cada indivíduo: na cabeça de um selvagem ordem significa outra coisa do que na cabeça de um profundo metafísico geométrico. É possível que o primeiro veja ordem numa progressão aritmética, enquanto o segundo vê ordem numa série extremamente complicada, onde tudo parece desordenado para o primeiro. Mas a *ordem* é igualmente relativa à progressão e à série, ou seja, às coisas dispostas numa certa ordem. Limitados como somos pelo pequeno número de nossos órgãos, pergunto-vos, Aristeu: se há ordem no universo, como poderíamos compreendê-la? Quando vemos a expressão algébrica[1] de uma ou duas grandezas extremamente complicadas sem que se nos torne manifesta qualquer ordem ou analogia entre as partes que as compõem, como poderemos julgar se essas grandezas são isoladas, ou se são termos de uma seqüência infinita presidida por uma ordem que se situa para além de nossa compreensão? Assim, temos pouco fundamento para afirmar que o que chamamos de mal ou bem constituem a desordem ou a ordem do universo.
ARISTEU. Percebo que tendes razão, Diócles. Mas suponho que percebeis que julgais mal os que admitem a existência de Deus.
DIÓCLES. Como assim?
ARISTEU. Tornais problemática a noção de uma ordem no universo, e eles provam a existência de Deus pela ordem que pretendem reconhecer no universo.

---

1) É neste lugar, como em muitos outros onde se trata da série infinita, do relógio, etc., que se encontram lacunas consideráveis no original; nesses casos, o tradutor foi obrigado a desconsiderar o costume para seguir os raciocínios de Diócles e chegar às suas interessantes conclusões.

DIÓCLES. Entendo, Aristeu. Apesar disso, eis aqui minha opinião. Reconheço que em algumas partes do universo existe aquilo que chamo de ordem; mas não creio poder disso concluir que há ordem no infinito que eu não conheço, e aqueles que pretendem provar a existência da Divindade pelos poucos casos que encontram daquilo que chamam ordem o fazem sobre um fundamento que, a meu ver, é pouco sólido, e parece-me que é necessário provar a existência de Deus e de uma ordem de outra maneira. Se investigarmos o que são Deus e a ordem com o ardor e dedicação à verdade que tais pessoas exigem, é provável que cheguemos a verdades que se ligam perfeitamente às que já encontramos e que, em conjunto com elas, poderiam servir para dar à alma o vigor, a disposição tranqüila e a visão penetrante que propiciam vislumbrar com segurança e prazer indestrutíveis seu próprio estado futuro.

ARISTEU. Faço votos de que assim seja, caro Diócles. Mas cabe a vós mostrá-lo: pois a grandeza de tais objetos me assusta, e não sei bem como decifrá-los.

DIÓCLES. Encontro-me na mesma situação, Aristeu; mas procurarei satisfazer-vos, com a condição de que me advertais quando faltar clareza ou justeza a meus raciocínios. Se considerarmos o que chamamos de ordem, perceberemos que isso pressupõe similitude, proporção, regularidade, analogia constante, sucessão uniforme ou uniformemente retardada e acelerada, uma lei universal que produz efeitos proporcionais às coisas que lhe são submissas, etc. Quando observamos essas qualidades em muitas coisas, quaisquer que sejam, dizemos que aí existe ordem; e tal ordem nos agrada, visto que a alma naturalmente visa obter o maior número possível de idéias no menor espaço de tempo possível; e é claro que as qualidades de similitude, proporção, etc. servem como correntes ou elos que facilitam os meios para que formemos a idéia de um todo composto de muitas partes. Então, é evidente que, para seres cujas almas não têm a faculdade de ligar muitas idéias para compor um todo, as partes que compõem o universo, na medida em que até aqui as conhecemos, não possuem o que chamamos de ordem. Portanto, o que para nós parece ser ordem não é ordem nas próprias coisas. Nossa *ordem* não é senão o resultado de algumas qualidades que se encontram nas coisas, e que são análogas a essa singular faculdade. Não estou dizendo, caro Aristeu, que não existe nenhuma ordem no universo, mas sim que ela é inteiramente diferente daquilo que chamamos de ordem; e é por isso que disse que aqueles que querem provar a existência da Divindade pela ordem que vêem — que deriva da natureza do homem — valem-se de uma prova pouco digna da majestade do que está em questão. A prova do que afirmo é que eles vêem ordem apenas no que está diante de seus olhos: na superfície da terra ou no movimento dos planetas em torno do sol. Mas que numa bela noite contemplem a vastidão da abóboda estrelada e digam-me se, de acordo com as idéias que têm de ordem, não seria possível pintar o quadro de uma desordem ainda mais perfeita...

ARISTEU. Levastes-me a ver distintamente, Diócles, o que há muito tempo apenas entrevia, a saber: que o que chamamos de ordem não pode existir nas coisas, nem servir como regra para o que seria ordem para os seres compostos de outra maneira, ou para um Deus criador, se é que ele existe; numa palavra, que a *ordem* é algo relativo, e que não existe a *ordem* em geral.

DIÓCLES. Não abandonemos ainda nossas investigações sobre a natureza da ordem, Aristeu. Examinemos, antes de afirmar, se não existe nenhuma ordem em geral. Dissemos que a ordem é relativa às coisas onde reina uma certa ordem. Lembro-vos das belas colunas dos Propileus[2]: elas têm uma ordem, se não me engano.

ARISTEU. Certamente.

DIÓCLES. A ordem que nelas admirais pertence à primeira, à quinta ou à oitava coluna?

ARISTEU. Certamente ela pertence ao conjunto de todas as colunas.

DIÓCLES. Essas colunas são de mármore branco; mas suponhamos que elas fossem de pórfiro, de jaspe vermelho, de granito, do brilhante mármore cor-de-pele de Paros, sem que assim a figura, a grandeza ou a posição dessas colunas fosse alterada; ainda assim veríeis ordem?

ARISTEU. Sim, certamente; mas assim a ordem não seria tão perfeita ou rica.

DIÓCLES. E qual a razão para isso?

ARISTEU. A razão? É que, tendo as colunas a mesma cor, seria mais fácil que eu formasse prontamente a idéia do todo que elas compõem.

DIÓCLES. A partir do segundo exemplo podemos deduzir que as coisas que têm qualidades comuns são suscetíveis à ordem; do primeiro, que quanto mais coisas têm as mesmas qualidades em comum, mais elas são suscetíveis à ordem.

ARISTEU. Isso é verdade, Diócles. Mas se penso na flauta inventada pelo deus Pã, vejo regularidade e ordem, apesar do comprimento

---

2) Esse é o nome do suberbo portal que adornava a entrada da cidade de Atenas. Esse edifício foi construído pelo arquiteto Minesicleu sob os auspícios de Péricles. Seu pagamento foi de 2012 talentos.

desigual de seus tubos; se considero uma progressão qualquer, vejo ordem, apesar de os termos diferirem entre si. Onde estão então as qualidades comuns dos tubos da flauta e dos termos da progressão?

DIÓCLES. Cada tubo da flauta e cada termo da progressão tem a característica de exceder aquele que o precede, da mesma maneira que é excedido pelo que se lhe segue; o que mostra claramente, Aristeu, que a ordem não se encontra em alguma coisa ou num indivíduo, mas consiste na regularidade de relações que há entre as coisas.

ARISTEU. Muito bem, concedo; e compartilho convosco de três verdades fundamentais: 1. Que as coisas que têm qualidades comuns que são suscetíveis à ordem têm as qualidades perceptíveis por seres dotados das faculdades necessárias para tanto; 2. Que, para tais seres, quanto mais qualidades as coisas tenham em comum, mais encontram-se suscetíveis à ordem; 3. E, por fim, que aquilo que um ser qualquer pode chamar de ordem nas coisas consiste nas relações que sua faculdade de perceber ordem entre as coisas têm com elas. Mas a que isso nos leva, caro Diócles? Pois essas verdades deixam claro que a ordem é relativa aos seres que têm as faculdades necessárias para a percepção de certas relações entre as coisas; assim, afirmo ser um fato que jamais qualquer ser que seja pôde perceber o que é ordem para ele a não ser nas coisas produzidas por sua própria atividade, ou pela atividade de seus semelhantes. Observai que considero nossos semelhantes todos os animais que, para usar vossa linguagem, se relacionam ao que é visível, sonoro, etc. Sustento que nenhum ser, qualquer que seja a face do universo a que pertença, qualquer que seja o grau de perfeição ou imperfeição que ocupe nas classes dos seres, jamais pôde perceber o que são a simetria, a regularidade ou a verdadeira proporção senão nas artes de invenção dos seres de sua própria classe que não se limitam à imitação da natureza, mas que têm como fim e intenção a utilidade que trazem à essa mesma classe.

DIÓCLES. Ainda que leveis as coisas um tanto longe, Aristeu, mostrastes perfeitamente que a ordem é relativa ao ser que dela tem sensação. Mas, se é assim, ela deriva da natureza das coisas. Suponhamos que cem coisas têm entre si a vigésima parte de todas as suas qualidades comuns; ora, de nossa verdade fundamental segue-se que, para um ser dotado dos meios para sentir essas qualidades comuns, essas coisas são muito suscetíveis à ordem. Ora, tudo que existe no universo, sem exceção, tem em si a força para existir, e para existir da maneira como existe: essa é sua essência, cujas qualidades que nós e outros seres conhecemos são apenas relações. Ora, todas as coisas que existem têm como essência comum a força de sua existência, essa qualidade primitiva; portanto, para um ser que conhece perfeitamente a essência das coisas (que não pode ser percebida por suas cores e formas), todas as coisas que existem em conjunto podem formar a mais bela ordem.

ARISTEU. Reconheço que isso é possível, mas há uma chance dentre infinitas que isso ocorra.

DIÓCLES. Como assim?

ARISTEU. Imaginai cem colunas que tenham em comum a cor e a proporção de sua figura, mas com alturas diferentes, sem qualquer proporção ou ordem. Peço-vos então que construais uma coluna tão bela quanto a que vedes. Da mesma maneira, as partes do universo parecem-nos heterogêneas.

DIÓCLES. Entendo, Aristeu: nisso vedes nossa regularidade e simetria. Que seja. Vossa reflexão é preciosa, pois faz-me sentir que avançamos muito quanto à definição da ordem, e que poderíamos reduzi-la a uma expressão mais simples e geral. Consideramos a ordem apenas através da simetria, da proporção e da regularidade. Consideramos um todo apenas na qualidade de um composto de partes iguais, ou em proporção contínua, aritmética, geométrica ou qualquer que seja. Mas lembrai-vos, meu caro Aristeu, do célebre quadro de Rodes em que Protógenes representou a bela figura de Iáliso por meio de pequenas peças tão perfeitamente relacionadas, que é impossível discernir as junções que têm entre si[3]. Se Protógenes tivesse tomado as peças que formam as pupilas e as unhas dos pés de Iáliso, e as misturasse umas com as outras, o belo Iáliso seria um todo absurdo e hediondo. E se então vos perguntastes se essas peças encontram-se em seus lugares e em ordem, o que responderíeis?

ARISTEU. Diria que elas não estão em ordem, ou no lugar correto para formar a figura de Iáliso.

DIÓCLES. Imaginai uma progressão qualquer; se posiciono o segundo termo no lugar do terceiro, não há mais progressão. Por quê?

ARISTEU. Porque os termos não se encontram no devido lugar para formar essa progressão.

DIÓCLES. Dissemos há pouco que as coisas são suscetíveis à ordem por meio das qualidades que têm em comum, e isso proporcional-

---

3) Essa passagem é notável, pois nenhum outro autor antigo afirma positivamente que esse célebre quadro de Protógenes foi composto como um mosaico, o que de resto não parece muito provável. [Protógenes, pintor rodiano do século IV a.C. Sua obra *Iáliso* representava o guardião da cidade de Rodes. (N.T.)]

mente à quantidade de tais qualidades. Mas chegamos a essa conclusão apenas a partir de um peristilo com colunas do mesmo tamanho e figura. Assim, para generalizar nossa definição e torná-la igualmente adequada aos casos de Iáliso, da progressão e do pórtico, é necessário corrigi-la, e dizer: 1. Que as coisas são suscetíveis à ordem pelas qualidades que têm em comum para, em conjunto, formar um todo comum; 2. Que as coisas são mais ou menos suscetíveis à ordem na medida em que têm mais ou menos qualidades comuns para formar um todo determinado. Portanto, caro Aristeu, encontramos a definição geral de ordem: é a disposição das partes que formam um todo determinado qualquer, e a desordem é a disposição de coisas que não formam um todo determinado. Disso segue-se: 1. Que, num todo subalterno, determinado e delimitado pelas faculdades de um ser limitado qualquer, reina uma ordem, mas imperfeita, pois as partes que compõem esses todos não o fazem por sua essência ou pela soma de todas as suas qualidades: os diferentes materiais de que se compõem a estátua de Júpiter em Élis e de Minerva em Atenas[4] o fazem apenas por suas cores, figuras e brilho; 2. Que para todo ser limitado há uma infinidade de coisas que não constituem um todo determinável visto que ele não conhece a essência dessas coisas e nem mesmo o conjunto de todas as suas qualidades e, assim, o que existe para ele é uma imensa desordem; 3. E que esse todo infinitamente determinado, o absoluto, o universo, é composto não pelas qualidades das partes que o formam, mas por suas essências; e, sendo assim, é impossível haver qualquer desordem no universo, quer ele tenha sido criado pela energia de um Deus todo-poderoso, quer exista por si mesmo. Portanto, caro Aristeu, é falso o que dissestes há pouco sobre o mal constituir uma desordem no universo; e, como dessa pretensa desordem ousais concluir que não há um Deus, a partir de minha ordem tenho o direito de concluir o contrário. Mas tal conclusão parece-me um tanto audaciosa, pois da ordem que constatamos haver no universo se pode também concluir que ele existe por si mesmo. Assim, percebeis que não se pode provar a existência de Deus a partir da ordem, mas que a partir de Deus se pode provar a existência da ordem.

ARISTEU. Vosso raciocínio paralisa-me, Diócles, e não penso que seja capaz de contradizer-vos. Mas afirmei anteriormente que a grandeza dos objetos de que tratamos me assombra, e que são atordoantes as dificuldades que sua compreensão apresenta.

DIÓCLES. Devido a seu número ou às suas qualidades?

---

4) O Júpiter de Élis e a Minerva de Atenas eram as duas mais célebres estátuas de Fídias.

ARISTEU. Devido às suas qualidades.
DIÓCLES. Quanta bondade, Aristeu! Se o problema fosse com seu número, poderia faltar-nos tempo... Quanto às suas qualidades, não temos o que temer, protegidos que somos pelo poderoso gênio de Sócrates. Mas peço-vos que me digais quais são as dificuldades a que vos referis.
ARISTEU. Elas são três. A primeira é que dessa ordem do universo se segue uma necessidade absoluta; a segunda é a necessidade de provar que o mal não é mal; a terceira, que se deve provar a existência necessária de um Deus criador.
DIÓCLES. Comecemos pela primeira e depois passemos à terceira; vencidas essas dificuldades, perceberemos não que o mal não é mal, mas o que é o mal.
ARISTEU. Como quiserdes. Mas para dizer a verdade, Diócles, parece-me que sois um tanto audacioso.
DIÓCLES. Mostro-vos toda minha audácia, Aristeu, para estimular-vos a enfrentar-me com todas as vossas forças: esse é o caminho da verdade. A verdade augusta habita um templo no cimo de uma montanha inabalável, próxima à morada dos deuses imortais, cercada por espessas nuvens, brumas e vapores que obstruem os raios que descem da deusa até nossos olhos que apenas vêem seu espectro irregular e confuso, muito distante de sua verdadeira compleição: qualquer um de nós pode ver seu fantasma, moldado de acordo com a refração da nuvem que se encontra diante de si. Desprezemos nossos fantasmas; transpassemos esses vapores; afastemos essas nuvens, Aristeu! Buscaremos a imortal em seu templo sem nada temer, pois ela ama os amantes destemidos; ela não exige respeito, quer que a conheçamos; o culto que a ela devemos virá por si mesmo! Que ventura a nossa, caro Aristeu, se, aos pés de seu trono, pudermos ver iluminado o caminho que nos levou até lá!
ARISTEU. O que dizeis é muito belo, Diócles. Mas não desperdicemos nosso tempo com a poesia: percebeis no que parece implicar esse todo absoluto, esse universo composto pelas essências de cada uma das partes?
DIÓCLES. Não sei ao certo.
ARISTEU. Se, por meio de todas as suas essências, as partes compõem um todo determinado, cada parte ocupando um lugar para cooperar, na medida em que sua essência o permita, na formação desse todo; então uma parte A não poderia jamais ocupar o lugar de uma parte B e, portanto, não poderia haver mudança ou movimento no universo, e todas as suas partes seriam eternas, necessárias e imutáveis. É exatamente esse o caso dos exemplos de Iáliso e da progressão.
DIÓCLES. Acho que vos referis a um bloco de mármore. Supondo

que seja esse o caso, tendes razão. Se o universo é um bloco de mármore determinado, tudo quanto afirmais a esse respeito é absolutamente verdadeiro. Mas e um relógio, é um todo determinado?
ARISTEU. Sim.
DIÓCLES. Mas enquanto algo que não é montado ou enquanto é algo que mostra as horas?
ARISTEU. Parece-me que em ambos os casos.
DIÓCLES. O primeiro caso equivale ao bloco de mármore, e o segundo ao universo, e parece que não considerais que a atividade das alavancas e das rodas fazem parte de sua essência. Tomais o universo por um pequeno agregado de partes análogas ao nosso tato, visão e audição. Lembrai-vos de que nesse imenso universo há tantas faces diferentes quanto há relações possíveis entre as essências que o compõem; que a parte A a que vos referis é apenas um átomo do que chamamos de matéria; que há partes do universo dotadas de mobilidade, atividade, vontade e liberdade que são limitadas não por sua própria natureza, mas pelas relações que têm com as partes que os cercam. Se pertence à natureza de uma parte ser ativa e móvel, pertence à sua natureza agir e mover-se, e não penseis, Aristeu, que essas faculdades destruiriam a ordem no universo. De acordo com as verdades que obtivemos até aqui, quanto mais qualidades comuns tiverem, mais as partes serão suscetíveis à ordem. Assim, não creiais que a mobilidade prejudica a ordem no universo: podeis ver a ordem mesmo no ritmo e na dança. Eis, meu caro, o que basta para responder a uma parte de vossas dificuldades. Mas, antes de avançar, permita-me dirigir-vos uma questão. Supusestes que o todo e as partes do universo são imutáveis, eternas e necessárias; respondi ao primeiro ponto, não é mesmo?
ARISTEU. Sim, plenamente. Percebo agora que tomei a expressão *em seu lugar* literalmente, quando o correto seria dizer *na ordem que lhe convém*.
DIÓCLES. É verdade. Mas eis o que gostaria de saber: dissestes que o universo é eterno e necessário; chegastes a essa conclusão a partir de sua imutabilidade, ou tendes outras razões? Pois se esse for o caso, devemos escutá-las; caso contrário, daremos por encerrada nossa discussão.
ARISTEU. Dou-me conta, Diócles, de que no calor da discussão considerei as três coisas como sinônimos. Refleti e mudei de opinião. O que é imutável não pode mudar; o que não pode mudar é eterno; e o que é verdadeiramente eterno é necessário.
DIÓCLES. Creio ter provado, Aristeu, que do fato de o universo ser suscetível à mais bela ordem não se segue que ele seja imutável, eterno

e necessário. No entanto, a seqüência das investigações a que nos propusemos exige, ao que me parece, um exame um pouco mais rigoroso dessas três expressões. Definistes o imutável muito bem; e, segundo essa definição, posso imaginar uma coisa imutável de duas maneiras: ou trata-se de uma coisa cuja essência é imutável, mas cujas relações com outras coisas podem mudar; ou então de uma coisa cuja essência, assim como as relações, é imutável. Mas, como esse último caso suporia um universo imutável (o que constatamos ser falso), ele é absurdo. Ser imutável significa ser eterno no futuro, o que no entanto não exclui um início, enquanto ser essencialmente imutável excluiria todo início. Isso mostra que a *imutabilidade* é uma qualidade que pertence à natureza da essência, ou à própria essência. A *eternidade* é uma qualidade de relação, é uma qualidade da essência relativamente à duração, não excluindo um início. Ser essencialmente eterno, ou eterno por si mesmo, é ser relativamente à eternidade absoluta. A palavra *necessário* tem sido excessivamente abusada pelos filósofos. Eles dizem que uma coisa existe necessariamente quando seria contraditório que ela não existisse. Isso é verdade: mas, segundo essa definição, não há nada em todo o universo que não exista necessariamente, pois é contraditório que algo que existe não existisse. É verdade que os filósofos dão ainda um outro sentido à palavra *necessário*, quando dizem que um ser necessário é um ser cuja essência consiste em existir, e que a existência é de sua natureza e, sendo assim, todo início e todo fim devem ser excluídos; o que dá exatamente no mesmo: pois, para provar que um ser existe necessariamente desse modo, é necessário antes provar que ele existe, ou que existe desde sempre. Eles dizem ainda que a causa produz necessariamente seu efeito, mas não sem antes afirmar que a causa somente é causa de um efeito quando produz um efeito, o que é verdade; mas assim não dizem nada mais do que isto: *causa é causa*. Suponhamos que a essência A possa produzir B: se digo que B é necessariamente produzido pela essência A, não considero A como essência, mas como uma causa que produz atualmente B. Assim, quando digo que A produz necessariamente B, não digo outra coisa a não ser que, visto que A produz B, é contraditório que A não produza B; ou que, visto que B é atualmente efeito de A como causa, é necessário que B seja atualmente efeito de A como causa; mas se a essência de A não produz B, A é e permanece sendo A. Por tudo isso, caro Aristeu, vemos claramente que a palavra *necessário* não passa de um epíteto acrescentado ao que é, e que ser, agir, produzir e permanecer necessariamente não significam outra coisa que ser, agir, produzir, permanecer. Concordais com isso?

ARISTEU. Parece-me incontestável. Mas continuai, por favor.
DIÓCLES. É impossível, Aristeu, que o nada produza alguma coisa. Assim, apenas a partir da asserção de que há uma coisa se pode concluir com certeza que há um ser que existe por si mesmo, cuja existência não tem qualquer fim ou começo, seja ele um Deus criador ou um universo que exista por si mesmo. Essa verdade é tão perfeita que deriva imediatamente do sentimento de nossa própria existência, que é a primeira de todas as verdades que tem origem no intelecto, não somente por sua importância, mas por sua clareza.
ARISTEU. Concordo plenamente com isso; mas é igualmente verdadeiro que seria mais razoável supor que esse ser é o universo que temos diante de nós do que um Deus criador que não vemos.
DIÓCLES. Concordaríes com Eudóxio de Cnido[5] se ele dissesse que "seria mais razoável afirmar o movimento do sol, que vemos, do que o movimento da terra, que não vemos"?
ARISTEU. Certamente não, pois a ciência prova que é a terra que se move.
DIÓCLES. Assim, responder-lhe-íamos: "célebre Eudóxio, mais razoável ainda é não nada supor, mas procurar saber". E para evitar suposições, Aristeu, examinemos se na natureza da parte que conhecemos do universo não existe algo que repugna absolutamente a uma existência por essência. Se nos elevarmos ao justo ponto de vista necessário para contemplar o universo, veremos que podemos investigá-lo a partir de seis perspectivas distintas: 1. Como puramente físico; 2. Como organizado; 3. Enquanto ele é suscetível à ação e reação; 4. Numa perspectiva intelectual; 5. Como moral; 6. E, enfim, a partir das relações entre suas partes, e das leis daí derivadas. Estamos de acordo quanto ao que chamamos de físico: o tangível, o visível, o sonoro, etc. Percebemos que o universo físico é um agregado de partes determinadas e circunscritas. Uma infinidade de partes distintas, determinadas e circunscritas formam um todo determinado e circunscrito. Portanto, o imenso universo, considerado como físico, por mais que seus limites se estendam para além de nossos órgãos, é um todo determinado e circunscrito.
ARISTEU. Mas e se o número de suas partes estender-se ao infinito?
DIÓCLES. Até aqui não há para nós senão dois infinitos, o espaço e a duração; e eles são infinitos por não terem um ponto de partida. Um

---

5) Tudo que sabemos de certo a respeito desse filósofo responde pouco à reputação de que desfrutava junto aos antigos. [Eudóxio de Cnido, filósofo grego autor da *Descrição da Terra*, em que afirmava a posição desta no centro do Universo. (N.T.)]

corpo encontra-se no espaço, mas não faz parte dele. O verdadeiro infinito é uno, e não é determinado ou circunscrito.

ARISTEU. Mas e uma progressão infinita?

DIÓCLES. É de sua natureza ser circunscrita e determinada. Faríeis bem em recorrer à eternidade, pois ela é assim em todos os instantes da duração eterna, e isso porque todas as suas partes são determinadas. Mas Aristeu, falamos aqui de coisas que existem, e não de quantidades imaginárias.

ARISTEU. Compreendo, e concluo que para vós o universo, considerado fisicamente, não pode ser infinito. Mas passemos ao universo como algo organizado.

DIÓCLES. Tudo que chamamos de orgânico é um todo que foi modificado ou composto por partes, de tal maneira que pudesse responder a uma intenção determinada, a um fim proposto que não é esse todo, mas sim sua utilidade ou efeito: uma lima é feita para limar, um relógio para marcar as horas, um poema para aprazer ou instruir. Assim, tudo que é obra dos homens ou de um ser limitado é um *meio* para produzir um efeito determinado, e não para produzir uma substância. O homem percebeu no mecanismo dos animais e plantas meios para produzir a geração, a vegetação e o crescimento de indivíduos, ele viu alguma analogia entre esses meios e as obras de sua própria indústria, designando-os como *órgãos*. Mas persiste uma diferença notável entre a obra do homem, que é uma coisa apenas em relação a um efeito determinado, e a obra da natureza, que é uma coisa que, para existir tal como existe, não depende de seus efeitos. Por abstração, pondes à mostra uma faculdade de medir o tempo, mas isso que mostrais não é um todo, mas um aglomerado confuso de partes heterogêneas. Uma árvore, por sua vez, é mesmo uma árvore, qualquer que seja a abstração que façais dos efeitos que ela pode produzir para além de si mesma. A natureza produz substâncias para que elas existam, enquanto o homem apenas produz meios para obter efeitos. Observo ainda duas coisas. Onde quer que se manifeste uma organização se manifesta também uma intenção e, portanto, um limite determinado; e onde quer que se manifeste intencionalidade, um ideal qualquer parece preceder o real.

ARISTEU. *Parece*, como dizeis muito bem, pois pode ser que o que chamais de *intenção* não seja senão o fim, a soma total dos esforços da atividade natural deste ou daquele órgão.

DIÓCLES. Tendes razão, Aristeu, e não temos o direito de tomar a *intencionalidade* como efeito de uma vontade qualquer. Mas vemos claramente que toda substância que faz parte deste universo é finita, e que

toda organização pertence ao finito, excetuada aquela responsável pela propagação e a possível eternidade das espécies.
ARISTEU. É verdade. Mas essa organização não é em si mesma inalterável. Podemos desviá-la de seu caminho, podemos modificá-la de muitos modos diferentes, criando bestas e monstros; e não há nada de absurdo em imaginar que o homem poderia modificar as espécies existentes sobre a face da Terra.
DIÓCLES. Concordo com isso, Aristeu, e não considero isso que chamamos de organização no universo senão de maneira geral, e como um meio pelo qual se formam algumas substâncias. Podemos destruir uma semente, podemos impedir que ela seja produzida, podemos miscigenar espécies que a natureza separa; mas o que não se pode alterar ou destruir é a tendência geral à organização, a progressão firme e decidida das partes do universo até a formação de uma substância qualquer. É dessa progressão geral que devemos investigar a causa.
ARISTEU. Mas penso que não ignorais, Diócles, que a atividade do fogo, se alastrada pela natureza, poderia destruir totalmente a progressão organizada de que falais...
DIÓCLES. Se fosse assim, Aristeu, não teríamos necessidade de buscar uma demonstração de que o universo não poderia existir por si mesmo: pois, se existisse por si mesmo, como poderia conter um princípio tão destrutivo capaz de modificá-lo de modo tão cruel? Em alguns casos, o fogo se manifesta impedindo a progressão de que vos falo, estorvando o concurso das partes, dissipando as essências e então extinguindo-se; em outros casos, quando mais moderado, ele auxilia tal concurso. Mas estamos de acordo. Suponho que o que chamamos de órgão na natureza é o meio pelo qual ela forma substâncias determinadas, e que organização, na natureza, é a tendência das partes à formação de substâncias.
ARISTEU. Estamos plenamente de acordo quanto a isso, Diócles. Passemos agora ao que gostarias de dizer a respeito do universo como ativo.
DIÓCLES. Percebo no universo físico movimento e repouso, ação e reação. As partes do universo material parecem-me estabelecer entre si um tráfico, um comércio de qualidades. Uma parte em movimento comunica-o a uma outra parte em repouso, recebendo dela em retorno repouso. A ação e a reação, quaisquer que sejam seus princípios, são iguais. Assim, a soma de toda ação no universo é igual à de toda reação. Uma destrói a outra, levando ao mais perfeito repouso e à verdadeira inércia. Disso concluo, em primeiro lugar, que se ação e reação perten-

cem igualmente à natureza do universo material, então ele não existe por si mesmo; e, em segundo lugar, que o movimento não pode ser uma qualidade da matéria.

ARISTEU. Não vos compreendo bem.

DIÓCLES. Suponde que uma parte seja dotada do princípio de ação; tão logo esse princípio se realize sobre uma outra parte qualquer, encontrará nela um princípio contrário equivalente que a destruirá. Portanto, o universo destruiria a todo momento sua própria atividade, o que é absurdo. Sendo assim, o universo material é perfeitamente inerte. E, apesar disso, vemos que nele há movimento, e assim existe um princípio ativo mais poderoso e de outra natureza que o princípio de reação.

ARISTEU. Tendes razão: é inteiramente necessário que exista um poder exterior capaz de superar a inércia.

DIÓCLES. Sem dúvida. Mas é necessário ainda algo mais: para superar a inércia bastaria uma impulsão simples sobre uma parte. Observai aquela organização: a firme progressão da natureza em direção à formação de substâncias exige uma impulsão contínua, um poder responsável que governa ou que, por uma qualidade essencial, deve fazer o que ela faz.

ARISTEU. Compreendo-vos, Diócles, e lembro do deus do sábio Tales que embebe o universo; mais ainda, fazeis-me crer, como Anaxágoras e outros ilustres filósofos, que o universo é um animal, e que o deus que procuramos não é senão a alma do mundo.*

DIÓCLES. O que chamais de alma do mundo?

ARISTEU. É o que faz o universo e o mundo, o que minha alma é para meu corpo, o que governa as partes do universo como governo meus membros.

DIÓCLES. Caro Aristeu, há duas coisas que poderiam ser governadas em vosso corpo: uma é o movimento e a atividade de suas partes, na medida em que elas podem produzir algum efeito sobre coisas exteriores, sobre outras coisas que não elas; a outra é a atividade das glândulas, a secreção de líquidos, a transformação dos alimentos, a circulação do sangue. Governais essas duas coisas ou apenas uma delas?

ARISTEU. Governo apenas uma parte da primeira.

DIÓCLES. Percebeis então, Aristeu, que recebestes vosso corpo das

---

*) [A referência a Anaxágoras é estratégica, visto que esse passo do argumento parece ter em mente a filosofia de Espinosa, que Hemsterhuis parece assimilar a um fragmento como este: "mas o espírito, que é eterno, está seguramente, mesmo agora, onde tudo mais também se encontra, na massa circundante e nas coisas que se têm unido ou separado". Citado por Simplício, *Física*, frag. 14, 157, 7. Apud. Kirk e Haven. *Os filósofos pré-socráticos*, Carlos Alberto Fonseca (trad.). Lisboa, 1994. (N.T.)]

mãos da natureza apenas para o uso, como Aquiles recebeu as armas dos deuses. As ações dos heróis nada têm em comum com a admirável arte de Vulcano[6], e vossas ações nada têm a ver com os princípios que formaram os utensílios a que recorres, o que mostra quão injusta é a comparação que fazeis. A alma do mundo governaria então as partes do universo para produzir efeitos externos? Ora, não há nada externo. Ademais, seria necessário recorrer ainda à arte de Vulcano, a princípios prolíficos, vegetativos e de crescimento, para formar as partes substancias do universo. Mas dizei-me enfim, Aristeu: os homens, tal como existem, são ou não parte do universo?

ARISTEU. Sem dúvida que sim.

DIÓCLES. Ora, não existe acordo entre eles neste mundo, e provavelmente também em outros. Se então os homens pertencem à alma do mundo tal como temos pernas e braços, seria impossível encontrar um símbolo mais perfeito da loucura do que esse deus ou alma do mundo. Todos os dias vemos seres animais perseguindo uns aos outros, odiando-se e detestando-se. Portanto, esses seres não obedecem a uma vontade geral única, sendo livres e isolados em sua própria esfera de atividade. Veremos mais à frente o que se pode então chamar de alma do mundo. Por hora, basta concluir que há princípios na natureza capazes de vencer a inércia, e que é necessário que o façam continuamente: o que supõe um combate contínuo entre as partes de uma coisa que, nessas condições, não é capaz de existir por si mesma. Até aqui, Aristeu, consideramos apenas o universo como físico, organizado e capaz de reação; sob esses pontos de vista, ele oferece somente substâncias isoladas, sem qualquer ligação ou comunicação entre si, a não ser o fato de que, somadas, compõem um todo. Mas, numa perspectiva intelectual, o panorama muda: as imagens das relações entre as coisas concentram-se ou localizam-se na imaginação de um outro ser dotado de uma faculdade que chamamos de intelecto, e que pode modificar, comparar e compor tais relações. Por esse meio ele forma para si mesmo, em sua imaginação, um deslocamento do universo, um outro universo imaginário, mas possível; e se um tal ser unir à sua imaginação e intelecto o princípio livre e ativo próprio para vencer a reação da inércia física, ele poderá realizar esse universo imaginário, poderá formar todos, não de essências, mas de relações, e isso proporcionalmente às relações que conhece e à força e extensão de sua atividade; e, como constatamos pelo mundo físico que

---

6) Segundo Homero, o próprio Vulcano confeccionou as armas de Aquiles. [Referência à *Ilíada*, em que Hefesto cunha escudo de Aquiles. (N.T.)]

entre os seres físicos a ação e a reação são perfeitamente iguais, encontramos aqui o princípio da superação da reação pela ação que conserva o movimento no universo. Vemos então, Aristeu, o universo dividido em duas partes, uma das quais perfeitamente inerte e passiva, a outra dotada de força, atividade e da sensação de muitas relações entre as partes passivas; uma é inerte, a outra viva e vivificadora. Não podemos conceber ação sem direção, e a direção tem uma causa, que é a vontade livre. Se supusermos que a parte ativa do universo é uma, a vontade será uma, a direção da ação será uma, e os efeitos que dela resultam sobre as partes passivas serão uniformes. Ora, é evidente que vemos na natureza uma certa quantidade de efeitos mais gerais onde reina uma perfeita uniformidade, e que, portanto, resultam de uma mesma direção e vontade; mas, ao mesmo tempo, vemos uma certa quantidade de efeitos particulares derivados da atividade dos homens e animais, ou de seres limitados que se chocam e destróem uns aos outros, e que, assim, tem como causa muitas direções e vontades livres. E digo que elas são livres porque, se dependessem de uma única vontade suprema, não poderiam contradizer-se e destruir-se umas às outras; não seria outra coisa que uma mesma vontade, que não pode tomar duas direções contrárias ao mesmo tempo.

ARISTEU. Esse raciocínio seria admirável, Diócles, se não se fundasse sobre uma suposição falsa, ou pelo menos arriscada.

DIÓCLES. Que suposição é essa?

ARISTEU. Afirmais que não podemos conceber ação sem direção, e que esta tem a vontade como causa necessária. Que se lance um pequeno bule de vidro com um pouco de água sobre o carvão ardente; chamais de ação o efeito que disso resulta no momento da explosão?

DIÓCLES. Sim.

ARISTEU. E qual é a direção dessa ação?

DIÓCLES. Do centro para a circunferência, ao que me parece.

ARISTEU. Que seja. Mas por que essa ação deve ter como causa primitiva uma vontade?

DIÓCLES. Uma essência não pode ter duas propriedades essenciais contraditórias; a propriedade essencial incontestável da essência chamada de matéria é a de reagir contra toda ação; portanto, é impossível que, sendo reativa por natureza, ela seja ativa por natureza; quando parece agir, apenas obedece a uma outra coisa que não é ela, e que chamo de causa da ação. Assim, Aristeu, deveis convir que a causa da atividade da água, do vapor ou da matéria contida em vosso bule não é o que se chama de matéria. Essa causa é chamada pelos físicos de *elasticidade*, palavra um tanto vaga que serve para mascarar nossa ignorância quanto à questão. Em estado natural, não-tensionada, uma mola apenas pode ser tensionada pela ação de uma força exterior. A mola reage a ela proporcionalmente à tenacidade da coerência de suas partes; destruída a causa que a tensiona, ele retorna à sua situação natural. Isso mostra que o que chamamos de elasticidade é a mesma coisa que a inércia ou faculdade de reação. Se desejardes aplicar essa verdade ao caso do bule, tudo que poderemos concluir de verossímil é que, em seu estado natural, as partes que constituem a água se encontram dispostas de maneira diferente, mais dispersas, ocupando um espaço maior do que aquele que ocupam quando chamamos seu conjunto de água; e que a ação do fogo desprende suas partes dos limites que as retém nesse estado forçado. Assim, meu caro Aristeu, é mais importante buscar a causa que tensiona a mola do que a de sua atividade, que se torna manifesta pela reação de inércia. Percebeis bem que, considerada em geral, essa causa é a mesma que preside a organização, a formação de substâncias e a direção das órbitas dos mundos; a mesma que constrange e liga as partes mortas e inertes da matéria, dando-lhes vida e atividade por meio de seu próprio princípio de inatividade. Concordais, Aristeu, que qualquer que seja a ação ela deve ter uma direção?

ARISTEU. Perfeitamente. Mas por que a vontade deve ser sua causa?

DIÓCLES. Há alguma razão para que tudo que é, ou tudo que parece ser essência, modo, ou o que queirais, exista e pareça existir tal como é, e não de outra maneira?

ARISTEU. Sim, certamente.

DIÓCLES. Uma direção tem então um porquê, uma razão; ora, esse porquê não reside na direção, pois então ela existiria antes de existir.

ARISTEU. É verdade.

DIÓCLES. Portanto, ela reside no que é ativo, e tem sua razão. Ora, é impossível remontar de razão a razão até o infinito, pois há um momento fixo em que o que é ativo dirige: assim, encontramos a primeira razão na atividade do que é ativo, que é sua veleidade, ou numa modificação do que é ativo; mas esta tem seu porquê, e de uma razão a outra chegaremos à atividade determinada, ou à vontade de algo que é ativo, e assim a direção tem a vontade como causa primitiva. Mas não podemos conceber uma atividade determinada, uma vontade que dirige, sem um intelecto que prevê, uma consciência de ser. Que se acrescente a isso o axioma que afirma que os efeitos são proporcionais às suas causas, e facilmente chegaremos à conclusão de que, quando vemos o constante progresso da natureza em direção à formação de substâncias, à propagação das espécies, quando vemos os corpos celestes cujos movimentos estão diante de nossos órgãos dirigidos por forças centrífugas e centrípetas, obedecendo a leis constantes, quando vemos os grandes efeitos uniformes cuja causa primitiva afirmo ser a ação de uma vontade inteligente, infinitamente grande e poderosa; infinitamente porque, remontando de uma causa a outra, somos obrigados a admiti-lo.

ARISTEU. Surpreendeis-me, Diócles.

DIÓCLES. Preferiria convencer-vos, Aristeu; e, para isso, continuemos e passemos à moral.

ARISTEU. O que queres dizer propriamente com moral?

DIÓCLES. Já amastes, Aristeu?

ARISTEU. Ó espíritos da Antifilia, escutai essa blasfêmia! Se conheço o amor? Perguntai a Apolo se ele conhece a luz!

DIÓCLES. Perdoai-me por meu equívoco, amável Aristeu; mas interrompestes-me. Se eu me encontrasse com Palinuro e dissese: "Palinuro, vistes Cila e Caríbdis, vistes o furor dos ventos, as vagas se misturando às nuvens"; e ele deixasse que eu continuasse sem interromper-me, eu diria o seguinte: "sábio Palinuro, refletistes antes e durante as tempestades? Pareceu-vos verdadeiro que o ocaso de um astro, uma calma excessiva, uma nuvem negra no horizonte ao cair da noite, anunciam ou causam os distúrbios?". Assim pergunto-vos, caro Aristeu: refletistes antes e durante a efervescência de vosso amor?*

ARISTEU. Não sei se refleti, Diócles, mas sei que senti com furor.

DIÓCLES. Isso é o que basta, meu caro. Deveis apenas responder, para que possamos a seguir refletir. Dizei-me então, o que chamas de amor num sentido geral?

ARISTEU. O desejo. Tudo que amo, eu desejo.

DIÓCLES. Quer dizer, desejas contemplá-lo?

ARISTEU. Contemplá-lo? Desejo possuí-lo, ser seu mestre absoluto, admirá-lo, envolvê-lo, cobri-lo de carinhos, devorá-lo...

DIÓCLES. Continuai, por favor.

ARISTEU. Não consigo. Faltam-me palavras. Mas espero que sintais o que tento exprimir.

DIÓCLES. Sim. Mas ficareis contente depois que estufastes e devorastes o objeto de vosso desejo, ou gostaríeis que ele renascesse?

---

*) [Palinuro, na *Eneida*, condutor da nau de Enéias. A passagem tem um sentido figurado, visto que Caríbdis, o sorvedouro do mar da Sicília, também é um abismo; assim, Palinuro conduz a alma de Enéias. (N.T.)]

ARISTEU. Certamente que sim.
DIÓCLES. Para devorá-lo ainda uma vez... Isso não prova, caro Aristeu, que a alegria foi apenas momentânea e imperfeita?
ARISTEU. E é possível que existam outras alegrias?
DIÓCLES. Pode ser. Parece-me que a alegria seria perfeita se pudéssemos a todo instante desfrutar, com o objeto de nosso desejo, do que não é corriqueiro.
ARISTEU. Acredito que sim, sinto que sim. Mas sabeis o que é isso?
DIÓCLES. Não, na verdade; mas creio que, ao refletir sobre a progressão de vossos desejos, sinto intimamente uma tendência à união perfeita. Não estaríeis contente sendo vossa Antifilia?
ARISTEU. Caríssimo Diócles, não posso exprimir o que se passa em minha alma neste momento. O que dizeis é de tal maneira verdadeiro que me parece ser a verdade mais importante: é a verdade de nossa existência. Mas, pelo que afirmais, parece que a prece de Pigmalião seria mais sábia se tivesse pedido à deusa que o transformasse no mesmo marfim de que ela é composta do que dar-lhe vida, pois assim se tornaria o mesmo que sua mestra, ao passo que com uma bela jovem sua alegria é passageira.
DIÓCLES. Devo defender a sabedoria de Pigmalião. Se pedisse para ser transformado em marfim, não se tornaria o mesmo que sua mestra, cuja essência reside na figura; mas, pedindo que Vênus lhe desse vida, tornou-se mais homogêneo à sua essência.* Assim, a sabedoria de sua prece mostra que a homogeneidade determina a força atrativa de toda espécie de desejo.
ARISTEU. Concordo.
DIÓCLES. Antes que abandonemos esse assunto, Aristeu, podemos beneficiar-nos de vossas luzes. Sois tão inteligente! Constatamos que na natureza a organização consiste na progressão firme e constante das partes do universo em direção à formação de substâncias. Sentis algo dessa progressão em vós mesmos quando desejais?
ARISTEU. Creio que não há homem sobre a face da terra que, em alguma medida, não sinta isso em toda espécie de desejo.
DIÓCLES. Sendo assim, Aristeu, não poderíamos crer que essa progressão é exatamente a mesma coisa que a tendência em direção a uma união da essência, o mesmo que essa atração de que falais?

---

*) [Na mitologia grega, Pigmalião é o rei de Chipre que, tendo esculpido uma estátua, pede a Afrodite uma mulher que se lhe assemelhe. A deusa então dá vida à estátua, com quem Pigmalião se casa. (N.T.)]

ARISTEU. Ah, caro Diócles, como estais longe da verdade! Agora sinto que posso entender-vos; dou-me conta de que refleti sem pensar, e dir-vos-ei tudo que sei. Quando ainda era criança, minha alma era devorada por inúmeros desejos e paixões, cuja violência e desordem prejudicaram minha formação e meu caráter. Quando cheguei a Corinto era ainda muito jovem e visitei célebres cortesãs. Tive prazeres em Corinto dos quais não sinto saudades, o que mostra a pobreza de minha alegria. Em Sicíone residi na mesma casa que a jovem Filaretes. Ela era encantadora, viva e alegre, e nenhuma dessas perfeições naturais puderam ser encetadas pelas artes da educação. A partir do momento em que a vi, todo o resto perdeu interesse; todas as partes do universo que não tinham alguma relação com ela foram encobertas por um véu. Quando me aproximava dela meu coração batia, meus joelhos tremiam; ora quente, ora frio, meu sangue não mais circulava regularmente por minhas veias; em sua absência eu não conseguia fazer nada, a não ser quando minha imaginação fornecia o testemunho de Filaretes. Em sua presença eu sentia minha existência e sentia-me invencível: ela era o fim e a meta de tudo que fazia voluntariamente, minha vontade agia como se fosse a sua; sua bondade, seus prazeres e desejos eram os meus, os únicos que eu tinha. Lembro-me que declarávamos nosso amor recíproco confusa e desordenadamente e com receio, como quem confessa um crime. Durante esse tempo de inocência, jamais duvidei, em sua presença, da progressão orgânica de que falais, por mais que uma infinidade de objetos heterogêneos se manifestasse para mim. Certo dia repousávamos sobre a relva entretendo-nos com nosso amor. Ela vestia um traje reduzido, e nossas almas, fatigadas de sentimento, concediam a nossos olhos a faculdade da visão. O princípio orgânico de que falais se misturou então à atração que pertencia às nossas essências, corrompendo-as e destruindo-as, lançando-nos no pecado. É da mistura desses dois princípios que nascem o pudor e a vergonha. Não ousamos mais nos olhar. A inocente e pura Filaretes não existia mais, e eu era como um homem que, após profanar altares, se acredita perseguido por deuses vingativos. Depois disso, Diócles, aprendi a amar. Recapitulo aqui apenas o que tem relação direta com nosso assunto, e posso assegurar-vos de que a organização e a progressão da natureza em direção à formação de substâncias nada tem em comum com o princípio que leva à união das essências. Eles podem coexistir, pois ambos intencionam a mesma união, podem reconhecer o objeto amado porque parecem seguir uma progressão homóloga. Mas apenas parecem, pois para o princípio orgânico há uma intenção, um fim fixado; ele é finito por natureza, como bem provastes, enquanto o outro princípio me parece uma eterna aproximação. Sua coexistência é impossível sem que o primeiro corrompa o segundo. Se muitas vezes parecem coexistir, é porque há poucos homens que sabem discernir entre eles, e também porque as leis pretendem reuni-los. Considerai por fim, Diócles, que na alegria, tão logo morre e cessa o primeiro, destrói-se a eternidade do segundo, assim como no momento em que um metal inferior e frágil é fundido ao ouro puro, destruindo sua maravilhosa ductilidade. Aqueles incapazes de reconhecer isso não refletiram em Corinto ou não conheceram o amor.

DIÓCLES. Fazeis-me perceber, Aristeu, o quanto posso aprender convosco. O quadro que pintais da diferença entre os dois princípios me parece excelente; e, se compreendo-vos bem, encarais a progressão orgânica como efeito de uma lei geral, de uma impulsão dada ao universo inteiro por uma mesma grande atividade determinada, por uma mesma grande vontade, enquanto encarais o amor ou o desejo como efeito de uma lei que resulta da natureza de cada indivíduo dotado de intelecto e liberdade. Levastes-me a notar que nos animais essa progressão da natureza não tem este ou aquele indivíduo como meta, mas que os sexos geralmente se atraem; e que a progressão não se manifesta na atração entre os indivíduos senão acidentalmente, pois o fim de toda organização é uma substância determinada, um indivíduo determinado e finito. Com o homem ocorreria o mesmo, caso fosse despido das faculdades de sua alma que lançam não seu corpo, mas sua essência, em direção a uma outra essência. Pois a propagação da espécie humana poderia ocorrer exatamente dessa mesma maneira sem que o ato necessário para isso tivesse qualquer ligação com o que é moral, ou com o princípio metafísico de atração. Mas foram as leis que consideraram um indivíduo como pertencente a outro, e que fizeram com que os dois princípios caminhassem juntos: o que não é menos absurdo do que se ordenassem que a força centrífuga e a gravidade tomassem a mesma direção. A mistura desses dois princípios heterogêneos produziu um monstro, e esse monstro é a vergonha e o pudor, como bem observastes; a seguir, ele misturou-se a outros princípios, produzindo bens e males desnecessários ao homem.

ARISTEU. Compreendestes perfeitamente minha idéia, Diócles. Peço-vos que continueis, pois tomamos um bom caminho.

DIÓCLES. Perguntastes o que chamo propriamente de moral. As luzes que me propiciastes facilitam muito a resposta. O princípio que sentis, caro Aristeu, o amor e a tendência da união de uma essência com outras, é uma faculdade cuja ação deriva da homogeneidade, e que de alguma maneira liga e reúne os seres. As leis que derivam desse princípio, ou dessa faculdade, constituem o que é moral. O indivíduo encontra-se suscetível a virtudes e vícios proporcionalmente à perfeição dessa faculdade; como a perfeição da imaginação, que recebe idéias e imagens das relações entre a superfície de certas coisas, proporcional ao número, à clareza e à tenacidade dessas imagens, esse princípio de atração aproxima-se da perfeição em razão do número, da vivacidade e da tenacidade das sensações que tem das relações entre as essências de certas coisas. O ser livre e ativo trabalha com a imaginação para comparar, compor e decompor essas imagens, e disso nascem as ciências e as artes. Da mesma maneira, o ser livre e ativo compara, compõe e decompõe essas sensações, e disso nascem as ações morais. É até aí, caro Aristeu, que podemos levar o paralelo entre o que é intelectual e o que é moral. Discernir suas diferenças seria aqui despropositado. Realizemos portanto a seguinte reflexão: as imagens e idéias que nos são apresentadas pela imaginação são determinadas, circunscritas, divididas e exteriores à nossa essência, enquanto as sensações morais se identificam com ela e não têm outros limites senão elas próprias.

ARISTEU. Peço-vos que esclareçais essa idéia, Diócles.

DIÓCLES. Quando tenho uma idéia ou imagem de um objeto visível, tangível ou sonoro, depende apenas de minha fantasia figurar sua metade, seu dobro ou triplo, aumentar ou diminuir sua grandeza, intensidade ou energia. Mas se afetado pelo amor, o ódio ou a cólera, não posso conceber sua metade ou seu dobro. Essas afecções não são suscetíveis de gradação num mesmo indivíduo; sua intensidade é proporcional ao objeto que afeta a sensibilidade de um indivíduo, e à sensibilidade do indivíduo afetado, mas toda nossa essência encontra-se delas embebidas. Creio que a essência de Aristeu se encontra mais vivamente penetrada por um sensação moral do que a de um troglodita[7], e essas essências são saturadas proporcionalmente à quantidade e ao refinamento de nossa sensibilidade. Trata-se de um princípio moral por meio do qual um indivíduo de alguma maneira se identifica com outra essência, por meio do qual ele sente o que sente, que lhe permite contemplar a si

---

7) No belo fragmento que Fócion conservou, Diodoro de Sicília e Agartáquida lançam alguma luz sobre essa passagem. Referindo-se aos trogloditas e ictiófagos, afirmam que eles não tinham qualquer sensação do mal de outrem, e acrescentam outras coisas que deixam claro que esses povos eram quase que destituídos de todo senso moral, aproximando-se muito dos brutos. [Fócion, general ateniense; Diodoro, historiador romano; Agartáquida, filósofo grego. (N.T.)]

mesmo a partir do centro de outro indivíduo[8]: é disso que nascem as sensações de comiseração, justiça, dever, virtudes e vícios, enfim, de todas as qualidades que distinguem o homem do animal, e que o levam ao princípio legislador do universo. É por esse princípio que um indivíduo se torna juiz de si mesmo, julgando a si mesmo tal como outro o julgaria; é nessa escola que ele aprende a ruborizar-se e a tornar-se virtuoso. Pois que idéia se fazer da verdadeira bondade, Aristeu, se esse não é o estado de um ser que, por essa faculdade, se considera a partir do centro de toda essência que o envolve e se vê como igualmente belo e perfeito; de um ser que existe de fato nos outros, desfrutando do brilhante espetáculo e da energia de sua própria perfeição, e que existe por si mesmo, buscando conservá-la? Se nossa inteligência limitada é acompanhada por um tal princípio, por um tal germe de bondade, poderíeis crer, Aristeu, que a inteligência infinitamente grande e poderosa que encontramos possa ser destituída dessas qualidades? Compreendeis agora o que entendo por moral?

ARISTEU. Se sentir é compreender, compreendi perfeitamente.

DIÓCLES. A convicção do sentimento vale bem pela do intelecto, caro Aristeu. Passemos ao exame das leis que parecem governar as diferentes partes que conhecemos do universo. Há duas espécies delas: uma abrange as que derivam da natureza mesma das essências, e a outra aquelas que lhes são impostas do exterior. Em todas as partes físicas ou materiais do universo vemos uma atração mútua e recíproca. No que é físico sabemos que a reação, ou a inércia perfeita, é um atributo essencial

---

8) O raciocínio de Diócles insinua que ele atribui à alma quatro faculdades distintas: a imaginação, que é o receptáculo de todas as idéias; o intelecto, que compara, compõe e decompõe essas idéias; a veleidade, ou a faculdade de desejar e querer agir; e, enfim, o princípio moral, que é tanto passivo e sensível como ativo. Esse princípio dirige a alma a uma outra essência qualquer, ligando-se a ela e sentindo os bens e males por que o outro passa quase tão vivamente quanto sente suas próprias alegrias e sofrimentos. Assim, esse princípio parece apenas passivo: mas, quando identificada com outro indivíduo, a alma reflete sobre si mesma, e o princípio torna-se ativo. A alma julga suas próprias relações com esse indivíduo, assim como suas próprias ações diante dele. Ela vê a si mesma de fora, por assim dizer, e julga como o outro a julgaria: disso nasce o que chamamos de consciência, o arrependimento e o prazer advindos do sentimento íntimo da realização de uma boa ação. Identificada com o outro, o bem que faz para ela é um bem para si mesma, e ela desfruta dos benefícios que propicia. Se a sensibilidade ou a passividade do princípio moral fossem acompanhadas de uma atividade proporcional, não poderia existir o que chamamos de crueldade e injustiça, e o homem somente faria bem para os outros, pois ele se tornaria o outro: ele faria o bem para fazer bem a si mesmo. Deve-se reconhecer que esse raciocínio de Diócles estabelece bem o preceito *Ama a teu próximo como a ti mesmo*.

da matéria. Essa inércia ou reação não é propriamente senão a força por meio da qual uma coisa é o que é, pois uma coisa não é reativa senão por essa força, e proporcionalmente a ela. A ação primitiva, que tem o poder de superar essa inércia, e que põe o corpo em movimento, não é então física ou corpórea, mas de natureza distinta da matéria. Suponhamos que essa ação seja destruída: o universo seria unido pela atração mútua de suas partes; e as forças do ser ou as inércias de todas as partes formariam juntas uma só força de existência, uma única inércia, a saber, a de todo o universo. Portanto, é essa ação primitiva que impede a união do universo; é essa ação, essa energia, essa causa primitiva do movimento que leva as partes do universo a um estado forçado, como o estado de uma alavanca tensionada, que se torna, pela tensão, causa secundária e propagadora de ação e movimento. Isso mostra que o estado natural do universo é o de ser um; que a atração não é senão o retorno das partes do universo ao seu ser natural; que ela não é outra coisa que a força do ser, ou a inércia do universo inteiro que pertence intimamente à sua essência, sendo não somente um atributo essencial de cada uma dessas partes, mas também de toda sua massa em bloco; e, enfim, que a inércia é a única lei intrínseca ao universo físico, e que ela deriva diretamente de sua natureza. Ora, sem considerar que nossas demonstrações dizem respeito a partes finitas e limitadas do universo, pergunto se seria possível imaginar um ser com natureza mais diametralmente oposta à de um ser que existiria por essência do que o universo material, esse símbolo perfeito da passividade cujas modificações errantes dependem inteiramente de princípios de outra natureza, esse universo que, não sendo causa primitiva de si mesmo, não pode ser causa primitiva do que quer que seja. Examinemos então as leis concernentes às partes ativas do universo. Quando refletimos sobre o momento em que nossa vontade se torna ativa, ou aplica sua atividade à matéria para produzir um efeito, mudança ou movimento qualquer, por mais que prestemos atenção não somos capazes de perceber a transformação de nossa vontade ativa em efeito. Se tomarmos o exemplo mais simples, a saber, o caso em que movimentamos nosso corpo com rapidez, é possível observar distintamente que para cessar ou frear esse movimento, não basta uma vontade ativa contrária à precedente, mas que devemos buscar obstáculos ao movimento em coisas que estão fora de nós. Assim, é evidente que, uma vez aplicada a coisas fora dela, a atividade, a ação ou a vontade que age repousa, e é detida apenas por obstáculos com ações e reações mais fortes do que a intensidade da primeira ação aplicada. Ademais, o movimento resultante de uma ação ou vontade ativa é igualmente proporcional à intensidade dessa ação, e à força da existência, da inércia ou da quantidade inerte da coisa que é posta em movimento. Mas, como no momento da primeira impulsão a intensidade da ação é determinada, assim como a quantidade da força de existência ou da inércia da coisa em movimento, segue-se que o movimento é determinado, e portanto uniforme e eterno por natureza; vale dizer, que é destrutível unicamente por obstáculos cuja intensidade é maior do que a sua. É por isso que vemos a eterna continuidade da ação ou do efeito da atividade de onde resulta o movimento.

ARISTEU. Para que possa vos acompanhar, peço-vos, caro Diócles, que repitais o que dissestes sobre o movimento.

DIÓCLES. Afirmo que o movimento é proporcional à intensidade do princípio ativo que o produziu e à inércia ou quantidade de inércia do corpo posto em movimento, e que a intensidade do princípio ativo e da quantidade inerte do corpo que se move são determinadas; portanto, o movimento é determinado. Mas o movimento é determinado num momento tal como em todo outro momento e, portanto, ele é por natureza uniforme e eterno; disso segue-se que, como os efeitos são proporcionais às suas causas, todo primeiro princípio de movimento é eterno por natureza.

ARISTEU. Entendo. Mas se suponho que a intensidade do princípio ativo é nula, o movimento torna-se nulo, vale dizer, torna-se repouso, e assim o mesmo raciocínio que fazeis sobre o movimento vale para o repouso.

DIÓCLES. É bem verdade, Aristeu; e tudo que afirmei antes é que é admirável que o homem perceba tão distintamente, por um raciocínio muito simples, a eternidade do repouso, sem no entanto disso concluir diretamente a eternidade do movimento e do princípio ativo que é sua causa. Se examinarmos agora estes dois princípios, a atividade e a inércia, que são os únicos princípios universais da natureza que conhecemos, veremos que o primeiro pode levar o segundo à organização e formação de substâncias determinadas; mas nem um nem outro deles nos oferece um poder produtivo de criação. No segundo, a coisa é manifesta por si mesma, enquanto no primeiro vemos apenas um poder que modifica as relações entre as coisas que são, que existem. De resto, basta que nos voltemos para nós mesmos para sentir que nossa existência não é essencial, que não somos a causa de nossa existência. Isso prova evidentemente, Aristeu, que os dois princípios devem sua existência a uma origem externa. Creio que concordais quanto a isso no que respeita ao segundo deles, e não tendes qualquer objeção a fazer.

ARISTEU. É verdade, caro Diócles. Mas parece-me que tendes algo a dizer a respeito da atividade. Peço-vos que não deixeis nada sem considerar.

DIÓCLES. Num ser, a atividade é a faculdade de poder agir sobre coisas que se encontram a seu alcance. Essa atividade, energia ou princípio de força tem todas as direções possíveis, e nisto consiste a liberdade: é uma força vaga que constitui a veleidade ou a faculdade de poder desejar. Se consideramos essa faculdade num ser insano como Penteu, ou Ajax enfurecido, ela pode ser vista como pura e indeterminada; e se os corpos de Ajax e Penteu não os levassem a ações contraditórias mas aparentemente determinadas, Ajax e Penteu permaneceriam imóveis, exalando sua força e energia assim como um condimento exala seu odor em todas as direções. Se contemplarmos essa faculdade no prudente e sábio Ulisses, ela é inteiramente determinada: toda sua energia concentra-se e dirige-se a uma única intenção, ela é toda vontade. Isso mostra que é necessário que o ser ativo seja dotado de intelecto para transfomar essa veleidade vaga, ou a faculdade de poder querer, em vontade determinada. Se fossem destruídos o intelecto e a imaginação que lhe pertencem, ele desejaria e agiria sem produzir efeito, sem ponto de apoio e sem intenção. A atividade ou veleidade intelectual tem como intenção apenas a conservação exclusiva do indivíduo, o que fornece um número muito reduzido de vontades ou determinações de atividade; mas quando o ser ativo é dotado do princípio moral que, por assim dizer, o transporta para outros seres, fazendo-o sentir, sofrer e alegrar-se com eles, essa atividade adquire um tom de nobreza e grandiosidade proporcional ao alcance e à delicadeza do princípio moral nesse ser. Enfim, qualquer que seja o lado pelo qual examinemos a atividade, a ação primitiva, a causa pura do movimento, esse princípio poderia ser chamado de alma do mundo, sem no entanto poder elevar-se para além da faculdade de modificar o que existe, da faculdade de legislar, se quisermos, até a faculdade do poder criador. Tal poder encontra-se infinitamente além de nosso intelecto, e tem uma existência tão indubitável como a de todo o universo; pois, se não existisse, a própria existência do universo seria absurda. Eis então o Deus que criou o universo, que lhe deu uma impulsão eterna para formar incessantemente e sem fim as substâncias, que o povoou com seres livres cuja atividade é limitada não em sua própria natureza, mas na atividade ou reatividade do que o cerca, cuja essência é eterna por natureza, pois o movimento de sua atividade é eterno e, enfim, cuja maneira de ser é suscetível à bondade.

ARISTEU. Mas também à maldade, caro Diócles! Como quer que seja, convencestes-me inteiramente da existência necessária de um Ser Supremo que tudo criou. Mas restam ainda algumas dificuldades. A única relação por meio da qual conhecemos esse Ser é que ele tudo criou; ora, se compreendo-vos bem, o princípio criador é de ordem infinitamente superior à do princípio de atividade: ele é infinitamente superior ao nosso intelecto; assim, que idéia posso ter desse Deus, caro Diócles? Não posso compará-lo a nada. Se suponho que tenho relações com ele, é necessário que exista alguma analogia entre nós. Não a encontro a partir de minha forma, de minhas forças, de meu intelecto, e se a procuro na parte mais bela de minha essência, como poderei então atribuir-lhe bondade, justiça e todas as qualidades que adornam os mortais, e que derivam unicamente da maneira como eles existem, não como uma propriedade derivada da composição de sua natureza, mas como a espessa folhagem de um vigoroso tronco deriva do sol que o nutre.

DIÓCLES. O germe do tronco, Aristeu, traz em seu seio a rica folhagem, e o terreno fértil favorece seu desenvolvimento. Se o grande Aristides* não tivesse a ocasião de mostrar sua justeza, acreditaríeis que ele era injusto?

ARISTEU. Não acreditaria nem ser justo, nem injusto.

DIÓCLES. Mas, percebendo que é justo, reconheceríeis que sem dúvida Aristides tinha em si tudo que é necessário para ser justo?

ARISTEU. Sim.

DIÓCLES. Portanto, ele teria tudo que é necessário para ser justo, por mais que faltassem ocasiões para demonstrá-lo.

ARISTEU. É verdade.

DIÓCLES. Portanto, a justiça de Aristides pertenceria à sua essência assim como a propriedade do círculo pertence à sua essência, e o mesmo vale para todas as virtudes.

ARISTEU. E a crueldade de Fálaris pertence também à sua essência?

DIÓCLES. Sim, meu caro. Percebo o que quereis dizer. Para comparar Aristides e Fálaris basta comparar as boas ações do primeiro com as ações más do segundo. Os efeitos dessas ações são contrários: enquanto umas produzem o bem, as outras produzem o mal; mas disso não se deve concluir que Aristides e Fálaris sejam opostos. Eles diferem quanto ao grau de perfeição. A Fálaris falta o que faz a beleza de Aristides. Acreditais que se Fálaris tivesse a faculdade de se contemplar a partir do seio da maldade que habita seu touro, ele seria insensato e persistiria em sua crueldade?

ARISTEU. Tendes razão, caro Diócles; mas não respondeis minha questão quanto ao essencial. Pergunto-vos: qual é a natureza da divinda-

---

*) [Aristides, o Justo, líder democrático na Atenas do século IV a.C. que participava ativamente nas reformas democráticas. (N.T.)]

de que não posso comparar a qualquer coisa das que conheço? Qual é o meio que me permite conceber minhas relações com um ser sobre cuja existência nada sei? E o que devo pensar de um Todo-Poderoso que é igualmente autor do mal e do bem, e que parece tê-los ligado indiferentemente à natureza dos seres?

DIÓCLES. Para responder à vossa questão seria necessário investigar o que parecem ser e o que são o bem e o mal, a bondade e a maldade, o bom e o mau. Dizei-me, Aristeu, esta bela árvore que vemos, este pinheiro, é bom ou mau?

ARISTEU. Certamente ele é bom.

DIÓCLES. Por quê?

ARISTEU. Por quê? Dele extraímos preciosos óleos e sais, e não me recordo de que o médico Erisímaco tenha mencionado qualquer mal que ele nos traga. De resto, ele ainda serve para coroar os vencedores dos jogos do ístmo.

DIÓCLES. Portanto, ele é um bem para doenças e para os que combatem em honra a Netuno. Mas ele é bom ou mau em si mesmo?

ARISTEU. Ele é, ele existe, e isso é tudo. Ele não pode ser bom ou mau em si mesmo.

DIÓCLES. É assim que penso; e disso segue-se que as coisas são boas ou más em relação a outras coisas, e que o bem e o mal existem apenas para os seres que desfrutam da consciência de sua existência e que são suscetíveis a sensações.

ARISTEU. Isso é certo.

DIÓCLES. Assim, o bem e o mal não derivam de coisas que são boas ou más em si mesmas, mas dizemos que elas são boas ou más de acordo com o bem e o mal que delas resulta para os seres que sentem. Portanto, o mal é apenas um efeito relativo a quem o sente, ele é produzido por uma coisa qualquer que não pode ser má em si mesma. Os vulcões, dilúvios e pestes são calamidades apenas em relação a seus efeitos sobre seres sensíveis; o homem cruel ou vicioso é mau apenas pela relação que suas ações tem com outros seres, não sendo em si mesmo de uma classe inferior.

ARISTEU. Se assim for, Diócles, o homem cruel ou vicioso não pode ser censurado ou penalizado.

DIÓCLES. O homem, Aristeu, é em maior ou menor medida dotado de um princípio moral, um intelecto e uma vontade. Ele deve a riqueza de suas faculdades à natureza, mas sua harmonia ele deve a seus próprios esforços. Poucos devem uma coisa e outra à fonte de todas as coisas. Se um homem carece de alguma de suas faculdades, se elas são fracas e debilitadas, se ele não sente a dissonância entre elas, se ele não percebe o efeito de suas ações sobre os outros, é para benefício da sociedade que a lei o julga e o condena; mas, na verdade, ele não é reprovável ou punível. Comparado a outros, ele é mais ou menos perfeito, mas permanece sendo o que é. Se supusermos que num homem essas faculdades fossem de tal maneira atrofiadas que ele apenas vegetasse, aproximando-se da natureza deste arbusto que temos diante de nós, julgaríeis que o arbusto seria condenável ou punível?

ARISTEU. Sem dúvida que não. Mas antes que avanceis, permita-me fazer aqui uma reflexão. Dissestes que a justeza de Aristides e a crueldade de Fálaris pertencem a suas essências; afirmais que o homem que em maior ou menor medida carece de intelecto, de princípio moral ou de força de vontade ou atividade é um indivíduo em maior ou menor medida vicioso; assim, o vício e o mal que dele derivam são a essência de um ser cuja essência não lhe pertence. Sendo assim, não há nada mais injusto do que o Areópago; peço-vos então, meu caro, que me digais quais são os homens reprováveis ou puníveis.

DIÓCLES. A mais bela propriedade do homem, Aristeu, é a de poder corrigir-se e aperfeiçoar-se por si mesmo, tanto quanto permita a riqueza de sua composição. Ele recebe suas faculdades da natureza, e pode modificar suas ações, que são a causa de coisas boas ou más, para proveito próprio e de outros. Se ele produz o maior bem possível para os outros e harmonia e equilíbrio para si mesmo, ele atinge a maior perfeição de que seu ser é suscetível; se negligencia essas coisas de tal maneira que o mal seja o resultado exterior de suas ações, e o desacordo de suas próprias faculdades seja o resultado interior, então ele é imperfeito, degradando-se e voluntariamente colocando-se na mesma classe do arbusto a que nos referimos. Há duas espécies de imperfeição: uma deriva da pobreza da essência, outra do emprego inadequado da riqueza das faculdades do indivíduo. Julgar qual dessas imperfeições é a causa de uma ação determinada é uma faculdade que Cécrops não concedeu a seu Areópago. De resto, o Areópago não julga sobre o grau de perfeição, virtude ou vício; sua tarefa é menos penosa: ele julga o crime, e é mais fácil provar a um ateniense que sua ação contradiz a lei escrita de Sólon do que provar de quais imperfeições em sua composição derivam a ação que ele realizou.[*]

---

[*] [Cécrops, lendário fundador e rei de Atenas; Areópago, "colina de Ares" em Atenas, onde se reunia o Conselho de Estado e, após a reforma de Sólon, o Tribunal da cidade. (N.T.)]

ARISTEU. Peço-vos, meu amigo, que me esclareçais desde já sobre essa importante questão. Do que afirmastes parece seguir-se que Fálaris poderia tornar-se melhor, e Aristides mau; e, portanto, que a justeza de um e a crueldade de outro não pertencem a suas respectivas essências.
DIÓCLES. Caro Aristeu, somos juízes iníquos e muito incompetentes uns dos outros. Cada um de nós sabe, ou é capaz de saber, qual é a força de sua atividade, a força de sua faculdade de poder desejar, de determinar sua veleidade vaga e reduzi-la a uma vontade, de saber qual a vivacidade e delicadeza de seu sentimento moral, qual a riqueza de sua imaginação e a agilidade de seu intelecto; cada um de nós sabe ou é capaz de saber qual é a proporção que suas próprias faculdades têm entre si, qual o grau de sua harmonia ou dissonância; cada um de nós sabe se, numa ação qualquer, contribuiu para a beleza de sua imaginação, a veemência de sua vontade, o equilíbrio de sua razão e a delizadeza e vivacidade de sua sensibilidade moral: assim, se o homem quer e ousa voltar-se para si mesmo para examinar suas faculdades, ele é o único juiz eqüitativo e competente de si mesmo; se assim não o for, esse Deus que descobrimos o substituirá, caso ele se digne imiscuir-se nos assuntos humanos. Suponhamos, Aristeu, que vos relatasse uma ação baixa e vil do filho de Tideu, uma ação louca e extravagante do sábio Ulisses, uma ação grande e bela do vil Térsites: acreditaríeis em mim? Não, sem dúvida. Diríeis que a generosidade e a franqueza pertencem à essência de Diomedes, que a prudência e a sabedoria pertencem à essência do filho de Laércio, e a baixeza a Térsites. Assim, julgaríeis Diomedes, Ulisses e Térsites quanto ao que eles são na medida em que se encontram já formados, na medida em que suas faculdades, já relacionadas entre si, compõem o todo que cada um deles é: e é assim que eles são compostos por seus vícios e virtudes como propriedades. Mas, quando nos perguntamos se Diomedes, Ulisses e Térsites devem a perfeição ou imperfeição de sua composição à riqueza, escassez ou feliz proporção de suas faculdades, ou ainda a seus próprios esforços, não teríamos condições de responder. O certo é que Ulisses e Diomedes são seres de outra classe que o pobre Térsites[*]. Examinemos agora o que é o mal. Ele consiste numa maneira de ser, ou em relações com outras coisas, ou a seres contrários à vontade; sua causa deve ser buscada nas ações exteriores que afetam a liberdade ou constragem a uma maneira de existência con-

---

[*)] [Na mitologia: Tideu, general ateniense; Tersites. membro do exército grego que zomba de Aquiles e é morto por este; Ulisses, guerreiro grego; Laércio, pai de Ulisses; Diomedes, filho de Tideu. (N.T.)]

trária à vontade: assim, o mal consiste em alguns obstáculos contrários à vontade. Vimos que a veleidade, que é a faculdade de poder desejar e dirigir a atividade, age naturalmente em todas as direções. O intelecto e a imaginação oferecem ao homem idéias determinadas de coisas exteriores ou de sensações determinadas, ou seja, de intenções e fins, e em direções determinadas da veleidade, ou para a vontade, objetos para comparar e escolher. Se não pudesse ser feita qualquer comparação, se não houvesse escolha possível, não existiria o que chamamos de bem e mal, faltaria uma direção determinada para a veleidade, ou seja, a vontade não existiria. Ora, assim como há seres intelectuais, livres e ativos, com diferentes graus de perfeição e riqueza, e objetos para comparar e escolher; assim também há conflito entre as vontades e, portanto, obstáculos para elas; há uma gradação nesses obstáculos, e assim há uma gradação no que chamamos de bem e mal. No Ser Supremo, em quem toda massa de veleidade ou de faculdade de poder desejar é vontade determinada, não há qualquer escolha, gradação, bem e mal. Portanto, a gradação de bem e mal pertence à natureza de um ser livre, ativo e limitado, assim como a propriedade de ser circular pertence à natureza do círculo. Sem tal propriedade, o círculo é absurdo; sem a gradação no bem e no mal, o ser livre, ativo e limitado é absurdo. Quando dizemos que o Poder Supremo não pode fazer um triângulo sem tal propriedade, não dizemos outra coisa senão que o Poder Supremo não pode fazer e não fazer um triângulo ao mesmo tempo, pois a propriedade é a mesma coisa que o triângulo. Da mesma maneira, o Poder Supremo não pode criar seres livres e ativos sem uma gradação do bem, pois uma coisa pressupõe necessariamente a outra. Dizer que seria melhor se não houvesse seres livres porque a gradação do bem pertence à sua essência é dizer que seria melhor se não houvesse triângulos porque eles têm esta ou aquela propriedade; assim, o que chamamos de mal no universo pertence essencialmente ao que compõe o bem e a vida; eles são uma e a mesma coisa. Quanto à dor do corpo, ela consiste igualmente numa modificação contrária à vontade. É necessário observar, no entanto, que a intensidade dessa dor é necessariamente proporcional à sensibilidade do indivíduo; e que essa sensibilidade é proporcional à riqueza ou escassez das faculdades do indivíduo e, assim, que a intensidade da dor é proporcional a essa riqueza ou escassez. Portanto, caro Aristeu, parece que julgamos mal tantos sofrimentos daquele pobre verme, e supusemos tacitamente que ele é dotado de toda a riqueza de nossa composição: consideramos o que ele sofreu em nosso lugar, como se possuísse a riqueza e o refinamento de nossas faculdades, perdendo de vista as poderosas armas que encontramos na moral para combater ou vencer a dor do corpo. Credes que Octríade, o espartano, vencedor absoluto dos argivos, com o corpo rasgado por ferimentos, compondo com as mãos debilitadas um troféu com as ruínas que encontra à sua volta, credes que ele dá atenção à dor corporal quando escreve, com seu próprio sangue, a palavra *vitória* sobre seu escudo?

ARISTEU. Agrada-me a maneira grandiosa com que contemplais as coisas, Diócles. Considerando de fora o todo ou o conjunto dos seres livres e ativos, desembaraçais a Inteligência Suprema de todo mal que os homens lhe atribuem. Descei por um momento à terra, eu vos peço, e observai Sócrates bebendo a cicuta na morada dos vícios e crimes: essa cena não constitui um mal no universo?

DIÓCLES. O exemplo é mau escolhido, caro Aristeu. Sócrates nos ensina na medida em que não tem as pequenas vontades dos homens que lutam contra as forças de uma alma como a sua; nos ensina, porque nem Aneto, Mileto ou qualquer de seus juízes é capaz de atingir as alturas de onde ele os observava, tal como observais os pequenos insetos esforçando-se penosamente para picar vossa pele e nutrir-se de vosso sangue. Não há aí luta ou combate. Vimos que o que constitui o mal são os obstáculos contrários à veleidade determinada, à vontade. Se a vontade livre de Sócrates se tivesse dedicado à preguiça, ao luxo, à posição social ou às honras, é indubitável que Sócrates promoveria o que chamamos de mal, e poderia ser atacado por Aneto e Mileto[*]. Radamanto manifestou a Tântalo o desejo de beber, e nisso consistem seus tormentos: se pudésseis impedi-lo de realizar esse desejo, Tântalo seria feliz[**]. Suponhamos que, estando em mar aberto, dirigísseis vossa embarcação a um resto de naufrágio flutuando sobre as ondas, e uma onda mudasse vossa direção; tal onda é um obstáculo que vos impede de alcançar o fugidio objeto de vossos esforços; mas se tomásseis a rota de Pítio, a fértil[9], e cada vaga vencida reestabelecesse vosso curso, elas não poderiam impedir-vos de chegar a um porto seguro. Isso mostra, Aristeu, que quando a vontade livre se dirige a objetos fixos, quando se desvia do

---

[*] [Acusadores de Sócrates em seu julgamento. Ver Platão, *Apologia de Sócrates*. (N.T.)]
[**] [Na mitologia grega, Radamanto, filho de Zeus e Europa, é o juiz dos mortos no Hades. Tântalo rouba o néctar dos deuses e é aprisionado no Hades, condenado a ter sede e fome sem, no entanto, poder saciá-las. (N.T.)]
9) Pítio, vila e região da Tessália, era a melhor parte do reino de Peleu, pai de Aquiles. O autor faz aqui alusão a uma passagem do Críton, de Platão, em que Sócrates relata que uma bela mulher lhe apareceu em sonhos e lhe disse: "Em três dias estarás na fértil Pítia".

caminho habitado pelos eventos mundanos e pelas paixões ativas dos homens, ela não encontra objetos e, portanto, nenhum mal a temer; e se vos deres ao trabalho de aplicar essa reflexão aos célebres desastres da casa de Pélops, vereis que é nas direções livres da vontade de Pélops que reside a fonte de seus males.

ARISTEU. Concordo, Diócles, que o mal não pode aproximar-se de Sócrates; concedo, se assim desejardes, que Pelops causa seus próprios males*; concedo mesmo que o homem sábio e forte pode prevenir o mal, e que, mesmo que este seja imprevisto, pode vencê-lo e sentir-se ainda melhor após a vitória; mas é assim que consolaríeis a velha Hécuba, mãe de tantos filhos e esposa do homem que pereceu pelo ferro, rainha privada de coroa e alimento, traída por falsos amigos, reduzida à escravidão, aprisionada por seu vencedor? Consolaríeis assim o cego Édipo, virtuoso que comete o incesto e o parricídio? O honesto escravo gemendo pelas crueldades de seu cruel senhor? O pobre que morre faminto, humilhado e miserável? Eis aí males: supondo que a filosofia nos ensinasse a suportá-los, ela o faria a todos os homens? E se Hécuba, Édipo, o escravo e o pobre ainda estivessem na terra suplicando a vossos pés: "Diócles, nossa existência é um bem para nós?" Que responderíeis? Assim como Taltíbio[10], acredito que, se não duvidais da existência de Júpiter, vos distanciaria dos assuntos humanos.

DIÓCLES. Acreditais que a alma é imortal?

ARISTEU. Convencestes-me disso ao provar a eternidade do movimento. Mas não creio que essa seja a resposta que tendes a dar a nossos sofrimentos, Diócles.

DIÓCLES. Por que não?

ARISTEU. Em primeiro lugar, como saber que o germe da maldade não as acompanharia em todas as suas possíveis transformações, assim como a sombra acompanha a luz?

DIÓCLES. Se assim for, o germe de bondade também as acompanharia, tal como a luz acompanha um corpo opaco que faz sombra. Mas Aristeu, se o mal consiste em ações exteriores contrárias ao nosso bem, aos nossos desejos, às direções de nossa vontade, e o bem consiste nas direções de nossa vontade que não encontram qualquer obstáculo, então o germe do mal reside nas relações entre as coisas fora de nós e nós, e

---

*) [Pélops, filho de Tântalo que o pai mata e oferece aos deuses num banquete. Ressuscitado pelos deuses e já adulto, Pélops assassina Mirtilos e assim sua casa é amaldiçoada com rixas e disputas que se perpetuam às gerações posteriores. (N.T.)]

10) Na tragédia *Hécuba*, de Eurípides, Taltíbio põe em questão a existência de Deus quando vê a infeliz rainha desfalecida e enlameada.

que o do bem se encontra em nossa própria natureza. Ora, essas relações encontram-se continuamente sujeitas a mudanças, mas nós somos o que somos eternamente. Assim, o germe do mal é uma vaga, e passa como um meteoro, enquanto o do bem é inalterável como o fogo do astro que nos ilumina, e isso é tão verdadeiro que no mal supremo não nos resta desejo, enquanto no bem supremo não há medo ou dor.

ARISTEU. O que dizeis é verdade, Diócles, mas creio que esses desafortunados não se contentariam com tal resposta.

DIÓCLES. E por que não?

ARISTEU. Porque os males que sofrem são presentes, eles os sentem de fato; pretendeis compensar um mal presente e real com a vaga esperança de um bem futuro?

DIÓCLES. Mas que outra coisa fazem os homens no decorrer de suas vidas? Basta lembrar do atleta estendido na arena coberto de ferimentos e sangue de que falei: ele sofre males presentes que considerou inócuos diante da vã tentativa de ser laureado; basta lembrar do velho Biófilo, que trilhou o mais doloroso caminho na vã tentativa de desfrutar de alguns dias de tranquilidade; vós mesmo, Aristeu, vós vos expuseste a muitos perigos na batalha de Lâmia[11] para ser reconhecido como o mais bravo dos atenienses. Vedes então que todos os homens, para bem ou mal, consideram mais o futuro do que o presente. Devem ser excetuados apenas aqueles sublimes momentos em que a alma, inteiramente absorvida pelo prazer, paralisa a imaginação e valoriza o presente em detrimento de um futuro ainda mais rico e florido.

ARISTEU. Percebo que transformastes minhas idéias acerca do bem e do mal, Diócles. Sinto que ambos pertencem à essência dos seres livres; posso conceber, por meio da inevitável tendência do homem ao futuro e ao que é melhor, que há um futuro melhor para ele; percebo que o germe do bem se encontra no homem, e que o do mal lhe é exterior; que uma outra maneira de modificar sua imaginação, desde a juventude, diminuiria ou eliminaria o que ele chama de mal, e tornaria, ainda nesta vida, o desfrutar do bem mais contínuo, uniforme e homegêneo; sinto ainda que o homem criou para si mesmo as monstruosas gradações no bem e no mal. Ele deve seus males à distância que há entre a realeza e a

---

11) Lâmia, cidade fitiotida na Tessália onde Antípatro se refugiou após ser vencido pelos gregos. É diante dessa cidade que ocorre o combate em que, após serem abandonados pelos Etólios, os atenienses foram derrotados, e seu general, Leóstrenes, perde a vida. Antífilo sucede-o no comando da armada, obtendo uma vitória notável sobre os macedônios. [Hemsterhuis refere-se a um episódio da campanha de Alexandre da Macedônia na Tessália. (N.T.)]

escravidão, do cultivo e adorno da preguiça à dor: e essa distância é sua obra. Quanto a isso estamos inteiramente de acordo. Mas tenho ainda uma queixa, caro Diócles. Parece-me que imitais excessivamente o sábio Simônides.

DIÓCLES. Como assim?

ARISTEU. Quanto mais era indagado a respeito dos deuses, mais cautelosas eram suas respostas. Fazeis o mesmo: cada vez que vos pergunto o que é Deus e quais nossas relações com ele, respondeis apenas partes secundárias de minha questão.

DIÓCLES. Minha intenção era que sentísseis, Aristeu, que não há propriamente nenhum mal no universo, e que o que chamamos de bem ou mal são propriedades do ser limitado, inteligente, livre e eterno. A partir de agora podemos tentar levar adiante nossa investigação acerca da natureza desse ser poderoso por meio do qual tudo existe. O homem, Aristeu, é aparentemente suscetível a duas espécies de convicção: um sentimento interno, que é indelével num homem bem constituído, e outra que deriva do raciocínio, de um trabalho intelectual conduzido ordenadamente. A segunda não pode subsistir sem que tenha a primeira como base; pois se remontarmos aos primeiros princípios de todos os nossos conhecimentos, qualquer que seja sua natureza, chegaremos a dois axiomas, ou seja, à pura convicção do sentimento: quanto a isso, Aristeu, até mesmo o Olimpo, o Ténaro e suas ricas planícies para além do Aqueronte*, por mais ornadas e embelezadas que sejam pelos encantos da poesia, têm sua fonte primitiva na convicção pura de uma verdade simples. No homem bem constituído um único suspiro da alma que se manifesta de tempos em tempos em direção ao que é melhor, ao futuro e ao que é perfeito, constitui uma demonstração mais do que geométrica da natureza da Divindade. Mas à medida que os homens multiplicaram seus deveres e aperfeiçoaram suas faculdades intelectuais, o sentimento interno perdeu sua vivacidade. A progressão certa e geométrica do intelecto fez com que preferissem a convicção determinada e precisa que dela deriva àquela do sentimento, que é de uma simplicidade infinita, e por isso aparentemente vaga e indeterminada. A primeira dessas convicções é mais análoga àquela dos órgãos que aprendemos a utilizar com mais freqüência, e que portanto são os mais exercitados, enquanto a segunda depende dos graus de elevação, perfeição e extensão da alma de cada indivíduo. Além disso, por meio da linguagem é possível modificar o intelecto de outro indivíduo de tal maneira que ele adquira a

---

*) [Na mitologia, o Aqueronte é um dos rios que circunda o Hades. (N.T.)]

mesma convicção geométrica e determinada que tenho; quanto à convicção puramente sentimental, ela nasce na essência, e não pode ser comunicada. Tomemos então o caminho que leva a essa primeira convicção. O único infinito real e perfeitamente absoluto na natureza é o espaço: ele é uno, não tem partes e compreende em si todo atual e todo possível, sem que eles façam parte de sua essência; portanto, sua não-existência é absurda, e a eternidade é uma conseqüência de sua existência. Dois infinitos absolutos diferentes entre si são impossíveis, pois isso suporia um limite, o que é contraditório com a infinitude. Assim, nossos raciocínios levam-nos à convicção geométrica e perfeita de um único Deus criador que existe por essência, por sua própria força e que, portanto, é infinito. Assim, o espaço uno e infinito não é um ser ou uma essência distinta, sendo um atributo de Deus. Trata-se do único atributo pelo qual conhecemos esse ser imenso, por meio de nossos órgãos. Que infinidade de atributos seria necessário acrescentar ao espaço para completar o todo da Divindade? Eis aí uma questão, caro Aristeu, que apenas Deus poderia responder. O que resulta geometricamente desse imenso atributo é a onipresença da Divindade. O universo inteiro, atual ou possível não compõe sequer uma parte, um átomo ou modo desse Deus infinito. Ele está em toda parte: está aqui. Não há nenhuma parte nesse arbusto, em vós, em mim, Aristeu, por mais indivisivelmente que a concebamos, onde ele não esteja presente, assim como em todo o universo e nele mesmo; e ainda duvidais, Aristeu, de que tenhais relações com ele!

ARISTEU. Permita-me, Diócles, que vos interrompa por um momento: não será para contradizer-vos, pois sinto vivamente as verdades que anunciais e provais, mas sim para pedir-vos ajuda. Orgulho-me da perfeita convicção de nossa vizinhança com Júpiter, mas ao considerar o nada da humanidade, sinto-me decaído de minha bondade. Quando vejo vulcões, dilúvios, pestes e tremores de terra destruindo milhões de seres como eu, em que pese uma possível posteridade; quando me imagino num astro distante qualquer observando quão pequeno é nosso planeta; quando penso nos acidentes que poderiam destruir instantaneamente este Globo; quando isso acontece, sinto-me desnorteado e não entrevejo qualquer relação com Deus: falta pouco para que recaia no caos de dúvidas de onde me retirastes.

DIÓCLES. Caro Aristeu, se escalássemos o pico de Aornos, esse rochedo árido e escarpado que Hércules evitou e que o Macedônio conquistou, e no meio do caminho olhássemos para trás, ficaríamos tontos e os precipícios tornariam célebres os nomes de Aristeu e Diócles; mas e se déssemos continuidade a nossos esforços e chegássemos ao cimo! O pico de Aornos é uma planície fértil, repleta de recursos, cortada por rios e ornada por vegetação e flores eternas regadas pelo belo sol sem qualquer nuvem. Da mesma maneira chegamos ao conhecimento perfeito de que o bem repousa no seio do ser livre, e que o Deus criador está em toda parte: é dessa altura que observais a Terra. Na verdade, não é de espantar que a uma tal distância dos objetos, dos quais agora vedes apenas os contornos, eles vos pareçam pequenos. O nada da humanidade causa-vos pesar. Mas vós, Aristeu, sois tão insignificante quando passais de um astro a outro para contemplar o distante Globo em que habitamos? Sois tão insignificante quando vos tornais físico, penetrando as leis da natureza? Quando vos tornais legislador, freando os vícios da sociedade? Quando, por vossas luzes, esclareceis o séculos por vir? Por que encarar a humanidade apenas pelo que os vossos olhos vos mostram lá embaixo? Por que não tomar como modelo o que sentis que sois? Pareceis com esses homens quanto a suas figuras; mas não quanto às suas almas, faculdades e existência indestrutível: nisso consiste a humanidade. Mas vós que vedes tantas catástrofes destruindo milhões de seres que vos são semelhantes e que, para tornar a coisa ainda mais lúgubre, acrescentastes a isso toda posteridade possível, tornando impossível a existência dessa posteridade, destruindo sua causa; assim quereis tornar miserável aquilo cuja existência não é possível. E, no fundo, o que essas catástrofes destróem? Elas decompõem algumas almas de partículas de matéria, mas não de humanidade: ela não consiste no contorno externo do corpo do homem. O Deus é avaro quanto à matéria, Aristeu, e por esse lado o universo é pobre. Uma partícula de matéria é uma coisa de empréstimo: ela deve servir a Aquiles, a Homero, a Aristeu, a um animal, planta ou pedra qualquer.

ARISTEU. Mas essas almas cujos corpos são destruídos não formarão outras semelhantes a elas?

DIÓCLES. O fogo liga-se a tudo, age sobre tudo, reproduz-se em tudo; e a água parece apagá-lo apenas porque o ama: ela absorve-o. Não credes, Aristeu, que não existem para nossas almas outras essências distintas da matéria com as quais ela pode unir-se, agir, e reproduzir-se?

ARISTEU. Ó Diócles, vós que me consolais, sustentando-me e trazendo-me de volta a meu lugar no momento em que me precipitava, acabai vossa obra! A última tarefa que vos imponho é fazer-me compreender como Deus se imiscui nos assuntos humanos.

DIÓCLES. O último trabalho de Alcides foi domar o cérbero de três cabeças, algo que se assemelha com o que me propondes, Aristeu, pois vossa questão é tripla. Quando me perguntais se Deus se relaciona com a humanidade ou os homens a resposta é fácil, pois ele se relaciona com os homens quando forma sua espécie. Quando me perguntais se ele se imiscui nos assuntos dos homens, como Minerva, que retardou o lançamento do dardo de Pândaro[12], ou como Pã, que socorreu nossos pais nas planícies de Maratona[13]; ou seja, se ele envolve-se nos eventos da sociedade dos homens, em suas ações na condição de efeitos de uma vontade livre, na condição de modificações que sua vontade imprime na matéria, devemos responder que, sem que isso seja impossível, é necessário que para todo ser limitado pareça impossível que Deus destrua, num caso particular, a lei que deriva da impulsão geral que deu à natureza. Mas quando me perguntais se a Divindade se importa com o homem, o indivíduo, como no caso dos filhos de Tíndaro, que salvaram Simônides do sortilégio de Escopas[14], é necessário retomar nosso raciocínio a partir do ponto em que consideramos que há relações entre duas coisas ou seres quaisquer que coexistam. Da prova da unidade e onisciência divinas segue-se necessariamente que o menor átomo e o ser mais sublime e menos limitado têm igualmente relações com Deus, proporcionalmente à riqueza de sua composição e à sua homogeneidade com ele. Portanto, a excelência e a bondade de um ser qualquer é medida pela proximidade e multiplicidade dessas relações. Isso torna evidente que, supondo que o ser livre que tem a faculdade de contemplar e modificar a si mesmo tem um conhecimento qualquer de Deus, ele encontra-se em condições de aperfeiçoar, diminuir ou multiplicar essas relações; portanto, sua grande tarefa deve ser conhecer esse Deus. É por meio da progressão lenta e compassada do intelecto, que parte das verdades simples que nossos órgãos mais grosseiros nos revelam, que somos levados à convicção determinada e precisa da existência, do poder e da onipresença de Deus. Para chegar ao conhecimento de sua natureza e de nossas relações com ele é necessário que nos voltemos para nós mesmos e eliminemos a aparência de humanidade. Se alguma vez surgiu do tripé de Delfos algum oráculo digno da reputação do filho de Latona, é a lição universal:

---

12) É no quarto livro da *Ilíada* que se diz que Minerva muda a direção da flecha que Pândaro, filho de Licáon, lança contra Menelau.
13) Acredita-se que o deus Pã socorreu os antenienses na batalha de Maratona, espalhando uma chaga entre os persas. Essa é a origem da palavra pânico, que significa um ferimento cuja causa não se conhece.
14) Encontrando-se numa festa em Escopas ou, segundo outros, num certo Farsalo, Simônides elogiou Castor e Pólux; como recompensa por sua piedade, esses deuses mandaram-lhe um aviso. Logo após retirar-se da casa, ela desabou em ruínas, matando todos que se encontravam em seu interior.

conhece-te a ti mesmo. É apenas nesse conhecimento que devemos buscar o conhecimento da natureza da Divindade. Refletistes bem, Aristeu, quando dissestes que não poderíeis comparar a Deus nem vossa figura, nem vosso corpo ou vossas forças. No entanto, como existem relações entre todas as coisas que coexistem, é necessário que existam relações entre vossa figura, vosso corpo, vossas forças e a Divindade. Mas o conhecimento dessas relações, supondo que pudésseis chegar até elas, servos-ia inteiramente inútil; pois, visto que não podes mudar vossa figura, corpo e forças, não seríeis capaz de aumentar ou aperfeiçoar essas relações. Portanto, é necessário buscar relações que poderíeis mudar, modificar e aperfeiçoar a vosso bel prazer; ou seja, é necessário que considereis em vós as coisas cuja mudança depende de vós mesmo, e que tendes o poder de aperfeiçoar: as faculdades de vossa alma e o grau de harmonia que existe entre elas. Sentistes muito bem que, para que uma coisa tenha relação com outra, é necessário que possuam qualidades homólogas em comum. Portanto, é preciso investigar se, entre as coisas que estão em vós e de que sois mestre e déspota, não há coisas homólogas ou homogêneas à Divindade. Nossas faculdades, tanto quanto as conhecemos, consistem no poder de querer e no poder de agir, e não recusareis essa faculdade ao grande motor do universo: elas consistem no intelecto ou inteligência, que compara e compõe as idéias de que se alimenta vossa imaginação. Ora, vimos que essa faculdade é a essência do ser livre que pode desejar e agir, e assim não poderás recusá-la ao Júpiter supremo, que é soberanamente livre: somente ele não compara ou compõe idéias ou relações como nós, mas essências. Podemos deduzir disso que, por mais prodigiosa que seja a distância entre esse Deus e nós, a natureza de nossa atividade sobre a matéria é a mesma que a dele, na medida em que ele faz o que chamamos de agir; e que a natureza de nosso intelecto, ou de nossa razão, é a mesma daquela Inteligência Infinita; ou seja, que a natureza da verdade para nós é a mesma que a da verdade para ela. Mas vejamos se a homogeneidade não é ainda maior no que respeita ao princípio moral por meio do qual vos regojizais e sofreis com outros seres, pelo qual julgaiss soberanamente o justo e o injusto, pelo qual sentimos a voluptuosidade de uma boa ou má ação. Se acompanharmos a progressão de nossas faculdades num evento inesperado, veremos que, num primeiro momento, temos a sensação, ou melhor, a imaginação nos representa a idéia simples daquilo que ocorreu; num segundo, o princípio moral, como sensível, deseja, entristece-se ou horroriza-se por causa de sua sensibilidade, de suas relações com isso ou com esse evento; num terceiro momento, esse mesmo princípio julga o justo ou o injusto, ou seja, sente qual deve ser nossa modificação diante desse evento, para que o repouso e o contentamento interno da alma não sofram nenhuma violência; num quarto momento, o intelecto envolve-se, compara, compõe, calcula e corrompe ou modifica a sensação moral; e, no quinto, a força de poder querer e agir determina-se. Podeis ver, Aristeu, que nos dois primeiros momentos a alma é passiva, e que, ao contrário, nos dois últimos ela é ativa; mas, no terceiro, ela é modificada de modo inteiramente diferente, de tal maneira que não podemos mais comparar seu estado a uma atividade que age ou a uma inércia passiva. Para termos idéia disso, basta notar que jamais um homem cometeu uma má ação sem sentir mal-estar, repugnância e dor, sem dar-se conta de uma voz interna que grita "injusto, cruel!". Essa voz, Aristeu, não é outra coisa que uma lei derivada de nossa essência, que Deus deu aos seres livros e ativos para que se amassem e se unissem, assim como deu à matéria a lei da inércia ou atração de onde deriva a reação contra toda ação contrária a essa lei: e se uma partícula inerte de matéria pudesse sentir e falar, ela descreveria para nós sua atração por seu homogêneo, de sua reação contra tudo que queira separá-la, muito semelhante à descrição que lhe poderíamos fornecer de nossa consciência. Assim, Aristeu, o julgamento moral não é ação ou paixão, mas o efeito imediato da natureza de nossa alma eterna, de sua atração pelos semelhantes, pelo que é grande e belo, pela Divindade: e é a essa atração que Júpiter e o Amor devem os primeiros altares que os homens ergueram em sua honra.

ARISTEU. Peço-vos que esclareçais essas idéias, Diócles.

DIÓCLES. O julgamento sobre o justo e o injusto não é senão a contemplação de nós mesmos e de nossas ações a partir da perspectiva de um outro indivíduo, o que supõe a faculdade de poder assumir essa perspectiva. Essa faculdade constitui o moral; e, como ela não é passiva ou ativa, mas pertence à essência da alma, segue-se que ela consiste na atração natural, ou na atração de um indivíduo por outros indivíduos. Mas a atração entre duas coisas deriva de uma relação qualquer entre elas e a atração é portanto recíproca. Mas vimos que duas coisas não podem ter relações entre si sem que haja algo homogêneo ou homólogo entre elas; assim, quando se constata a atração pela Divindade, segue-se que nossa relação e homogeneidade com ela são iguais. Ora, nós constatamos essa atração; mas não se deve procurá-la na dor, na fraqueza ou no medo, que não se dirigem a Deus, mas a um fim qualquer de sofrimento; mas não pretendo que acrediteis em mim, ou na Pítia em fúria, ou no sacerdote bajulador do Júpiter Líbio, que viu em Alexandre o filho desse deus: crede em Sócrates, crede em vós mesmo, Aristeu, e aperfeiçoai o órgão que se volta para as coisas divinas assim como o olho volta-se para a luz. É então que encontrareis atração e homogeneidade, na alegria com que os homens exercem o bem. Se consideramos o tom que predomina nas ações de Sesóstris, de Temístocles, do próprio Macedônio e as compararmos às de Sócrates, Epaminondas e Timoleonte, veremos nas primeiras o que é grande, é verdade; mas sacrifícios, esforços, trabalho e suor; enquanto nas últimas tudo é elevado, alegre, natural e simples, marca certa da constante harmonia de que são compostos aqueles homens; a impossibilidade de fazer o mal é ali manifesta.* A bondade (que é a continuidade do bem) que nos outros parece ser efeito do acaso, de circunstâncias e motivos externos, parece nesses heróis uma emanação de sua essência. O que os homens chamam de mal, neles deixa de existir, assumindo a forma do bem. O retrato de Délia[15] tem o mesmo tom que as vitórias do Tebano[16]; e que homem sensível não preferiria ser Sócrates entre as feras ao filho de Filipe nas Índias? Parece-me, Aristeu, que quando o homem chega à harmonia perfeita das faculdades que conhecemos — seja por seus esforços, seja pela excelência de sua natureza — outras faculdades até então desconhecidas começam a desenvolver-se e aumentam sua homogeneidade com Deus, a ponto de parecer manifestar-se uma sombra do poder divino. Assim, meu caro, como é impossível duvidar que o onipresente Júpiter se envolve com tais indivíduos, é portanto também indubitável que esses homens têm a faculdade de envolver-se com Deus. Imaginai um barco sobre as águas do Ganges, que toca seu precioso leito: os esforços do piloto fazem-no mover-se com dificuldade; seus movimentos são fortes e concentrados. Quando enfim o piloto devolve o barco ao fluxo do rio, ele obedece sem resitência, seus movimentos são suaves e ele segue o curso do rio com facilidade, pois a intenção do barqueiro e o do Ganges voltam-se na mesma direção. Se uma águia que plana nos ares segue o sopro eólio, ela não se cansa, suas asas parecem imóveis: esse é o símbolo mais perfeito do homem virtuoso e afortunado, que não encontra nenhum obstáculo e cujo vôo, por mais limitado e finito que seja por natureza, prossegue sem fim em direção à felicidade, levado pela imensa torrente da vontade suprema. Eis, Aristeu, o que me parece que podemos dizer com segurança sobre a natureza de Júpiter e de nossas

---

*) [Sesóstris, general egípcio; Temístocles, general ateniense que derrota os persas em Salamina; Epaminondas, comandante tebano; Timoleonte, estadista tebano. (N.T.)]
15) Certamente o autor se refere à derrota dos atenienses em Délia, onde Sócrates salvou a vida de Xenofonte e defendeu Laques, realizando o mais belo feito da retirada.
16) Trata-se das vitórias atribuídas por Epaminondas a Leuctros e Mantinéia.

relações com ele. Encerremos agora nosso discurso, pois já é tarde. Vede o Arquifílax[17] que já brilha e anuncia a noite que se aproxima. De resto, parece-me que satisfizemos nossos propósitos. Descobrimos que deve reinar uma ordem perfeita no universo, apenas visível por meio da Divindade. Ao contemplar esse grande todo vimos que os lados que nos são sensíveis dependem dela, e que não são senão o produto de um poder criador infinitamente inteligente. Vimos que a infinitude absoluta do espaço é a medida da extensão e da presença do Deus. Entrevimos a natureza de nossas relações e o grau de homogeneidade que temos com ele. Para senti-los distintamente, Aristeu, são necessários alguns desenvolvimentos: é necessário que nos libertemos da matéria, é preciso a morte. Quantos desenvolvimentos, quantas mortes são necessárias à alma para que atinja a maior perfeição de que sua essência é suscetível; trata-se de um segredo por tanto tempo velado, que a sucessão do tempo é o único meio de adquirir idéias distintas, assim como os cantos sublimes do divino Homero são segredos velados para a criança que não pronuncia ainda sílabas para a sucessão de sons e caracteres. É suficiente para nós saber que é nesta vida que fazemos nossa escolha: a morte não muda a direção que tomamos, mas apenas acelera os movimentos da alma nessa direção, que depende inteiramente do ser livre.

ARISTEU. Diócles, fazeis da morte objeto de minha mais viva curiosidade. Mas há uma coisa, amigo, que me aflige.

DIÓCLES. Qual é, Aristeu?

ARISTEU. É que, ao vislumbrar o vôo para o qual me preparais, creio que a morte não poderá separar-vos de mim: mas como venceremos o imenso espaço que haverá entre nós?

DIÓCLES. Estais enganado, caro Aristeu; deveis considerar que é longo o caminho que une as águas do Alfeu às da bela Aretusa.*

---

17) O Arquitouro de Homero, assinalado como (a) em Ptolomeu, Bayée e Flamsteed, é a estrela mais brilhante na constelação do Boiadeiro; melhor ainda, trata-se de um astro de primeira grandeza que pertence a essa constelação. Os antigos designavam também por Arquifílax a constelação do Boiadeiro.

*) [Na mitologia grega, Alfeu, o deus fluvial, apaixona-se por Aretusa, que foge para Siracusa, onde Ártemis a transforma numa fonte. Percorrendo o subterrâneo do mar, Alfeu une-se a ela. (N.T.)]

Explicação das vinhetas

As vinhetas do título representam alguns atributos de divindades do paganismo.

A que se encontra no fim da advertência parece indicar um sacrifício que Diócles faz antes de começar sua obra. A inscrição grega que se encontra sobre o altar deve ser explicada assim: *A Diotima, condutora das almas, à Persuasão e às Graças, Diócles erigiu este altar.*

A que se encontra no fim da dedicatória foi copiada de uma pedra gravada, e representa uma urna antiga cercada por três borboletas. Aparentemente elas indicam as almas daqueles cujas cinzas repousam na urna: deve-se lembrar que os antigos eram extremamente sensíveis no que concerne ao sentimento. Sobre a urna pode ser lido (ΛΔΣ), o que compõe o número 234, ou ainda 2, 3, 4. É difícil decidir se esses caracteres são letras iniciais, ou se designam uma época qualquer. No último caso, elas poderiam significar o ano 234 do *Selêucidas*[*], ou ainda o ano 234 de alguma era egípcia, supondo que o (Λ) designa a palavra (λυκάβας**), por mais que nas medalhas de Ptolomeu e dos imperadores essa palavra comumente exprima o L romano. Essas letras podem ainda relacionar-se à seita pitagórica, pois, conjuntamente, esses três números formam o número mais perfeito. De resto, esse pequeno monumento pode pertencer ao gênero dos Amuletos, por mais elegante que seja a figura do vaso. Quanto a isso, a erudição da crítica poderia esclarecer o antiquário.

A vinheta que encerra a obra tem relação com a passagem que se encontra no fim do diálogo, na página 137: "Se uma águia que plana nos ares...".

---

*) [Dinastia de origem babilônica. Antíocos IV, seu último representante, reconstruiu partes de Atenas no século II a.C. e dedicou-se ao estudo da cultura grega. (N.T.)]
**) [Ano. (N.T.)]

CARTA DE DIÓCLES A DIOTIMA
SOBRE O ATEÍSMO

Diletíssima Diotima!

Tudo o que sabemos da história, tanto do homem individual, quanto da espécie humana, ensina-nos que o ateísmo se originou muito tempo depois da veneração de uma divindade, ou religião, e tem seu fundamento em uma reflexão que pressupõe já um certo exercício do entendimento.

Ao conhecimento da divindade, em contrapartida, a uma veneração da mesma, seja de que espécie for, ou à religião, o ser humano é conduzido pela inteira disposição interna de sua natureza.

Para determinar mais de perto esse pensamento, pode, por certo, o luto por um herói, sábio ou benfeitor, que a morte nos arrebata, suscitar em nós a esperança e, conseqüentemente, também a representação de que esse ainda esteja em vida; porém, se seguirmos meramente essa pista na história da humanidade, não chegaremos mais longe que até os espíritos do País de Fingal ou até os Lares dos antigos persas e etruscos.

Admito também que o medo, seja ele natural ao homem por causa da fraqueza de sua defesa física, ou contingente nele, porque perdeu algumas de suas forças originárias, impele-nos a pedir ajuda a tudo o que nos circunda; mas isso é meramente a fonte de ilusões tais como outrora a ilusão de Demóstenes, quando, em sua fuga, rogou por sua vida a um arbusto.

O suntuoso espetáculo desse todo cósmico, em contrapartida; a visão do sol, do céu estrelado, de um arco-íris, que suscitam um temor reverencial; as infinitas multiplicidades da natureza, que, através de todos os sentidos ao mesmo tempo, atuaram sobre a alma ainda vazia do homem, a empolgaram inteiramente e produziram nela uma representação vivaz, se bem que meramente universal, totalmente confusa ainda, sem conceito determinado. Esse caos ordenou-se aos poucos. Os objetos adquiriram seus lineamentos, individualizaram-se, separaram-

CARTA DE DIÓCLES A DIOTIMA
SOBRE O ATEÍSMO*

Caríssima Diotima:

o conhecimento que temos da história humana mostra que o ateísmo é muito posterior ao culto e à religião, e que ele nasce da reflexão, pressupondo assim já algum esclarecimento.

A própria natureza do homem indica-lhe o caminho em direção a um Deus, um culto ou uma religião qualquer.

É verdade que a memória de um herói, de um sábio ou de um benfeitor que já deixou esta vida pode levar à esperança e à crença de que ele permanece vivo, mas essa crença não leva além dos bem-aventurados espíritos de Fingal ou dos Lares dos antigos persas e etruscos.

É verdade que o medo, seja natural (devido à fraqueza física do ho-

---

*) [Quando Friedrich Jacobi verteu a *Carta sobre o ateísmo*, de Franz Hemsterhuis, para o idioma alemão, em fins dos anos 1780, mal poderia imaginar que, duzentos anos depois, essa mesma tradução serviria, em praias bem distantes, ainda uma vez ao mesmo propósito que a animou originalmente: divulgar o pensamento de Hemsterhuis para um público que o desconhecia. Em 1989 o jornal Folha de São Paulo publicou uma tradução da *Carta sobre o ateísmo* realizada por Rubens Rodrigues Torres Filho a partir do "original alemão" de Jacobi. O aparente anacronismo não era, no entanto, nada mais do que fruto da restrição: sem ter à disposição o texto original de Hemsterhuis, redigido em francês, o tradutor preferiu traduzir o texto a partir da versão de Jacobi a manter o nome de Hemsterhuis incógnito entre nós. Alguns anos depois, com o texto francês em mãos, o Prof. Rubens delegou-me a tarefa de verter a *Carta sobre o ateísmo* a partir de sua versão original, para publicá-la neste volume. Motivo para relegar a antiga tradução ao esquecimento? Muito ao contrário, aproveitamos para retomá-la: visto que Jacobi não era um qualquer na Alemanha de seu tempo, que tinha uma filosofia e desenvolvia uma militância em prol desta, sua versão do texto de Hemsterhuis é isso mesmo, uma versão — e bem particular, podemos acrescentar sem risco. Sendo assim, apresentamos agora os dois textos, de Jacobi e Hemsterhuis, lado a lado, para que o leitor possa compará-los em suas variantes e coincidências, podendo até mesmo decidir-se — e por que não, se esse for o caso? — acerca das vantagens de uma versão sobre a outra. Finalmente, gostaríamos de notar que essas traduções vertem para o português textos que já são, cada um à sua

se; e os conceitos de número e grandeza começaram a entrar em cena. À primeira representação confusa, àquele genérico estremecimento da alma, seguiu-se um assombro desprovido de sentido; mas logo depois o ímpeto do maravilhamento abriu espaço para si com violência e, antes que o homem pudesse voltar a si, já sentia nascer dentro dele movimentos de nostalgia e adoração. É esse o instante em que seu órgão moral se manifestou por primeiro.

O número dos objetos, porém, tão logo o homem começou a distingui-los, era grande demais para seu poder de apreensão. Sua atenção, por isso, permaneceu orientada preferencialmente para aquele que lhe aparecia como o máximo, o mais belo e o mais esplêndido; e esse objeto tornou-se então, perante todos os restantes, a seus olhos, o "supremo".

A mim não parece de nenhum modo um disparate admitir que esse pendor para aquilo que suscita a mais forte impressão determinou certos animais, tanto quanto os humanos, a ações que parecera sugerir uma espécie de veneração; assim como todo o sentimento veemente suscita no animal, como no homem, análogas expressões e ações, que denunciam alegria, tristeza e angústia e são as fontes donde nós haurimos os primeiros elementos da linguagem.

Não quero perseguir mais adiante essa marcha natural e simples do homem em direção ao obscuro conhecimento de um ser qualquer elevado acima dele, do qual ele se sente dependente. Basta que tenhamos percebido claramente que o germe do ateísmo, na primeira infância da humanidade, não poderia tomar raiz.

Do órgão moral e dos sentimentos daí oriundos, na medida em que podem guiar ao conhecimento da divindade, eu não falo; porque esse órgão é demasiado diferente em cada homem individual e foi, até agora, muito pouco esquadrinhado ainda, para que se pudesse contar com uma aceitação universal dele.

Depois, então, que o homem empolgado por aquele obscuro ainda tosco sentimento de uma potência elevada acima da sua, havia pouco a pouco aumentado o número de seus sinais, enriquecido e ordenado sua imaginação, exercitado as forças de seu entendimento, ele tentou, para pôr em uma relação mais próxima com essa potência, transformar o até agora obscuro sentimento dela em um conceito claro. Deu ao ser, que ele denominou Deus, um determinado lineamento, uma figura; e esse deus tomou-se agora um objeto, com que também seu entendimento e sua imaginação podiam ocupar-se. E como, com o aumento de suas relações, ao mesmo tempo seu sentimento ético estava ampliado e havia sido posto em exercício, comunicou, além disso, a seu deus, ainda "cos-

mem), seja acidental (devido à perda de uma de suas faculdades)[1], leva-nos a suplicar pela proteção do que nos cerca, mas isso não leva além da ilusão de Demóstenes, que em sua fuga rogou por sua vida a um arbusto.

Mas o magnífico espetáculo do universo, o aspecto imponente do sol, do céu estrelado e da íris, as infinitas variações da natureza que, por meio dos órgãos, agem sobre a imaginação, preenchem inteiramente o que antes era um imenso vácuo. A primeira coisa que daí resulta é uma percepção vaga e indeterminada, sem qualquer idéia. Com o passar do tempo, esse caos se ordena: os objetos adquirem contornos, isolam-se e separam-se, e começam a surgir as idéias de número e grandeza. Essa percepção vaga e indeterminada, essa agitação da alma, transforma-se em admiração entorpecida, e então vem à luz, não sem dificuldade, um sussurro de admiração; sem saber por quê, o homem sente já que deseja e adora: esse é o primeiro momento em que o órgão moral aflora.

A vasta quantidade de objetos que há para distinguir faz com que a atenção do homem se volte para aquele que, por ser mais brilhante, belo e maior, se destaca naturalmente dentre os demais.

Parece plausível que, a partir daí, a inclinação para o que afeta mais fortemente produza nos homens, bem como em certos animais, ações que parecem denotar um culto, da mesma maneira que toda afecção veemente produz nos animais ações ou expressões análogas que indi-cam alegria, tristeza, desespero, etc. a partir das quais surgem os primei-ros elementos da linguagem.

Não acompanharei mais além a marcha natural e simples do homem em direção ao conhecimento obscuro de algo que se encontra acima dele, e de que ele sente depender; o que dissemos parece suficiente para eviden-ciar que não havia qualquer germe de ateísmo no berço da humanidade.

Não me refiro aqui ao órgão moral ou às sensações dele derivadas que podem levar ao conhecimento da divindade, porque tal órgão é muito diferente em cada indivíduo, e foi até aqui pouco estudado, encontran-do-se ainda muito longe de ser universalmente admitido[2].

---

maneira, traduções: a de Jacobi, do francês para o alemão; a de Hemsterhuis, do holandês (sua língua natal) para o francês (sua língua de expressão filosófica): marca certa de que, para a filosofia do século XVIII, a língua é antes berço para a formação e molde de conceitos que devem ser exprimíveis e comunicáveis ("exponíveis", dirá o Idealismo) do que um código a ser decifrado em busca do desvelamento do "ser": nesse escopo, a tradução não é simplesmente reprodução de algo dado, mas esforço que exige reflexão e criação. Desculpemos então Jacobi por suas liberdades. (N.T.)]
1) Ver *Alexis, ou a idade de ouro* (N. Jansen).
2) Ver *Carta sobre o homem e suas relações* e *Aristeu, ou sobre a divindade*. (N. Jansen).

tumes". O resultado dessa dupla tentativa foi que o homem havia criado um deus à sua imagem; donde em breve nasceu uma pluralidade de deuses.

Quando, a seguir, a filosofia teve sua origem, isto é: quando o homem havia colecionado um acervo suficiente de sinais e conceitos para a observação interna, para a comparação e a ligação, em suma, para as funções superiores do entendimento, impunham-se a ele, por primeiro, unicamente objetos que tinham conexão com o físico. Tudo era determinado; tudo tinha seu lineamento; e como o homem achou mais fácil lidar com tais objetos aguçadamente assinalados, ainda correspondentes até mesmo aos instrumentos mais grosseiros de seus sentidos, negligenciou seus segmentos internos para ocupar-se meramente com conceitos.

O homem (na qualidade de ser dotado de razão) tem um impulso extremamente notável, que mereceria ser mais bem esquadrinhado. Ou seja, ele, tão logo sua atividade autônoma começou a se exteriorizar, rastreia por toda parte as causas: seja porque, em todo instante em que sua força volitiva o determina a uma ação, sente a si como "causa", e por isso, em tudo aquilo que vê, procura seu "homogêneo", seu "eu", o agente; ou porque seu pendor ao belo, abundante, simples e perfeito o conduz àquela ligação de causa e efeito implicada na formação de um todo; ou ainda, enfim, porque na via ascendente em direção à causa tem esperança de encontrar um fio condutor com que possa ousar a descida à profundezas do futuro que o chama.

Esse impulso, portanto, espicaçou o homem a sondar a causa do todo cósmico; como, porém, para formar o conceito dessa causa, ainda que apenas incompletamente, é requerida não só a massa completa dos sinais para nossos conceitos físicos, mas também uma linguagem, para expor o infinito de nossos sentimentos internos; é óbvio então que o homem, ainda imaturo nesse estado para uma tal sondagem, teria tido de contentar-se com o mero conhecimento do edifício cósmico. Para chegar a esse conhecimento, ele havia formado para si o conceito universal de "matéria", que seus sentidos externos lhe forneciam com clareza. Desse conceito aos átomos a transição era natural e necessária. O pequeno, mas determinado átomo, incidido ainda nos sentidos, era o extremo de todo o visível e sensível. Todos os átomos juntos constituíam este mundo.

Algo faltava ainda ao ser humano para a completa solução de sua tarefa, e era-lhe fácil encontrar e acrescentar esse algo. Atribuiu à matéria o princípio de um movimento interno, ligado com sua natureza;

Afetado por essa sensação rude e vaga de um poder superior, o homem multiplica seus signos, enriquece e dá regra à sua imaginação, exercitando seu intelecto para transformar a sensação numa idéia clara e distinta, a fim de beneficiar-se desse poder: ele atribui uma figura e um contorno a isso que chama de Deus, de alguma maneira determinando-o e concebendo-o como um objeto ao qual sua imaginação e intelecto possam ligar-se.

O desenvolvimento de sua própria moral, possibilitado pelo aumento progressivo das relações que estabelecem entre si, faz com que os homens atribuam costumes a esse Deus; e o resultado disso é a criação de um Deus que corresponde à sua imagem, o que leva ao surgimento de uma pluralidade de deuses.

Com o nascimento da filosofia e da reflexão, que ocorre quando o homem adquire uma grande quantidade de idéias e signos para contemplar, comparar, unir e reproduzir, todos os objetos que se mostram ao seu intelecto pertencem ao mundo físico. Cada coisa é então determinada, recebendo um contorno, e é então que o homem percebe ser muito mais fácil lidar com coisas precisas e análogas aos seus órgãos mais grosseiros, o que o leva a privilegiar as idéias em detrimento das sensações internas.

Como todo ser inteligente, o homem tem uma propriedade extremamente curiosa que merece ser bem considerada: desde o primeiro momento de sua atividade ele procura causas. Isso ocorre quando ele sente ser causa de algo, quando sua veleidade é determinada e age, buscando o *si-mesmo*, o *agente* que lhe é *homogêneo* em tudo o que vê; isso ocorre ainda quando sua inclinação em direção ao belo, rico, simples e perfeito o leva à ligação entre causa e efeito, perfazendo um todo; e, finalmente, quando acredita que, dirigindo-se à causa, encontrará orientação no caminho em direção ao futuro que o aguarda.

É assim que o homem se dedica a investigar a causa de todo o universo; mas, como até mesmo a expressão imperfeita de tal causa exigiria não somente toda a massa dos signos de nossas idéias físicas, mas ainda tudo que possa servir para abarcar a infinidade de nossas sensações, é evidente que, numa condição tão imatura como a que se encontra, o homem deve contentar-se com o conhecimento da estrutura do universo. Para chegar a isso, ele forma a idéia geral de matéria, que é propiciada por sensações de seus órgãos externos; daí aos átomos, basta um passo natural e necessário. Ainda que seja muito pequeno, o átomo é determinável e palpável, constituindo o *ultimatum* de toda essência visível e tangível, e o conjunto deles compõe o universo.

com auxílio dessa "força oculta", acreditou ver como se estivesse vendo com os próprios olhos o fundamento, o desenvolvimento e a eternidade do mundo: e a pergunta sobre a gênese dele e a fonte de suas qualidades os sábios daquele tempo tinham por suficientemente respondida, quando diziam: o mundo aí está e é de tal feitio, porque aí está e é desse feitio. Isto é o simples e perfeito ateísmo. A divindade doravante se havia tornado dispensável; ridicularizavam, como seres sonhados, os deuses que haviam plasmado para si mesmos; e o respeito que estes ainda conservaram por algum tempo, eles o deviam, como os monarcas e os déspotas, meramente ao exército dos servidores que os circundavam.

Percebeu-se nesse ínterim uma certa regularidade na seqüência dos fenômenos naturais; sentiu-se, dentro de si mesmo, um princípio interno, modificador da matéria, ao qual se denominou alma: e, desse princípio até à verossimilhança de que o todo cósmico inteiro seja modificado por um princípio similar, era só um pequeno passo ainda.

Sócrates apareceu; esse espírito transcendente, que por primeiro ousou, com seriedade, perscrutar o seu interior. Descobriu ali um outro mundo, muito mais abundante do que aquele que seu sentidos externos lhe revelavam; um mundo onde o ser humano experimenta, em alguma medida, o que é "produzir"; enquanto, naquele outro, ele só percebe passivamente o que é "produzido". Na regularidade da natureza Sócrates viu "leis"; e seu sentido interno perseguiu essa pista até chegar ao supremo legislador, que criou tanto as coisas quanto suas leis, e cujo conceito não pode ser dado pelo mundo físico, mas apenas ocasionado por ele.

Verdadeiro conhecimento de Deus (até onde o ser humano nesta situação é capaz dele) e veneração racional de Deus tinham agora sua sede nos corações de homens tais que, como Sócrates, conheceram o finito do mundo físico e o infinito do outro, com o qual se sentiam, segundo a essência, em íntima ligação.

No que tange à .restante Multidão, a política, que sempre anda para a frente e nunca deixa escapar dos olhos sua meta, que modifica deuses e provérbios, virtude e vício, sapiência e tolice meramente segundo seu fim, apoderara-se de toda espécie de religião e de serviço divino; e, já que também ela por fim se viu coagida a proporcionar-se, pela ingerência de alguma filosofia da religião e de algum serviço divino, um respeito mais duradouro, disso nasceu aquela estranha mescla, que desde então tantas vezes e em quase todas as épocas veio de novo ao proscênio; aquela mescla que faz da divindade um monstro de tantas contradições internas, que anula a si mesmo e gera um segundo ateísmo, que tem seu fundamento numa descrença muito natural.

O espírito atribui então à matéria um princípio qualquer de movimento que estaria intrinsecamente contido em sua natureza, acreditando assim desvelar o princípio, o desenvolvimento e a eternidade do universo, e que os sábios assumem assim como resposta definitiva para essa questão, que o universo existe necessariamente do modo como existe. Eis aí o ateísmo simples e completo: a divindade torna-se supérflua, e os deuses, objetos fantásticos e ridículos, mantendo sua autoridade entre o povo através do favorecimento de ministros, à maneira dos monarcas e déspotas.

Apesar disso, o homem percebe uma certa regularidade na sucessão dos fenômenos, sente um princípio interno que modifica a matéria e que chama de alma; daí à probabilidade de uma modificação infinita do universo há somente um passo.

É então que surge Sócrates, esse ser pródigo que se apresenta como o primeiro a voltar-se de bom grado para si mesmo. Ao fazê-lo, encontra um mundo completamente diferente, muito mais rico do que o dos órgãos físicos, onde o homem sente o que é produzir em vez de observar passivamente o que é produzido. Na regularidade da natureza, Sócrates percebe leis e, por meio delas, seu intelecto eleva-se até o supremo legislador, autor de todas as coisas e de suas leis, legislador que o mundo físico apenas deixava entrever sem dele propiciar uma idéia distinta.

Enfim, o verdadeiro conhecimento da divindade e o único culto racional — na medida em que isso é possível para o homem na condição em que ele se encontra — residem tão-somente no interior daquele que, a exemplo de Sócrates, percebe a finitude do mundo físico e a infinitude do mundo ao qual ele sente que sua essência pertence.

Entre os demais homens, a política, que caminha sempre à dianteira, e tende para seus próprios fins, apodera-se de toda espécie de religião e culto, alterando deuses e oráculos, virtudes e vícios, a sabedoria e a loucura. Mistura a eles, por fim, uma filosofia qualquer, revestindo-os de uma autoridade mais ou menos permanente. Disso resultam as bizarras misturas que vimos desde então em todos os tempos, que muitas vezes fazem da divindade um monstro absurdo que acaba destruindo a si mesmo. Surge assim um segundo ateísmo, fundado numa incredulidade muito natural.

A situação da filosofia e da religião era tão lamentável nos últimos séculos bárbaros, e os imensos abusos que a estupidez promoveu durante tanto tempo com as admiráveis idéias de Platão e Aristóteles foram levados a um cúmulo tal, que parecia impossível ordenar esse terrível caos e fazer renascer a ordem.

Nos últimos séculos escuros da barbárie, filosofia e religião encontravam-se num estado tão lutuoso, a estupidez havia feito das excelentes idéias de Platão e Aristóteles um abuso tão fastidioso e múltiplo, e esse abuso foi por fim tão longe, que toda tentativa de deitar mão no emaranhado daí oriundo, para voltar a pô-lo em ordem, teria sido insensato.

Descartes foi um daqueles que conheceram isso em sua máxima vivacidade. Julgou que, antes de todas as coisas, aquela filosofia monstruosa, despoticamente reinante, tinha de ser derrubada; e esse audaz projeto, ele o executou com muita habilidade e prudência. Lançou mão da única regra métrica que podia ser empunhada com êxito. No lugar da velha filosofia introduziu uma nova, que no fundo não era muito melhor do que aquela antiga, mas que ele soube adaptar tão complemente ao tom de sua época, a qual se prendia meramente ao espirituoso, que sua doutrina, à medida que favorecia o vôo de uma imaginação vivaz, mas ainda sem regras, encontrou por toda parte aficionados e aprovação. Cada qual se orgulhava de poder, segundo seu próprio modo, erigir uma filosofia; e isso derrubou o monstro ao chão.

Para a veloz imaginação, mal liberta de seus vínculos, ainda não domesticada e sem rédeas, nada mais parecia obscuro e impossível agora. Já que outrora se havia plasmado o mundo a partir da matéria, conseguia-se, doravante, fazer a partir dela um deus; e disso nasceu aquele Proteu de um ateísmo ambíguo, que, acomodando-se a todo e qualquer modo de representação sob uma e mesma figura, mostra-nos, a nosso arbítrio, ora um caos, ora um deus.

Nesse ínterim grandes espíritos estiveram, em seu ócio, ocupados a reunir os preciosos germes remanescentes da geometria, que os profundos antigos haviam isolado a partir do mundo visível. Esses germes, tratados com solicitude, tiveram o mais afortunado medrar; e deles brotou um mundo intelectual que, pelo aspecto, era tão rico quanto o mundo sensível efetivo, e mesmo que o mundo ético, que Sócrates por primeiro havia descoberto.

Mesmo assim, limitava-se tudo aquilo que foi conseguido pela laboriosa diligência desses homens meramente a duas, mas por certo mui importantes vantagens. Uma era: havia-se proporcionado ao entendimento o melhor exercício possível; a outra: com a verdade havia-se estabelecido tal familiaridade, que em parte nenhuma se queria passar sem ela. No fundo, contudo, essa geometria, portadora de uma forma tão estimulante, nada era senão uma sombra sem corpo; ou, mais corretamente, um mero utensílio, comparável à lira de Orfeu, que atraía

Descartes foi um desses a quem essa verdade impressionou mais vivamente: ele julgava que, antes de mais nada, era necessário destruir essa monstruosa filosofia despótica. Um projeto árduo que, no entanto, ele executa com muita dedicação e destreza, assumindo a única posição possível; Descartes criou uma nova filosofia que, na verdade, não vale muito mais do que a anterior; mas ele tornou-a tão perfeitamente análoga ao tom de seu século, o do engenho, que encantou e cativou a todos, e deu asas a uma imaginação tão viva que se tornou desregrada; cada um sentiu-se então à vontade para fazer sua própria filosofia, e o monstro foi vencido.

Ainda mal acostumada à sua recente liberdade, essa imaginação ardente, indomada e sem freios, não vê nada de obscuro ou impossível. O mesmo esforço que possibilitou a composição de um universo apenas a partir da matéria cria agora um Deus, o que caracteriza não tanto um ateísmo, mas um teísmo incoerente[*].

Prontamente grandes espíritos se empenham em remodelar o precioso germe de geometria que os antigos sábios criaram a partir de uma abstração do mundo físico. Eles cultivam esse germe cuidadosamente, gerando um mundo intelectual aparentemente tão rico como o mundo intelectual e sensível que Sócrates descobrira.

O que foi ganho com esses penosos esforços se reduz a duas coisas, na verdade muito importantes. Por um lado, propiciou-se ao intelecto um excelente exercício e, por outro, a verdade tornou-se muito familiar e passou a ser buscada por toda a parte. Mas, na verdade, essa geometria embelezada não passa de um espectro sem corpo, ou de uma simples ferramenta: ela é comparável à lira de Orfeu, que somente atraía os animais e plantas quando acompanhada das sublimes inflexões de seu mestre.

Grandes gênios se apoderaram enfim da geometria. Kepler, Newton e Huygens ligam-na novamente à física da qual se separara, transmitindo-lhe toda a beleza que havia adquirido enquanto esta permanecera no esquecimento, dando-lhe contornos vivos, revestindo-a com a plumagem da verdade, descobrindo e provando leis da matéria de que a sucessão dos fenômenos dá testemunho.

Até aqui o homem tinha motivos para satisfazer-se com o resultado de seus esforços: chegara à compreensão do que pode ver e tocar; esclarecera as faces que o universo mostra aos sentidos; inventara uma mecâ-

---

[*] [O texto da edição de 1792 substitui a última frase deste parágrafo pela seguinte: "dando origem a um ateísmo protéico que, prestando-se a tudo, permite ver numa mesma figura um Deus ou um caos". (N.T.)]

a si animais e árvores tão somente quando seu sublime canto se fazia ouvir em acréscimo a ela.

Por fim puseram-se alguns grandes espíritos na posse da geometria, Kepler, Newton, Huygens a reconduziram de volta à doutrina da natureza, da qual ela se havia isolado. Todo seu estímulo, adquirido desde aquela separação, ela comunicou então à doutrina da natureza; deu a esta lineamentos mais aguçados; vestiu-lhe o manto da verdade e a enriqueceu com as descobertas e demonstrações das leis da matéria, cuja correção e efetividade eram confirmadas pela seqüência dos fenômenos naturais. O homem tinha causa para orgulhar-se de seus esforços feitos até agora. Havia conseguido "conceber" aquilo que via e aquilo que sentia. Havia iluminado com precisão os lados voltados para ele de todo cósmico, havia plasmado para si uma mecânica que modificava a matéria segundo seus carecimentos e havia em certo aspecto submetido a doutrina da natureza a seu domínio."Nesciente" era ele ainda, na qualidade de ser imitado; mas ao mesmo tempo "ciente", na qualidade de ser dotado de entendimento, à medida que não se afastava nenhum passo dessa divina geometria. A essa altura elevaram os Newtons nosso conhecimento da doutrina da natureza, e por toda parte a verdade dela estava no fundamento. Esses grandes homens haviam como que encontrado a pista das marcas de mão da divindade em suas obras; haviam demonstrado as leis do movimento, da força atrativa, do peso, e de tantas outras forças, ou mesmo de outras tantas diferentes modificações de tão-somente uma e mesma força, a partir de efeitos visíveis e sensíveis da mesma; mas nunca coraram de confessar sua ignorância a propósito da primeira causa de tudo isso. A conseqüência disso foi que o âmbito de seus conhecimentos efetivos, miraculosamente alcançado, associado à noção de sua ignorância, trouxe-os mais perto do grande Motor de tudo e os encheu de adoração para com ele. Newton assombrou-se com todo direito com suas descobertas, cujos limites no entanto seu grande entendimento reconhecia. Seus sucessores assombraram-se também com elas; mas, orgulhosos de terem aprendido tanto dele e, ao mesmo tempo, ciumentos de sua reputação, quiseram saber aquilo que esse grande homem nunca havia tido a pretenção de saber. Viam com seus olhos os assombrosos efeitos que, com o auxílio de sua sublime mecânica, eram capazes de produzir sobre a matéria que tinham entre as mãos; e disso extraíram a seguinte conclusão. Se a causa da atração, do peso, do movimento, do pensamento, em suma de tudo aquilo que é considerado pertencente ao assim chamado mundo metafísico, fosse "matéria", ainda que uma muito mais refinada do que nica capaz de modificar a matéria de acordo com suas necessidades: de certa maneira, ele havia submetido a física ao seu domínio.

Como ser limitado, ele ainda *ignorava*; mas, como ser instruído, ele *sabia*, sem jamais abandonar essa geometria divina.

Newton elevou ao máximo possível nossos conhecimentos em física: tudo o que diz é verdadeiro. Ele penetrou, até certo ponto, nas obras de Deus; demonstrou, por efeitos visíveis e palpáveis, as leis e a regularidade do movimento, da atração, da gravidade e de muitas outras forças e as diferentes modificações de uma mesma força, que se manifestam na natureza. Mas esse grande homem nunca se envergonhou de ignorar a causa da natureza, e as imensas contribuições de sua ciência, assim como sua efetiva ignorância, levaram-no a ver e adorar ainda mais o grande motor.

Se nessa época os homens tivessem realizado no mundo metafísico semelhantes esforços com o mesmo sucesso, teríamos visto toda a massa de luz e, ouso dizer, de bondade, a que o homem é suscetível na face da Terra. As descobertas de Newton levaram-no justamente à admiração, mas seu grande senso permitiu-lhe entrever alguns limites. Seus sucessores também admiraram e assombraram-se com seus ensinamentos mas, invejando sua glória, quiseram descobrir tudo o que esse grande homem afirmava ignorar. Perceberam os prodigiosos efeitos que a sublime mecânica de Newton permitia obter sobre a matéria, e então fizeram o seguinte raciocínio: se as causas da atração, da gravidade, do movimento, do pensamento e de tudo mais que pertence ao mundo metafísico são materiais, ainda que constituídas de uma matéria muito mais fina e delicada do que aquela que vemos com nossos olhos imperfeitos, então é possível aplicar a mecânica a essa matéria delicada de uma maneira tal que ela produza efeitos verificáveis como gravidade, atração, pensamento, etc. Ora, se nossa imaginação tem o poder de antecipar os mecanismos ou as modificações que produzem necessariamente determinados efeitos, é evidente que tudo que vemos na natureza é matéria modificada de uma certa maneira, dado que o que não é material não pode ser visto, tocado ou cheirado.

Eis nossas magníficas imaginações novamente em curso, assim como no tempo de Descartes; a diferença é que hoje dispõem de mais idéias, propiciadas pelo século mais fértil que jamais existiu em idéias de todo gênero. É possível que o próprio Descartes, que fora obrigado a criar uma filosofia bizarra para atingir seus objetivos, tivesse receio em alimentar imaginações tão robustas como essas.

Nunca os homens dispenderam tanto engenho para harmonizar um *aquela que vemos com nossos olhos imperfeitos; então teria de ser possível, também sobre essa matéria muito mais refinada, uma aplicação de nossa mecânica tal que através dela seria possível produzir os efeitos do peso, da atração, da faculdade de pensar, etc. Se então acontecesse à nossa afortunada imaginação ter êxito em adivinhar o mecanismo ou as modificações a partir dos quais se seguiriam necessariamente esses efeitos, cuja causa nós procuramos, estaria então demonstrado a olhos vistos que tudo aquilo que enxergamos na natureza não é senão matéria diferentemente modificada. E que outra coisa, além desta última, poderíamos supor, já que efetivamente nada vemos, nada sentimos nem cheiramos, que não seja matéria?*

Instantaneamente, agora, a afortunada imaginação desses senhores alçava seu vôo, exatamente como nos tempos de Descartes; apenas com a diferença de que a imaginação desde então se havia enriquecido com as idéias do século mais fértil em idéias de toda sorte que jamais houve: e Descartes, que foi forçado a erigir seu estranho edifício doutrinal meramente em vista de seus outros propósitos, dificilmente teria tido a coragem de dar impulso a uma imaginação provida de materiais tais como agora a nossa.

Jamais, talvez, tanto espírito foi despendido pelos homens para o arredondamento de um sistema e os meios de proporcionar-lhe uma difusão mais fácil, quanto foi agora despendido pelos materialistas para o delicado e artístico edifício de suas esferazinhas, de seus pseudo-fusos, filamentos, ganchinhos e anéis e para suas matérias fluindo para dentro e para fora, através de cujo auxílio eles puseram em caminho uma tão íntima associação entre física e metafísica, que doravante o todo deste universo adquiriu a mais sedutora homogeneidade, e uma simplicidade que exclui todo e qualquer princípio, fora da matéria autodeterminante, por supérfluo e dispensável.

Do irresistível estímulo desse sistema é possível formar-se um conceito, quando se vê que os teólogos que se envolvem com a filosofia, ao lado de todo zelo pela ortodoxia que possam ainda ter, incorrem na pequena leviandade de pôr em jogo o respeito da crença na divindade a que servem, meramente para ganhar alguma pretensão à lisonjeira reputação de que também eles são capazes de criar um pequeno mundo — ou pelo menos de compô-lo.

Isso é o terceiro ateísmo. Sua fonte está nas pretensões de uma razão que se tornou sobranceira.

Vedes que esse ateísmo e o primeiro e mais antigo são, no fundamento, de uma mesma espécie; na medida em que ambos têm a matéria sistema e torná-lo compreensível como os materialistas e fibrialistas, que pretendem que sua frágil estrutura de glóbulos, conóides, fibras, ganchos e matérias afluentes e efluentes que ligam física, metafísica e todo o resto, possa dar ao todo do universo uma homogeneidade encantadora, cuja simplicidade dispensa qualquer outro princípio além da matéria autônoma.

Os atrativos insuperáveis desse sistema podem ser avaliados quando vemos até mesmo teólogos-filósofos que, qualquer que seja o fervor de sua ortodoxia quanto a outros assuntos, ainda assim muitas vezes imprudentemente põem em risco a autoridade da opinião sobre a existência do Deus a quem servem apenas para conservar para si mesmos a reputação de também saber compor mordazmente um pequeno universo.

Esse é o terceiro ateísmo, que surge da vaidade do intelecto triunfante.

Podeis perceber que na verdade ele é igual ao primeiro, tendo da mesma maneira a matéria como único fundamento. Mas há uma imensa diferença entre uma matéria bruta em que não se distingue ainda com exatidão qualquer lei ou propriedade, e uma matéria manipulada durante séculos pela indústria dos homens, que a divide em pedaços aperfeiçoando seus detalhes, que cria uma geometria a partir da idéia de contorno e uma aritmética a partir da idéia de número; e que, reunindo essas idéias, obtém um objeto de contemplação.

Nascido de uma razão ainda pouco esclarecida, o primeiro ateísmo logo desaparece pela contemplação serena do mundo moral.

O segundo ateísmo é apenas uma incredulidade muitas vezes razoável, que facilmente se desfaz em indiferença, sendo remediado pela verdadeira filosofia.

Mas, para o último ateísmo, esse gigantesco filho de nosso tolo orgulho, não haverá remédio antes que o homem se familiarize com algumas verdades incontestáveis: *matéria* é apenas uma palavra que designa as essências reais, na medida em que elas têm relação com nossos órgãos atuais; elas não podem ter atributos que não correspondam aos nossos órgãos; e, se for permitido à natureza do homem adquirir durante sua existência outros órgãos, ou então se outros órgãos nele se desenvolverem, a matéria (se quisermos conservar essa palavra como signo das essências conhecidas) aumentará proporcionalmente seus atributos[*]; e, finalmente, se quisermos falar com algum fundamento sobre a verdadeira riqueza do universo — que não é composto apenas de essências com relações diretas conosco e com nossos órgãos, mas muito provavel-

---

[*] [A edição de 1792 omite a sequência do texto deste parágrafo. (N.T.)]

como única base fundamental. Só que a diferença é muito grande entre a matéria bruta, rudimentar, da qual não se conhece ainda com exatidão nenhuma lei, nenhuma propriedade, e que à imaginação nada oferece a não ser massa morta; e a matéria na qual ao longo de tantos séculos se exercitou a diligência dos homens; matéria que foi por eles dissecada, para que suas partes fossem ainda mais bem elaboradas; à qual, para formar uma doutrina das grandezas, se arrebatou o conceito de lineamento e, para instituir uma aritmética, o conceito de número, e que agora, depois que isso tudo foi novamente co-ajustado, se apresenta como um objeto completamente formado, à intuição interna.

O primeiro ateísmo, que deve sua existência a uma razão ainda demasiado limitada em sua compreensão, perdeu-se por si, tão logo se começou a considerar também o mundo ético com seriedade. O segundo — uma mera "descrença", freqüentemente inferida de silogismos corretos, que degenera em indiferença — encontra no seio da verdadeira mundi sapiência sua convalescença.

O terceiro, porém, esse fruto gigantesco de nosso tolo orgulho, não será derrubado até que o ser humano se tenha familiarizado com as seguintes verdades inegáveis, a saber: que a matéria é apenas uma palavra, pela qual designamos as efetivas entidades, na medida em que entre essas entidades e nossos órgãos de agora existe relação; que da matéria não podemos perceber mais propriedades do que temos órgãos; e que, se na seqüência de nossa existência nós alcançarmos, seja mais ou outros órgãos, então também a matéria (se se quiser conservar essa palavra como sinal para as entidades que nos são conhecidas em todo e qualquer estado) nos descobrirá, proporcionalmente, seja mais, ou outras propriedades.

Ides rir, querida Diotima, de que eu tenha me deixado levar a tratar em tão poucas páginas um objeto que, para ser inteiramente explicado, exigiria algumas centenas. Temo que nosso amigo Jacobi também julgará assim a respeito; isso, porém, só percebi depois.

Vivei bem e bendizei o Deus único e total.

7 de setembro de 1787.

mente de ainda muitas outras —, seria necessário considerar todas as relações possíveis entre as essências reais, conhecidas e desconhecidas.

Cara Diotima: zombarás de mim por pretender esgotar em poucas páginas um assunto que exigiria algumas centenas para ser considerado adequadamente; receio que nosso amigo Jacobi me julgue da mesma maneira, algo que só percebi depois.

Adeus, caríssima amiga Diotima. Que o Deus único abençoe a nós e a tudo que nos é caro.

Dióeles [*]

Haia, sexta-feira, 7 de setembro de 1787

---

[*]) [Apesar de a data indicar que a *Carta* foi escrita em 1787, de fato sua redação é de 1789; o escrito somente viria a público em 1792, na edição Jansen das obras de Hemsterhuis, com algumas alterações realizadas por Jacobi. "Dióeles" é o próprio Hemsterhuis, enquanto "Diotima" é a Princesa de Galitzin, esposa do embaixador russo na Holanda, amiga e interlocutora de Hemsterhuis. Esta tradução pôde beneficiar-se da revisão da profa. Maria Lucia Cacciola, a quem agradecemos. (N.T.)]

OBSERVAÇÕES SOBRE O ESCRITO DO SR. HEMSTERHUIS INTITULADO *CARTA SOBRE O HOMEM E SUAS RELAÇÕES*, PUBLICADO EM HAIA NO ANO DE 1772*

Denis Diderot

Meu senhor,

Envio-vos vossa obra com minhas observações, que podereis aproveitar da maneira que melhor vos convenha. Creio que seja prudente que as copieis em outro exemplar e queimeis este. Qualquer que seja vossa escolha, exijo de vossa probidade e honra que não as comuniqueis a quem quer que seja, sem exceção. Peço-vos mil perdões por minha má caligrafia. Se aqui e ali houver palavras ou frases indecifráveis, deixai-as em branco, pois vos ajudarei a preencher essas lacunas. Na última página encontrareis meu juízo a respeito de vossa obra, e gostaria de vos lembrar aqui do prazer que sua leitura me proporcionou. Peço-vos que me considereis sempre como um de vossos amigos, e que conteis com a disposição que tal título reforça e promete. Saúdo-vos com um abraço,

Denis Diderot. 1774.

P. 43: "*A liberdade de imprensa nunca foi tão grande como em nossos dias (...) e é incontestável que o número de progressos que lhe*

---

*) [Suprimimos aqui os comentários de Diderot concernentes ao uso inadequado do francês por parte de Hemsterhuis, assim como algumas observações que repetem outras anteriormente realizadas. A paginação indicada nos comentários de Diderot refere-se à presente edição do texto de Hemsterhuis. (N.T.)]

devemos nas ciências e nas artes dificilmente iguale os danos reais que ela traz para a moral".

Confesso-vos que ignoro quais danos a liberdade de imprensa causou à moral. Não somos hoje mais perversos do que há trinta anos. As vicissitudes por que passam os costumes nacionais têm outras causas que não questões metafísicas.

P. 44: "*A prodigiosa quantidade de escritos em que se prega abertamente o ateísmo (...) é um mal ainda maior que nos afeta num século em que o tom filosófico reina por toda parte (...)*"
Jamais algum autor, materialista ou não, propôs tornar ridículas as noções de vício e virtude, e atacar a realidade dos costumes. Rejeitando a existência de Deus, os materialistas fundam as idéias de justo e injusto sobre as relações eternas de um homem para com outro. Ver o *Sistema da natureza*.

Poucos dentre os espíritos medíocres lêem tais obras, e quando o fazem, não as entendem. Se existem homens que pretendem legitimar sua libertinagem a partir de alguns princípios da filosofia moderna que não compreendem adequadamente, estejais certo de que, mesmo sem tal pretexto, continuaram sendo igualmente frívolos e depravados.

Quando suas obras ou discursos valem-se pomposamente do jargão da filosofia, não possuem graça nem gosto.

Diz-se que a libertinagem é uma conseqüência necessária do materialismo, o que não me parece conforme à razão e à experiência.

P. 45: "*Quando recebe a idéia de um objeto, esse ser sente-se como passivo (...)*"
Eis aí algo que Berkeley jamais vos concederia. Sou menos obscuro do que ele, ainda que não saiba como responder consistentemente ao sofisma que formulou contra a existência das coisas fora de nós: Berkeley humilha o espírito humano, sem no entanto persuadi-lo ou convencê-lo*.

---

*) ["Que os pensamentos, paixões e idéias que formamos pela imaginação não existem sem a mente, é algo que todos concedem. E parece não menos evidente que as várias sensações e idéias imprimidas nos sentidos, ainda que misturadas ou combinadas (qualquer que seja o objeto que componham), não podem existir senão na mente que as percebe. — Acredito que qualquer um que atente para o significado do termo *existir*, quando aplicado a coisas sensíveis, poderá chegar a um conhecimento intuiti-

P. 45: *"Na ausência dos objetos, as idéias primitivas esvaem-se totalmente"*
    No momento em que vos escrevo não tenho nenhuma árvore diante de mim e, no entanto, tenho a imagem de uma árvore. E quantas coisas contestáveis não há no que se segue! Os signos não são necessários para comparar dois objetos de que recebemos impressões: para isso, bastam a memória e a imaginação. Recebemos atualmente a sensação de objetos coexistentes, e dispomos da memória e da imaginação. Dispomos de signos inventados, que não servem para comparar esses objetos, dificuldade que nasce do desconhecimento de um meio para pensar em duas coisas ao mesmo tempo.
    É igualmente difícil voltar a atenção para duas coisas e compreendê-las, sejam elas objetos, idéias ou signos. A passagem da atenção de um objeto para outro e o retorno da atenção deste último para o primeiro é tão rápida que as confundimos numa atenção contínua a dois objetos ao mesmo tempo. Há um grande número de experiências reiteradas que podem, se não desenganar, ao menos colocar em questão um tal fenômeno.

P. 45: *"Definirei provisoriamente os signos como objetos distintos que correspondem às idéias"*
    Isso não é sempre verdadeiro ou necessário. Quando meditamos, os signos estão inteiramente ausentes de nosso pensamento.

P. 45: *"...considero os signos unicamente como instrumentos para evocar as idéias..."*
    Os signos devem sua instituição menos à essa necessidade do que ao fato de que cada indivíduo tem que se fazer entender por um outro.

---

vo disso. Digo que a mesa sobre a qual escrevo existe, ou seja, vejo-a e sinto-a; e, se não estivesse estudando, deveria dizer que ela existe — com isso querendo dizer que, se estivesse estudando, poderia percebê-la, ou ainda que algum outro espírito a percebe. Há um odor, ou seja, ele é inalado; há um som, ou seja, ele é ouvido; uma cor ou figura, que é percebida pela visão ou pelo tato: isso é tudo o que posso entender por expressões tais e afins, e parece-me inteiramente ininteligível tudo o que se diz a respeito da existência absoluta de coisas não-pensantes sem qualqer relação com a percepção que se tem delas: seu *essi* é seu *percepi*, e tampouco é possível que tenham qualquer existência fora da mente ou das coisas pensantes que as percebem". Berkeley, *Tratado sobre os princípios do conhecimento humano* (1710), # 3. (N.T.)]

P. 45-46: *"Os primeiros signos naturais são os efeitos do objeto sobre o órgão (...)"*
 Não consigo entender. O efeito do objeto sobre o órgão é o próprio objeto, e não o signo do objeto, da sensação ou da idéia. Apesar disso, rigorosamente falando, poderíamos concordar com essa afirmação, ainda que na centésima vez que percebo o objeto ele não seja mais signo do que na primeira. Ele é causa... Tudo o quanto resulta da sensação de um objeto já percebido anteriormente é que esse objeto não é novo para mim. Trata-se de uma questão de lembrança e memória. Se prestardes atenção verais que essa proposição é excessivamente restritiva. Há uma ligação necessária entre os objetos. Essa necessidade é causa de uma outra ligação, tão necessária como essa, entre as sensações, as idéias ou imagens e os signos. Essa ligação é a base necessária da seqüência de nossos raciocínios, sem a qual a operação de nosso entendimento chamada *discurso (discursus)* é inexplicável. O discurso resulta desse princípio e de um outro princípio de experiência relativo à natureza mesma da sensação.

P. 46: *"Devem-se excetuar os casos em que a veleidade de um tal ser tem o poder de reter, por algum tempo, o objeto e a idéia"*
 Não sei o que entendeis por *veleidade*. Isso parece supor em mim um ato sem causa, o que não posso admitir. Como a seguir empregais essa palavra que não é usual ou clara em si mesma, seria muito importante defini-la, e acredito que sentistes dificuldade para fazê-lo.
 Esse poder [da veleidade] pode ser considerado, em vosso sistema, como um poder físico? Uma veleidade que tem um poder físico não é algo que se possa compreender. O efeito certamente é físico, mas o poder?

P. 46: *"É dessa espécie de signos que a maioria dos animais parece valer-se"*
 Ou não entendo bem, ou o que entendo me parece falso. Se os animais não pudessem pensar ou fazer projetos a não ser a partir de idéias de objetos presentes, a maioria deles pereceria. Se o que se pretende afirmar é que a presença dos objetos determina os animais a realizar uma longa seqüência de ações, e não a idéia de um objeto ausente, isso contraria a experiência. De

qualquer outra maneira que se entenda essa afirmação, o caso da besta e do homem será o mesmo. É bem sabido por meio da experiência:
1. Que, quando o animal revê um objeto, sua presença excita duas coisas: a sensação do objeto, e a lembrança de já ter experimentado essa sensação. Sem isso ele seria absolutamente indócil.
2. Que, na ausência do objeto, ele pode evocar, e evoca, o objeto. Dão testemunho disso os sonhos do cão de caça e as necessidades que inevitavelmente o conduzem aos objetos análogos às suas necessidades. Se ele não evocasse os objetos análogos às suas necessidades, elas o atormentariam sem instruí-lo ou dirigi-lo.

De resto, observai que generalizastes a proposição de Cícero, que aparentemente não era um caçador, pois então saberia que a besta evoca o passado e pressente o futuro. As bestas não são tão bestas como pensamos. É possível também que nos considerem piores do que as consideramos.

P. 46: "*Assim, para que um ser que tem a faculdade de receber idéias pense, raciocine ou projete, é necessário que tenha signos que não sejam objetos...*"
Ainda uma vez chamo-vos à razão. Refletistes antes de escrever. Quando escrevestes, sem dúvida procurastes signos. Mas nenhum desses signos estava presente quando meditastes. Já conheci surdos e mudos de nascença que tinham muito espírito.

Refleti bem e vereis que nada depende de nossa veleidade, e que ela também precisa de uma impulsão para mover-se em direção a um objeto determinado, assim como um corpo precisa de um choque para mover-se. Uma vez que recebe essa impulsão, ela segue sem o concurso da vontade, com a mesma necessidade com que um corpo sobre um plano inclinado desce.

P. 46: "*O ser que tem a faculdade de sentir e adquirir idéias (...) tem sensações verdadeiras dos objetos que se encontram (...) fora dele, e da modificação que se apresenta a seus órgãos*"
Tenho muita dificuldade para conceber a possibilidade da presença simultânea de dois objetos num mesmo ato da intuição, e pela mesma razão não concebo essa possibilidade no que se refere a três ou mais objetos. Quando se fala num ato da

intuição, a intuição fixa-se num só objeto. Ora, quando se fala em dois objetos, o que se exige são dois atos de intuição, mas esses atos não podem coexistir. Fazei a experiência, e reconhecereis estes dois atos: cada um deles é como o olho que apenas vê o ponto em que se fixa. Afirmei que os signos facilitam muito o discurso *(discursus)*, mas eles não são sua causa ou seu meio. Se refletirdes profundamente remontareis a um fenômeno ou princípio muito anterior, que pode ser encontrado no encadeamento natural das qualidades de um ser, no encadeamento dos seres, numa necessidade habitual que é natural a esse encadeamento, que faz suceder ou, o que é mais exato, gera uma certa sequência de relações e produz uma certa ordem de sons. Pensai nos efeitos que os outros seres tem sobre nós, sem esqueçer dos efeitos de nossos signos sobre os outros, que estão fora de nós. É com prazer que vos revelo os mistérios de minha filosofia, pois percebo que já vos encontra iniciado neles.

P. 46: *"É essa faculdade intuitiva que chamamos de razão; sua aplicação às idéias, nós chamamos de raciocínio"*
Com o galope da caçada chegastes à questão mais espinhosa de toda metafísica. Fundais vossa explicação da razão sobre a necessidade dos signos. É verdade que atribuis à palavra *signo* uma acepção bastante compreensível.

P. 47: *"Por exemplo: seja a. D: : D. x..."*
Declaro-vos que não há sequer um homem sobre a face da Terra capaz de ter tais relações coexistentes. Declaro-vos que aquele que chegou até à última dessas relações com inteira consciência de sua evidência não as tem em coexistência. Gostaria que tomásseis conhecimento de meu lema: *discursus est series identificationum* [o raciocínio é uma seqüência de identificações]. Quanto mais extensa a série, mais complicado é o circuito de identificações; quanto mais breve, mais perfeita é sua inteligibilidade. Especificastes apenas um meio para realizar essa operação, que não é o mais primitivo ou o único, ainda que me pareça o mais fecundo. Quanto à maneira de instituir a série e chegar prontamente à sua conclusão, essa é uma questão de organização, memória, imaginação, hábito e experiência. E é assim que a opinião e a ocasião fazem o gênio.

P. 49: "*O que muitas vezes se apresenta sob a denominação de filosofia é, propriamente falando, apenas o excremento que resta após a efervescência da imaginação*"
    Isso não é muito claro. Para sentir a verdade dessa metáfora, que me agrada muito, seria preciso ter uma idéia clara do que é a imaginação. Quando a imaginação pinta com fidelidade, o quadro não pode ser falso: nisso consiste a imaginação filosófica. Quando ela toma à natureza partes esparsas de muitos seres para então formar um ser ideal, trata-se da imaginação poética. A filosofia busca a verdade, o poeta, o maravilhoso. Se a imagem é ao mesmo tempo fiel e surpreendente, o autor é então poeta e filósofo.

P. 50: "*Nos sonhos, muitas vezes descobrimos verdades geométricas que em vão procuramos durante a vigília*"
    Não creio que qualquer descoberta geométrica tenha sido feita durante os sonhos, ou que algum dia isso ocorrerá. O sonho apenas reproduz imagens da vigília, imagens sucessivas e sem ligação, o que o torna semelhante à loucura: um homem que sonha o tempo inteiro é um louco.
    Não creio que seja verdade [que nos sonhos o homem se encontra em sua característica], pois o sonho quase sempre se deve a um embaraço do estômago, a alguma excreção retida, a uma posição incômoda, a uma impressão recebida durante o dia, a um mal-estar ou mesmo a uma doença. E que diferença não há entre o homem doente e o homem sadio! (...)
    Não creio que recebamos idéias nos sonhos. O sonho não oferece mais do que idéias ou diferentes combinações de idéias e imagens recebidas durante a vigília.

P. 51: "*Parece-me ainda que o instinto é o juízo ou o resultado necessário da ação da faculdade intuitiva sobre um punhado de idéias simples, claras e coexistentes*"
    Eu não defino instinto dessa maneira. Entendo por instinto uma qualidade decorrente da organização do animal que o dirige para um tipo de função particular. Quanto mais apropriado ele é a um animal, menos apropriado será aos outros. No homem, ele é o próprio gênio: uma fibra predominante.

P. 52: "*3. Através de um ato de sua veleidade, o corpo do homem passa do repouso ao movimento, ou deste a um movimento acelerado*"
   De sua veleidade: não compreendo. Quer dizer que o animal e a besta não têm qualquer veleidade? Não sei o que é essa *veleidade*. Antes de falar do movimento, é necessário investigar sua natureza; antes de investigar a causa que nos engendrou, é necessário saber o que somos. Dizeis que o homem e o animal sentem, mas o que é a *sensibilidade*? É uma propriedade geral da matéria? É uma propriedade resultante de uma certa combinação? Seria ela um efeito análogo à sua causa, ou seria um efeito essencialmente diferente de sua causa? O que são a madeira, o ferro, a terra? O que é uma cadeira? A matéria é essencialmente homogênea, ou é essencialmente heterogênea? Se há diferença essencial entre a natureza de uma causa e a natureza de um efeito, eles não são então incompatíveis? E não é então impossível que o efeito seja o produto da causa que lhe atribuímos? O que é a possibilidade? O que é a imposibilidade?

P. 52: "*1. É contraditório que uma coisa qualquer destrua uma propriedade essencial a si mesma, visto que essa propriedade pertence à sua essência*"
   E essa alma que admitis, é ela dotada de atividade e de pensamento? Se o pensamento faz parte de sua essência, como pode ela deixar de pensar, como é possível que anule uma propriedade que lhe é essencial? Se a atividade e o pensamento não constituem o critério de diferenciação entre a alma e a matéria, o que pode constituí-lo? Certamente nenhuma das propriedades que a alma tem em comum com a matéria. Suponhais que me falte um atributo positivo. As negações definem bem o que uma coisa não é, mas não o que ela é.

P. 52: "*2. Permanecer movendo-se numa mesma direção é uma propriedade essencial de um corpo em movimento*"
   Há duas forças na natureza: uma *força morta* e uma *força viva*. Pela força morta o corpo tende a mover-se, pela força viva ele se acomoda. A quantidade de movimento num corpo é variável, assim como a massa. Muitas vezes se confunde duas coisas muito diferentes, o movimento e a translação, assim como a quantidade de movimento com a natureza do movimento, que são duas coisas ainda mais diferentes. (...) O movimento não é

uma ação, é uma qualidade, uma propriedade, etc.: a ação é o seu efeito.

P. 52: "*5. Portanto, o primeiro motor desse corpo é a alma, que é diferente dele*"
Toda essa seqüência de proposições não tem qualquer significado se não se assinala a diferença entre a alma e o corpo: quando isso for feito, poderemos então chegar a uma conclusão.
Jamais vi a sensibilidade, a alma, o pensamento ou o raciocínio produzirem a matéria. Mas já testemunhei centenas, milhares de vezes, a matéria inerte passar à sensibilidade ativa, à alma, ao pensamento e ao raciocínio sem outro agente ou intermediário que não fosse também material. Limito-me a isso, e afirmo apenas o que posso ver: não recorro a uma causa ininteligível, contraditória em seus efeitos e atributos, que obscureceria a questão antes de esclarecê-la, suscitando inúmeras e terríveis dificuldades à custa de uma que ela não resolve. Se nos permitíssemos suposições semelhantes na física, essa ciência seria contaminada por palavras vazias de significado. (...) Creio que toda matéria sente, ou tende a sentir.

P. 53: "*Uma reflexão sobre o que constitui o eterno não parece fora de propósito, e deve-se tê-la em mente sempre que nos referirmos à matéria*"
Talvez seja necessário fazer ainda uma distinção quanto à palavra *eterno*. Entendeis por *eterno* o que sempre foi e sempre será? Entendeis por *eterno* o que não pode ser destruído ou que não será destruído? O que não pode ser destruído não pode ter sido criado.
Não entendo bem a diferença entre existir eternamente e existir por si mesmo. A menos que pretendais que entre a matéria e o criador exista apenas diferença de prioridade entre origem e conceito. Assim, Deus teria produzido a matéria tal como no sistema do cristianismo ele produziu o verbo.
Não creio que [o que existe por si mesmo, e cuja essência é a existência, existe necessariamente e de modo determinado]. Acredito que a forma atual em que a matéria existe é necessária e determinada, assim como todas as diferentes formas sucessivas que ela terá por toda a eternidade. Essa vicissitude, esse desenvolvimento que se encontra num fluxo perpé-

tuo, é uma necessidade advinda da essência e da heterogeneidade da matéria. Tampouco vejo nessa suposição qualquer contradição.

P. 55: "*Nas faces do universo que conhecemos há apenas uma única organização à qual a alma pode ligar-se agindo sobre ela*"
A coisa mais significativa que se poderia dizer contra a essência espiritual da alma é que, nessa condição, ela não teria uma relação mais forte com uma forma corpórea do que com outra qualquer. Mas dizei-me, por favor, por que jamais aconteceu que uma alma se separasse do corpo antes da morte; o que é isso que a mantém presa? Vejo aí uma combinação entre seres essencialmente diferentes entre si que é mais forte do que a que poderia ser formada entre dois corpos similares pela natureza ou pela arte. Se alguma vez descobrirmos o segredo que permite unir essas almas que volteiam confusamente aos corpos que desejarmos, isso será muito útil para os relojoeiros e muitos outros artistas.

P. 57: "*Suponhamos que a matéria tenha uma infinidade de propriedades essenciais que desconhecemos*"
Sabeis mesmo isso? E como podeis sabê-lo? Dizeis que ela vos parece. Mas é sobre a realidade que concluis, não sobre a aparência. E percebeis o que acabais fazendo? Por introduzir propriedades contraditórias numa mesma substância, tornais a alma inextensa, indivisível, não-figurada... Falais de um ser sobre o qual não tendes a menor idéia. Falais de um ser que é e não é no espaço. Explicais um fenômeno por meio de uma quimera. Isso é filosofia? Como podeis afirmar que nem toda matéria é sensível? Há dois tipos de sensibilidade, assim como há dois tipos de força: uma sensibilidade inerte, uma sensibilidade ativa. Uma sensibilidade ativa que pode passar ao estado de inércia. Uma sensibilidade inerte que pode passar, e por meio de minha vontade passa, a uma sensibilidade ativa. Uma vez que admitimos tal fenômeno, que se passa diante de meus olhos, surgem algumas dificuldades para a memória e a imaginação. E quando eu não puder explicar como uma sensibilidade inerte passa ao estado de uma sensibilidade ativa, o que se seguirá disso? Estaria assim autorizado a imaginar um agente inteligível, uma palavra vazia de sentido? Não é suficiente que essa

passagem exista? Não posso explicar a comunicação do movimento, mas o fato permanece.

P. 57: "*É verdade que, a exemplo do homem, a alma do animal também parece ser eterna*"
Percebo com satisfação que atribuis uma alma ao animal, e que não ousais atribuir indissolubilidade a essa alma, e isso porque não sabeis o que se passa dentro dele. Mas sabeis o que se passa dentro de mim? A conformidade de organização é o que basta para que vos pronuncieis acerca da conformidade das almas? Não pode haver então um homem que, por sua imbecilidade, difere tanto de outro no mesmo grau que uma besta? Então o idiota não tem alma, ou tem somente uma alma dissolúvel? Qual a operação intelectual que realizais de que o animal não é capaz? O que existem são graus. Mas ou a besta não tem alma ou, se ela tem, essa alma é espiritual e, segundo o que dizeis, indissolúvel. Se a alma da besta é material, como é possível que a matéria possa fazer coisas? Não exijo senão uma concessão: concedei apenas que a besta sente; do resto eu me encarrego.

P. 57: "*No que diz respeito à mola, há muito a dizer; por enquanto, basta notar que a mola é um corpo posto em movimento por algo que lhe é exterior*"
E quanto à alma, então? Quando atribuis a ela uma atividade que lhe é própria, por vezes tal atividade não tem efeito. O que então a retira de sua inércia momentânea? Mas, segundo vossa maneira de raciocinar, se essa atividade cessa, se podemos concebê-la sem essa atividade, se essa abstração de maneira nenhuma pode destruí-la, tal qualidade não lhe é mais essencial. Assim, segundo vossa lógica, ou a alma é sempre ativa, o que é contrário à experiência ou, se não for asssim, ela não é essencialmente ativa! Que caos de dificuldades!

P. 57: "*4. Se a veleidade ou espontaneidade do homem não foi ainda demonstrada, é porque o que chamamos de veleidade bem poderia ser um acidente derivado do primeiro movimento imprimido na natureza pelas mãos do Criador, ou então do movimento próprio à natureza*"
No homem há apenas uma operação: o sentir. Tal operação,

que nunca é livre, resulta no pensamento, no raciocínio, na deliberação, no desejo e na aversão.

P. 58: *"Pretender que se demonstre a veleidade do homem é o mesmo que pretender que se demonstre sua existência"*
Não se trata de demonstrar que o homem quer, mas sim de definir o que é o querer. Tenho agora sessenta anos. Qualquer que seja a multitude de causas que concorreram para fazer de mim o que sou, eu sou uma causa una. No momento em que falo, produzo apenas um efeito. Esse efeito é o resultado necessário do que eu sou, desde o momento mais longínquo até o momento presente. A veleidade não é outra coisa do que minha aquiescência necessária para fazer o que necessariamente faço no instante presente. O mesmo se passa no que diz respeito ao instante precedente, e assim para todos os outros instantes, retrocedendo para além do limite da imaginação. Meditai sobre esse raciocínio: se não perceberdes que ele é tão demonstrativo como aquele de Euclides sobre a igualdade entre os três ângulos do triângulo e duas retas, não sei de mais nada.

Suponhai cem mil mulheres perfeitamente idênticas; suponhai que uma delas irá deitar-se esta noite com seu amante: todas elas farão o mesmo. Pois não há qualquer razão para que elas não o façam e, ao contrário, há a razão da primeira para que todas o façam. A aquiescência para a produção de um efeito que se produz necessariamente não é outra coisa que a consciência do que se é no momento da ação. Assim, *eu quero* é sinônimo de *eu sou assim (je suis tel)*. (...) E de onde nasce a consciência? Da sensibilidade e da memória. É a memória que liga as sensações e que constitui o *si mesmo (soi)*. O *si mesmo* de um outro, ou o *ele* de um jovem, de uma criança, pode ser mais bem entendido por um pai do que por seu filho.

P. 58: *"Ora, se a vontade fosse uma modificação causada por impulsões de partes quaisquer da matéria (...), ou a vontade torna-se negativa, ou é anulada ou sua intensidade permanece a mesma (...)"*
O vício de todos esses raciocínios reside em confundir uma matéria ativamente sensível com uma matéria bruta, inerte, desorganizada, inanimada, a madeira com a cadeira. Mas no que a madeira difere da cadeira? Como o legume não digerido, não

assimilado à cadeira, difere da cadeira. (...) Eu como. Eu digiro. Eu animo. Na assimilação de um corpo bruto faço-o passar do estado de sensibilidade inerte para o estado de sensibilidade ativa. Atenho-me a esses fatos. E não é a intervenção de uma palavra vazia de sentido que me colocará em desvantagem.

P. 59: *"Parece-me que aqueles que negam a liberdade da vontade cometem erros grosseiros"*
Quanto ao que concerne à liberdade, trata-se de uma questão na verdade independente da distinção de duas substâncias. Retomo o raciocínio que fiz mais acima. Um animal que age sem motivo concebe apenas uma ação sem causa. E todo motivo, seja ele interior ou exterior, é independente de nós. O homem livre é um ser abstrato, um instrumento isolado. Restitui-o ao mundo e essa pretensa liberdade se esvanece.

Não será difícil demonstrar que o Sr. Hemsterhuis passou três quartos de sua vida sem o querer:

Ele sai de casa com a cabeça ocupada por questões de ótica e metafísica. Mas não saiu de casa por querer fazê-lo, mas por um capricho. Durante o caminho, ele evita os obstáculos irrefletidamente. Ele então lembra-se de alguma coisa que esqueceu de fazer em casa, e retorna. Realiza a tarefa, ainda pensando naquelas questões. Assim, evidentemente o Sr. Hemsterhuis é um autômato que é impelido, desviado e manejado por causas que dele dispõem tão imperiosamente como o choque dispõe de um corpo por ele atingido. Por fim, seu devaneio filosófico cessa: ele não sabe mais nada do que disse ou do que fez. (...)

"Toda causa é um efeito" parece-me um axioma sem o qual a natureza agiria a todo instante *per saltum*, o que não é absolutamente verdade. Dizei-me: se uma alma tivesse alguma idéia, o que ela faria? Nada, ao que me parece. São então suas idéias, suas sensações pré-concebidas que a movem. Ela pode conceber suas idéias e sensações da maneira como quiser? Absolutamente. A todo momento as idéias involuntariamente concebidas fazem com que o homem esqueça de seus interesses mais imediatos. Parece-me evidentemente demonstrado, pela razão e pela experiência, que na verdade sou passivo antes de ser ativo, efeito antes de causa.

P. 62: "*Resta ainda provar que um certo número de partes homogêneas e uniformes compõem (...) um todo mais indestrutível do que um certo número de partes heterogêneas (...)*"
Isso tudo é muito contestável, pelas seguintes razões. A atração não é a única, e provavelmente nem mesmo a principal, força que age na natureza. Há ainda a combinação, o princípio de afinidade dos químicos, que é inteiramente diferente da atração. Não consigo entender no que a coincidência de centros de gravitação, que pode muito bem ser encontrada num todo heterogêneo formado por combinações, pode contribuir para a indestrutibilidade. A regularidade também nasce da combinação, como demonstra uma grande quantidade de cristalizações. Não consigo conceber o que poderia haver de comum entre a regularidade da atração e os primeiros rudimentos de animais, plantas, etc. Creio que os animais, plantas, etc., são muito recentes em relação à origem do mundo e, desde seu surgimento, se transformaram com o passar do tempo. Sua monstruosidade primitiva pode ser constatada por fatos. Falo em monstruosidade relativamente ao que eles são hoje em dia, pois não se pode falar em monstro com relação ao todo. Não há nada no todo do universo que seja composto de partes homogêneas. (...)

A ordem geral varia sem cessar. Tudo se encontra *in fluxo et aeterno et perpetuo et necessario* [em fluxo eterno, perpétuo e necessário]. O que nos fascina atualmente, o que admiramos, pois convivemos suportavelmente com isso, deixará de existir. E quando o todo reduzir-se a uma massa? Ignoro. É verossímil supor que isso jamais venha a ocorrer. E se o todo fosse reduzido a uma massa, ela seria inerte? Não creio, pois o estado da massa é como o 1 em relação ao infinito. Há somente um caso em que a massa poderia ser inerte: quando todas as partes, homogêneas e heterogêneas, fossem dissolvidas umas nas outras, constituindo um todo uniforme, um único ser. (...)

P. 64: "*Quando o homem contempla as modificações recíprocas de diversas coisas particulares (...), ele percebe que, para formá-las, é necessário uma geometria prodigiosamente transcendente e profunda (...)*"
Não sei o que é o primeiro indivíduo. Por primeira semente não entendo coisa alguma, e menos ainda uma primeira semen-

te que contém todas as peças de um olho. A geração não ocorre assim. E também não sei o que era um animal há centenas de milhares de anos, assim como não sei o que ele se tornará em centenas de milhares de anos.

Se aquilo que chamais de essência divina se combina com a essência material, Deus e a matéria perfazem um todo do qual eu sou parte. Se a heterogeneidade não comporta qualquer combinação, se as essências são incompatíveis, não há criador nem informador.

P. 67: *"Mas esse órgão, o coração que propicia sensações da face moral do universo, difere dos demais (...) por propiciar a sensação de uma face de que faz parte nossa alma, o nosso* eu"

Não se trata de um órgão particular. Ele não é mais do que a razão, ou a faculdade intuitiva aplicada a um novo objeto. É verdade que tal aplicação exercita o diafragma, os músculos, os nervos, a máquina inteira. (...) O coração é o órgão mais bestial, mais insensível: ele apenas sofre fisicamente. As impressões morais passam da cabeça ao diafragma e aos nervos. (...) Esse abuso da palavra coração em vossa obra exige uma reformulação dessas passagens. Uma tarefa simples, que em nada afeta os princípios.

O *eu* é o resultado da memória que liga um indivíduo à seqüência de suas sensações. Se eu sou um indivíduo, sou *eu*. Se se trata de um outro indivíduo, é *ele*. O *ele* e o *eu* nascem do mesmo princípio. O *ele* e o *eu* se desenvolvem e se anulam pelo mesmo meio.

Sem a memória, que liga a uma longa seqüência de ações o mesmo indivíduo, a cada ação momentânea o ser passaria do devaneio ao sono: dificilmente ele teria tempo para se dar conta de sua existência. Ele experimentaria apenas a dor ou o prazer de uma sensação um pouco forte e a surpresa de outras, a cada abalo que exercesse sua sensibilidade, como que saindo do *nada*.

O *eu* busca ser feliz. Essa tendência constante é a fonte eterna e permanente de todos os seus deveres, mesmo dos mais ínfimos. Toda lei contrária é um crime de lesa-humanidade, um ato de tirania.

P. 68: "*Aqueles que estão acostumados a gesticular quando meditam (..) podem levar essa observação ainda mais além (...).*"
Cada paixão tem seu fim, que é atingido pelo uso dos órgãos. É esse uso que estabelece a ligação entre idéias ou imagens e os movimentos do corpo. Acrescentai a isso uma simpatia orgânica. A modificação desse órgão gera necessariamente o movimento, e esse movimento gera o de um outro.

P. 69: "*8. Na primeira representação de uma bela tragédia, quantas pessoas não se comovem, mesmo sem entender nenhuma palavra do que diz o ator!*"
Suas lágrimas são amenizadas pelas lágrimas dos outros.

Acrescentai a isso que nas emoções populares e outras circunstâncias em que o pânico do terror ocorre, a sensação é reforçada pelo espetáculo da multidão. As feições, olhares e gestos de cada homem contribuem para aumentar o terror dos outros, e é muito comum que os mais aterrorizados sejam os menos instruídos. Eles interrogam, e lhes respondemos, acalmando seu transporte.

Podereis fazer do fato que se segue o que bem entendedes: um homem de letras apostou que faria um auditório inteiro chorar por meio de sons e gestos inarticulados, e isso de fato ocorreu.

De *minha* parte, atiraria tomates em todos que me dirigissem estas quatro palavras: *A morte consumirá a todos nós*. São palavras muito comuns, e podeis julgar por vós mesmos a variedade de declamações a que são suscetíveis, com que gestos e acentos são acompanhadas. Esse é o princípio fundamental da poesia lírica. Poucas palavras são permitidas ao músico, mas elas são suscetíveis a um grande número de declamações, o que aproxima ainda mais a música da língua primitiva, que não pode ter sido prolixa: os selvagens percorrem duzentas léguas sem falar. Eles perseguem e ocupam-se com apenas um fim.

P. 72: "*A idéia de maior ou de infinito (...) não é apenas a idéia de algo possível ou imaginário, mas sim necessário*"
A idéia de um todo, finito ou infinito, longe de acarretar necessidade, não acarreta nem mesmo a existência. Para dizer-vos a verdade, toda esta página e a página seguinte constituem o mais belo *amphigouri* platônico que já li.

P. 72: "*Do órgão moral resultam três espécies diferentes de sensação: motivação ou desejo, dever e virtude*"
    Não sei o que é esse órgão moral. Gostaria de saber sua localização no corpo humano. Não é no coração; não é no pulmão; não é no estômago; não é no diafragma; não é nos nervos; etc. O dever e a virtude são sinônimos. Ou, se há qualquer diferença entre eles, é que a virtude é o dever realizado. Deve-se ainda investigar a noção de dever em relação àquela da bondade individual entendida adequadamente. Um perverso é um homem que visa o seu bem, e que faz o contrário do que visa. Ele não vê além de seu nariz; ele calcula mal; a todo momento dá passos em falso. (...)
    Nós não temos qualquer idéia geral da *virtude*, mas apenas uma palavra que reúne em sua acepção um grande número de ações que têm uma qualidade comum, a beneficiência.

P. 74: "*Nessas sensações somos efetivamente passivos (...)*"
    Nós somos igualmente passivos no desejo e no dever. No desejo, porque há um objeto que se me apresenta de maneira tão involuntária como um objeto físico se apresenta aos meus sentidos, e cuja presença ou recordação me afeta também involuntariamente. E assim também com o dever, ou o bem que me é próprio, e que considero a partir de um certo ponto de vista que convida ou repele à ação. Ou a idéia do meu bem e de tudo que dele se segue vem no momento em que me dedico aos meios, ou não vem; ou produz um efeito, ou não produz nenhum.

P. 74: "*Quando vemos um homem virtuoso perseguido e consternado por uma má fortuna implorar por nosso socorro, e então aliviamos seu sofrimento, derramamos lágrimas de piedade e alívio*"
    Isso ocorre porque choramos por nós mesmos. É para nós mesmos que damos esmola. Tudo isso é somente o fenômeno de vermos nossa segurança suspensa por uma corda, e que nos enche de horror. Isso acontece porque a imaginação nos suspende na mesma corda.
    Há dois momentos muito próximos: no primeiro recebemos a impressão da cena patética, e então somos inteiramente passivos; no outro, nos colocamos no lugar da pessoa infeliz, e então somos ativos.

Somos ainda ativos de uma série de maneiras diferentes: quando os signos de nossa sensibilidade encorajam os outros a serem bons, e então trata-se de uma maneira muito refinada de nos elogiarmos e ao mesmo tempo exortar os outros. Aparecemos para os outros sob um aspecto muito favorável, e esses signos mostram-lhes um homem honesto em que podem confiar. Mas é de nosso interesse que os outros sejam bons e nos considerem enquanto tal.

P. 76: "*A maior sabedoria a que o homem pode pretender consiste em tornar todas as suas ações análogas às impulsões do órgão moral (...)*"
Isso não é verdade, nem no estado de natureza, nem na sociedade. Nesta última, isso seria horrível.
Se fosse assim, no estado de natureza um homem pouco sensível poderia divertir-se atormentando um animal ou um outro homem. Na sociedade, um magistrado abriria as portas das prisões, soltando os lacerados nas ruas. Nenhum malfeitor cumpriria sua sentença se, no caminho do presídio de Pelletier à la Grève, o povo pudesse libertá-lo. Eu mesmo teria cometido muitas ações más, e mesmo perversidades, se meu juízo não tivesse moderado minha sensibilidade. Uma opinião como a vossa põe o animal no lugar do homem. Se pensarmos bem, isso promove a ruína do órgão moral. Mas, se existe um órgão moral, então tendes razão.
É necessário considerar o homem como um instrumento bem afinado, pois cordas muito agudas ou graves destruiriam a melodia e a harmonia: a melodia, que deve resultar de sucessivas ações do homem, e a harmonia, que deve resultar do concerto que se compõe com a união entre as suas ações e as daqueles que coexistem com ele.

P. 76: "*Suponhamos que na sociedade primitiva todos os indivíduos fossem perfeitamente iguais (...), e que o órgão moral fosse absolutamente perfeito (...)*"
Numa tal sociedade não haveria mais *eu*, mas apenas um ser, pois o indivíduo não tardaria a identificar-se com todos os outros. Com relação a ele, os demais indivíduos seriam como membros emancipados de seu corpo: ele acreditaria existir neles. Ele exterminaria sem remorso todos aqueles que lhe fizes-

sem mais mal do que bem, tornando isso até mesmo um dever. Um assassinato não seria mais do que a amputação de um membro que incomodava os outros membros. A personalidade aniquilaria a espécie humana.

P. 77: *"Mas, quando abusa da singular faculdade atrativa da alma, o homem forma para si uma idéia de posse e crescimento de seu ser que suscita a falsa e ridícula idéia de propriedade"*
    A operação da alma tem uma relação que é apenas muito geral com a idéia de propriedade. Não haveria necessidade de propriedade se a natureza obedecesse docilmente aos nossos desejos, necessidades e fantasias. A idéia de propriedade nasce da idéia de trabalho. É por meio do trabalho que nos apropriamos da coisa que é seu objeto ou resultado. Assim são nossas as terras que cultivamos, os filhos que educamos, os serviçais que instruímos e os discípulos que nos devem seus talentos. É isso que distingue o tipo de propriedade que adquirimos sobre uma faixa de terra e sobre um homem. A escravidão dá ao proprietário mil vezes mais do que ele obteve: por isso ela foi proscrita.

P. 78: *"Já era tarde quando a legislação se deu conta de que o órgão moral atrofia à medida que a atividade dos homens é circunscrita, determinada e administrada pela lei"*
    Não é essa a história natural das opiniões religiosas, como somos tentados a imaginar a partir do que afirmais. Apenas descreveis a história do emprego ou do abuso que os legisladores fizeram dela.
    E se os legisladores se propuseram, por esse meio, a despertar a sensibilidade restringida pela autoridade da lei, foram muito estúpidos, pois tal meio, que reduz o presente a nada e dirige nossas vistas e interesse para o que está por vir, desdenhando o momento em que nos encontramos para valorizar aquele em que não mais existiremos, é mais apropriado para sufocar a sensibilidade. Como mostra a experiência, os devotos são duros, implacáveis, sem misericórdia, maus esposos, maus cidadãos, maus pais, maus irmãos, etc.: esses deveres encontram-se subordinados a outros.
    Um dos efeitos mais malignos dos deveres religiosos foi a degradação dos deveres naturais, a elevação de deveres quiméricos acima dos deveres reais. Perguntai a um padre se é pior

urinar num cálice ou caluniar uma mulher honesta: "Urinar num cálice! Que sacrilégio!", ele vos dirá. E assim não há castigo público contra a calúnia; contra o sacrilégio, o fogo! E eis aí o que inverte a verdadeira distinção entre os crimes numa sociedade.

P. 80: *"A revelação pressupõe que o homem não é tudo que poderia ser (...)"*
É preciso que vos estime muito para ler tudo isso que escreveis a respeito da revelação.

A revelação significa que Deus ignorou a natureza do homem? Significa que ele ignora que, se abandonado à nossa frivolidade, à nossa inconstância, às nossas interpretações e comentários, circulando entre os homens, seu discurso se transformará num discurso humano irreconhecível?

Se Deus se encontrasse suspenso na atmosfera e de lá anunciasse suas vontades num tom de voz imponente; se desse uma volta ao redor do Globo e retornasse após vinte e quatro horas encontraria os homens discutindo sobre suas palavras, sobre o sentido que se lhes deve atribuir, ofendendo e até mesmo matando uns aos outros. Se Deus pode falar diretamente ao meu coração e à minha razão, não percebeis o absurdo que seria comunicar-me sua vontade pela boca de um mentiroso?

Mas, à medida que avanço na leitura, vejo que zombais de tudo isso (...) Muito bem, muito bem: as oito ou dez páginas que se seguem põem abaixo esse castelo de cartas; agora vejo como fui tolo, e que jamais foi de vossa intenção brincar de burro-em-pé (*capuciner*).

P. 81: *"Entre os antigos, os poetas assumiram uma religião politeísta que eles mesmos criaram"*
Não creio que seja assim. O germe do politeísmo encontra-se na natureza do homem.

P. 83. *"Se retirarmos da religião cristã tudo que parece postiço ou falso (...) torna-se evidente que sua instituição é muito semelhante a uma revelação"*
Mas que diabos pensais, afinal? No Evangelho, livro ao qual, no que concerne a essa questão, devemos nos referir ou então ignorar inteiramente, existem duas morais: uma moral geral

comum a todos os povos, e uma moral que é a verdadeira moral cristã. Ora, esta última é a moral mais anti-social que jamais conheci: relei o Sermão da montanha. Relei o Evangelho inteiro, retomando assim os preceitos próprios ao cristianismo, e então dizei-me se há algo mais apto a afrouxar as ligações entre os homens, seja qual for sua natureza.

Pascal, que compreendeu melhor do que ninguém essa moral, resistiu durante toda sua vida ao amor de sua irmã, dissimulando o seu próprio amor, para que esse sentimento humano não prejudicasse o amor que dedicava a Deus.

P. 83: *"Deveremos ainda examinar as extravagantes adorações de astros, animais, e plantas (...)"*

É o refinamento que buscais, mas envolveis coisas claras e simples na obscuridade. Todo fetichismo e politeísmo podem ser explicados pela ignorância, pela desgraça e pelo medo do homem. Ignorante, atribuiu vontade àquilo que não tem nenhuma. Desgraçado, suplicou e ofereceu sacrifícios, dobrando-se ao seu fetiche como se dobrava ao seu semelhante. Medroso, porque sem isso não ofereceria súplicas ou sacrifícios, ele espalha perfumes no ar, faz libações na terra, joga farinha ao mar; sacrifica cereais, ervas, ovelhas, bois, vacas, touros, cavalos, escravos e cidadãos, adorando assim todos os deuses.

P. 86-87. *"Ainda hoje se considera que não há nada no mundo mais respeitável do que os teólogos e filósofos (...)"*

Conheço apenas um filósofo, execrado por todos os outros, que cometeu essa impudência[*].

Conheço bem as pessoas de que falais, e posso assegurar-vos de que expressam francamente seus sentimentos, sem qualquer intenção de proselitismo; que são tão sinceros em suas opiniões como sois em vossas; que eles respeitam tanto os costumes como os mais honestos crentes; que é tão fácil ser ateu e homem de bem como crente e perverso; que eles estão longe de acreditar que sua opinião conduz à imoralidade; que não concordam convosco apenas quanto ao fundamento que dão à virtude, que assentam tão somente nas relações que os homens têm entre si;

---

[*] [Diderot refere-se a La Mettrie, autor de *História natural da alma* (1745) e *Homem-máquina* (1750). (N.T.)]

que alguns deles são virtuosos porque foram naturalmente conduzidos à virtude por meio de um caráter sólido e uma boa educação, enquanto outros foram a ela conduzidos pela experiência, que lhes ensinou que, para seu próprio bem, mais vale neste mundo ser homem de bem do que perverso; que se o seu sistema levasse à depravação não seriam por isso mais depravados, pois não há nada mais comum do que ser inconseqüente: seriam assim ateus e bons, como há os que crêem em Deus e são perversos. Numa palavra, asseguro-vos de que a maior parte dentre eles tem tudo a perder e nada a ganhar admitindo um Deus recompensador e vingativo.

Acreditais mesmo que eles precisam da filosofia para saber que, quando temos dois motivos para abraçar uma opinião, não sabemos qual deles nos determina? E que eles são tão inimigos do aniquilamento para preferir o inferno à destruição total?

Mas senhor, vós que meditastes sobre essa matéria, encontrais mesmo tão pouca força em suas objeções, e tanta clareza em vossas, a ponto de parecer-vos tão absurdo que não se tome vosso partido? Ele implica admitir um espírito, sem saber o que ele é; e, quando se chega a defini-lo, assemelha-se a uma colcha de atributos contraditórios. Implica ainda digerir uma criação, ou um efeito essencialmente diferente de sua causa; e implica ainda aceitar o bem e o mal moral e físico, além de uma inifinidade de outras bizarrices que não mencionarei.

Imaginai agora, senhor, que não se devesse jamais injuriar. Se tivésseis a ocasião de conversar com qualquer um dentre eles, e de conhecê-los intimamente, perceberíeis que são muito esclarecidos e dotados de probidade. Demócrito e Epicuro não eram corrompidos ou tolos.

É verdade que o *Sistema da natureza* não é uma obra tão bem feita como poderia ser, mas desafio-vos a encontrar ali uma linha que pregue os maus costumes, e a duvidar de que essa obra foi feita por um homem honesto. Será fácil, ao contrário, encontrar nela uma centena de páginas de encorajamento à virtude.

Seria fácil provar-vos pela história do passado, pela natureza do homem e de Deus que essa noção promoveu até aqui, e continuará a fazê-lo, mais bem do que mal. Se tal noção é verdadeira, então deve-se à verdade seu caráter funesto.

P. 91: "*Vimos que, em cada periélio, há uma ciência privilegiada (...) que se aperfeiçoa até o mais elevado grau*"
Excelente. Platão é uma prova maravilhosa disso. A música e a harmonia desempenham papel fundamental em alguns de seus diálogos em que as noções são de uma obscuridade impenetrável.

P. 92: "*É provável que a alma passe a eternidade contemplando a sucessão das inúmeras faces do universo*"
Mas afirmastes mais acima que, sem a união com os órgãos, a alma não tem e não pode ter imagens, idéias ou sensações! Por que intermédio essas faces do universo agirão sobre ela? Nó nos tornaremos *malebranchistas** no outro mundo? Receio que o malebranchismo não seja tão disparatado em outro mundo como é neste!
Poderíeis acrescentar que, sem essa união, ela não poderia relacionar-se a nada, pois a memória é questão dos órgãos. Tomai o homem e os animais e analisai-os: retirai todas as suas modificações, uma após a outra, e eles serão reduzidos a moléculas que têm comprimento, largura, profundidade, e sensibilidade. Retiradas essas três dimensões, não resta mais *substratum* para a sensibilidade: ela desaparece. E, se vos perguntar "o que é esse substratum?", não saberíeis responder.

P. 93: "*Consideramos que todo o existente e todo o possível constituem, conjuntamente, o universo*"
Parece que aqui fazeis do existente e do possível na natureza duas coisas diferentes, o que não posso entender. Explico-me: tudo o que é, é tudo o que pode ser. Assim, posso bem conceber um ser com atributos sociáveis: ele é possível em meu conceito,

---

*) ["Por meio da *razão* eu estabeleço, ou posso estabelecer, uma sociedade qualquer com Deus e com tudo que seja dotado de inteligência, pois todos os espíritos têm comigo um bem comum, ou mesmo uma lei, que é a *razão*. Essa sociedade espiritual consiste *numa participação na mesma substância inteligível do Verbo, de que todos os espíritos podem nutrir-se*. Ao contemplar essa substância divina, posso ver uma parte do que Deus *pensa*, pois Deus vê todas as *verdades*, e posso ver algumas delas. Eu posso também descobrir algo do que Deus *vê*, pois ele vê sempre segundo a *ordem*, que não me é inteiramente desconhecida. Certamente, Deus ama as coisas à proporção em que elas são amáveis, e posso descobrir que há algumas coisas mais perfeitas, estimáveis e amáveis do que outras". Malebranche, *Tratado de moral* (1707), livro 1, # 3-4. (N.T.)]

em minha cabeça; mas se ele não existe na natureza, ele não é possível na natureza. Assim, concebo a possibilidade de um diamante grande como o sol: trata-se de um conceito. Mas se esse diamante não existe atualmente, ele é possível em minha cabeça, mas impossível na natureza.

Deus pode ver, como o homem, um diamante possível. Mais ainda, Deus pode saber se esse diamante existe am alguma parte do universo. Deus pode ver até que ponto, se tal diamante existisse, ele modificaria a ordem do universo. Mas ele não confunde o diamante possível que não existe com o diamante possível que existe.

Ou Deus criou tudo o que ele poderia criar, ou ele poderia ainda criar qualquer outra coisa. Se ele criou tudo o que poderia criar, não existe possível no universo para além do que existe, nem mesmo um absolutamente possível. Se ele não criou tudo o que poderia criar, há possíveis não existentes. Ora, Deus deve distinguir entre possíveis existentes e possíveis não existentes.

Qualquer que seja o partido que tomeis, o parágrafo que escrevestes é ininteligível ou então falso, pois se Deus confundisse esses dois tipos de possíveis ele não poderia distinguir entre o que fez e o que não fez.

P. 93: *"Deus criou seres ativos e livres cuja veleidade parece ser infinita, mas essa atividade livre depende das relações que tem com as coisas exteriores"*

Já vos disse o que penso a respeito da existência de Deus, de sua liberdade, se é que ele existe, e da liberdade do homem. (...) A liberdade é uma quimera, e a introdução de Deus na natureza significa acrescentar um agente supérfluo, pois mesmo com tal agente a necessidade continua a subsistir.

P. 94: *"Não teríamos qualquer idéia de vício ou crime se não se iludisse com uma idéia de suposta grandeza ligada ao aperfeiçoamento físico de seu ser"*

Penso que o estabelecimento da sociedade e todas as suas conseqüências amenizaram bem os vícios e os crimes, mas também amenizaram perfeições e virtudes. Creio que tudo é composto, e que não se encontra no poder de um ser, e tampouco de uma espécie, expandir ou retrair sua bondade. Qualquer coisa que faça resultará, na mesma medida, em ganho e perda.

P. 95: *"Mas não seriam essas inteligências mais puras se dedicando ao amor, à amizade e à relação com o Ser Supremo?"* Se acredito nisso? Certamente. Não tenho a menor dúvida de que isso é demonstrável. Seria necessário que o entendimento fosse muito bem exercitado para ter a menor idéia que fosse desses refinamentos. Malgrado os progressos do entendimento humano, quantos homens estúpidos e grosseiros não compreendem nada quanto ao que se denomina procedimentos delicados? É verdade que os selvagens não se elevaram (para falar em vossa linguagem). São eles mais refinados na amizade, no amor?

Aparentemente, exigis uma língua perfeita, pois esse refinamento não pode ser atingido sem uma língua muito sutil e fina, plena de nuances das quais ainda não temos idéias. Ora, a perfeição dessa língua é um dos mecanismos mais difíceis que se poderia conceber: nenhuma de nossas outras artes se aproxima dela.

Gostaríeis que vos dissesse uma verdade que vos deleitará, ainda que seja diametralmente oposta a vossas idéias? É que o *senso moral* se encontra aperfeiçoado entre nós a tal ponto que ultrapassa em muito os limites do indivíduo comum[*]. Os seres em que o senso moral se encontra aperfeiçoado têm uma língua que a multidão não compreende; fazem distinções de que o populacho zomba; têm escrúpulos que a maioria das pessoas não entende. Os homens carnais chamam isso, no amor, de imaturidade; na amizade, de jansenismo; nos negócios públicos, de tolice; na virtude e na probidade, de pedantismo.

---

[*]) [Laurent Versini acrescenta em nota: "Hutcheson fazia do órgão moral um sexto sentido. Ver *Investigação sobre a origem do belo e da virtude* (1725), traduzida para o francês em 1749. Diderot conhecia bem essa obra, como atesta o *Tratado sobre o belo*". A informação não é, no entanto, inteiramente acurada. Diderot diz "não entender" o que é o ógão moral de que fala Hemsterhuis (nota à p. 196), mas fala num "senso moral", seguindo fielmente a terminologia de Hutcheson; tampouco o filósofo e irlandês refere, na *Investigação*, ao "moral sense" como um "sexto sentido": "O autor denomina sentidos as disposições ao aprazimento com quaisquer formas ou idéias que observamos, distinguindo-os das forças que comumente são assim designadas, chamando de *senso interno* o nosso poder de perceber a *beleza* da regularidade, da *ordem* e da *harmonia*. À disposição ao aprazimento na contemplação das *afecções*, *ações* ou *características* dos agentes racionais que denominamos virtuosos, ele chama de *senso moral*, (...) *uma disposição da mente para receber qualquer idéia da presença de um objeto que nos ocorra independentemente da vontade*". *Uma investigação sobre a origem de nossas idéias do belo e da virtude*, p.vi; 109. (N.T.)]

P. 95: "*É possível que, da mesma maneira, o veículo da sensação das essências morais tenha mais energia após o crepúsculo desta vida*" Gostaria muito de saber que tipo de veículo é esse. O veículo de uma alma com outra alma após a separação do corpo? Ou de um aglomerado de matéria, como o universo, à alma? Não é coisa fácil de imaginar. Pois não se trata de emanações, qualidades sensíveis, imagens, conceitos ou signos: o que é, então? Permanecestes um excelente discípulo de Sócrates!

A leitura de vossa obra proporcionou-me grande prazer. Ela contém idéias muito belas, novas e refinadas. Foi assim que a ela me referi ao príncipe da Galistina. Se tivésseis vivido dois ou três anos em nossa capital poderíeis ter adquirido uma linguagem corrente, mais apropriada às vossas idéias, tornando a leitura de vossa obra infinitamente mais agradável e fácil. Mas, em contrapartida, isso poderia comprometer-vos de maneira singular. Penso mesmo que, se fôsseis mais lido e compreendido neste país, isso vos custaria uma perseguição violenta. Dessa maneira, trocaríeis o repouso pelo reconhecimento e, como Newton após a disputa com Leibniz, poderíeis dizer: "Aprendi que, ao buscar reconhecimento, perdi a tranqüilidade, *rem prorsus substantialem* [coisa que é essencial]"[*].

Mas, no momento em que surtir efeito, podereis dar à obra toda a franqueza e claridade possíveis sem qualquer conseqüência prejudicial. Sois ainda um dos exemplos, entre muitos outros, em que a intolerância constrangiu a veracidade, apresentando a filosofia em trajes de arlequim, de maneira que a posteridade, iludida pelas contradições cujas causas ignora, não saberá pronunciar-se sobre os verdadeiros sentimentos que a motivam[**].

---

[*] [Newton e Leibniz mantiveram uma breve correspondência no período imediatamente anterior à divulgação, por parte deste, da formulação do cálculo integral e diferencial. Ocorre que o próprio Newton também andara, por essa época, remoendo a mesma questão, chegando a uma formulação própria do cálculo. Suspeitando que o filósofo alemão se aproveitara indevidamente de algumas indicações contidas na amigável troca epistolar anteriormente ocorrida, Newton acusa Leibniz de plágio. A amarga troca de ofensas que se segue dá motivo à lisonjeira tirada de Diderot. (N.T.)]

[**] [Elogio que agradou a Hemsterhuis: "Lembrai-vos que Diderot diz, num escrito que me enviou a respeito da *Carta sobre o homem e suas relações*, que a maioria dos filósofos foi constrangida por temor à Sorbonne, e que dei à verdade trajes de Arlequim para exprimi-la; que Bouffon se safou pelo desembaraço com que se desmente; que Voltaire se emaranhou em infindáveis incoerências; e que, quanto ao próprio Diderot, se esquivou com a mais fina ironia de que foi capaz". Carta à Princesa de Gallitzin, apud May, p. 8. (N.T.)]

Os Eumolpidas fizeram com que Aristóteles alternadamente rejeitasse e admitisse as causas finais; aqui, Buffon apresenta todos os princípios dos materialistas, ali, sustenta proposições que lhes são inteiramente contrárias. E o que dizer de Voltaire, que afirma com Locke que a matéria pode pensar, com Toland que o mundo é eterno, com Tindal que a liberdade é uma quimera, e que aceita por fim um Deus vingativo e recompensador*? Era incoerente ou receava a reação dos doutores da Sorbonne? Quanto a mim, safei-me pelo tom irônico mais delicado que pude encontrar, pelas generalidades, o laconismo e a obscuridade. Conheço apenas um autor moderno que falou claramente e sem rodeios, mas ele é bem desconhecido**.

---

*) [John Toland (*A cristandade despida de mistério*, 1702) e Mattthew Tindal (*A cristandade, tão antiga quanto a criação*, 1730), autores britânicos do assim chamado "círculo deísta" inglês, formado por membros e simpatizantes do partido *Whig* no início do século XVIII. (N.T.)]

**) [Barão d'Holbach, autor do *Sistema da natureza* (1770). (N.T.)]

CÓPIA DE UMA CARTA AO SR. HEMSTERHUIS, DE HAIA

*Anexo a uma carta enviada ao Sr. Moses Mendelssohn
em 15 de setembro de 1784*[1]

Friedrich H. Jacobi

Passaram-se já dois meses desde que vos prometi uma resposta ao artigo sobre Espinosa que me enviastes numa carta escrita em vinte de abril. Posso agora enfim satisfazer-me.

Meu senhor: afirmais ser incapaz de pensar nesse ilustre homem sem lamentar que não tivesse vivido trinta anos mais tarde, pois então teria visto com seus próprios olhos os progressos da física que mostram que a aplicação direta da geometria não deve ser feita senão àquela ciência; e, assim, teria percebido que confundira o método de formulação dos geômetras com o espírito geométrico, cuja aplicação à metafísica o levaria então a produzir coisas mais dignas de seu belo gênio.

É provável que eu mesmo seja destituído de espírito geométrico, pois de bom grado assumo a defesa do espírito geométrico do próprio Espinosa. Mas se esse espírito fosse-lhe mesmo tão estranho, a ponto de tê-lo levado a confundi-lo com o método de formulação dos geômetras, podemos então muito bem ficar sem ele, pois Espinosa era dotado do senso mais reto, do juízo mais delicado, e de uma justeza, força e profundidade de raciocínio dificilmente superáveis. Essas vantagens não

---

1) Na primeira edição deste texto, inseri o original em francês, pois foi assim que chegou às mãos de Mendelssohn. A tradução alemã foi realizada por ocasião da publicação desta obra. Conservo então o original, pois uma tradução alemã de um texto originalmente redigido em francês não pode ser transformada num texto alemão original sem que se violente seu valor documental, que deve ser preservado. [Jacobi refere-se à obra *Sobre a doutrina de Espinosa, em cartas ao senhor Moses Mendelssohn* (1786). A tradução aqui apresentada é inteiramente baseada no texto em francês. (N.T.)]

impediram que por vezes se equivocasse, como certamente aconteceu no que diz respeito à aplicação do método dos geômetras à metafísica. Mas esse método não produziu seu sistema, cujo antigo fundamento remonta às tradições que inspiraram Pitágoras, Platão e outros filósofos. O que distingue a filosofia de Espinosa de todas as outras, o que constitui sua alma, é este famoso axioma: *Gigni de nihilo nihil, in nihilum nihil potest reverti*[*], que é sustentado e buscado com máximo rigor. Se Espinosa negou todo começo de qualquer ação e considerou o sistema das causas finais como o maior delírio do espírito humano, foi apenas em conseqüência desse princípio, e não de uma geometria aplicada diretamente ao que não pertence à física.

Nas páginas seguintes mostro como me represento o encadeamento das idéias de Espinosa. Suporemos que ele mesmo nos dirige a palavra, após a leitura de vosso *Aristeu ou sobre a divindade*, circunstância que fingiremos ignorar.

Espinosa. O ser não é um atributo, e não deriva de qualquer faculdade. Ele é o que sustenta todos os atributos, qualidades e faculdades, é o que designamos pelo termo substância, que nada pressupõe e é o pressuposto de tudo.

Todas as diferentes energias derivadas do ser dizem respeito à substância *imediatamente*. Assim passa-se com o contínuo absoluto e real da extensão, e também do pensamento.

O pensamento, que não é senão um *atributo*, uma *qualidade* da substância, não pode em nenhum sentido ser a causa da substância. Ele depende daquilo que faz com que exista, é a expressão e ação da substância, e é impossível que seja o responsável por sua ação.

As idéias (ou seja, o pensamento enquanto determinado de um certo modo) são caracterizadas por seu conteúdo. Mas esse conteúdo, ou o que corresponde a ele, não produz o pensamento.

O conteúdo da idéia, ou o que corresponde a ela, é o que chamamos de objeto da idéia.

Em cada idéia há, então:

1) Algo absoluto e originário, que constitui o pensamento independentemente de seu objeto.

2) Algo derivado, ou fenomênico, que manifesta uma relação da qual é o resultado.

E a lei dessa relação é tal que é inteiramente impossível que o

---

[*] ["Do nada, nada nasce, e nada pode em nada se tornar". (N.T.)]

pensamento (considerado unicamente em sua essência) produza por si mesmo a idéia ou a representação de um objeto, ou que a partir do pensamento possa nascer de um objeto, de uma ação imediata ou de uma modificação qualquer.

A vontade é posterior ao pensamento, pois pressupõe o sentimento de si mesma, e é posterior à idéia, pois exige o sentimento de uma relação. Não é então diretamente que a vontade se liga à substância, e nem mesmo ao pensamento: ela não é senão um efeito derivado de relações, e jamais poderá ser um princípio de ação, causa pura.

* * *

Interrompamos o ataque de Espinosa, e vejamos se é possível desatar seus elos e destruir suas obras, encurralando-o em suas prórprias armadilhas.

Alívio geral. É em vão que devaneiais, pobre Espinosa! — Sejamos breves: tomemos outra rota, começando pelos fatos.

"Concordais que toda e qualquer ação deve ter um fim?"

Espinosa. Não concordo. Ao contrário, parece-me evidente que toda atividade originária não pode ter como objeto senão a si mesma, e, conseqüentemente, que ela não precisa de um fim, visto que o que chamamos de fim é tão-somente o resultado dos efeitos de certas relações.

"Mas há uma razão para que tudo o que é, ou parece ser essência, modo, ou o que quiserdes, seja e pareça ser da maneira tal como é, e não de outra?"

Espinosa. Sim, certamente.

"Um fim tem então um porquê, uma razão. Ora, esse porquê não reside no próprio fim, pois senão ele seria o que é antes de sê-lo"

Espinosa. Concordo.

"Portanto, ele reside no agente e, assim, ele tem um fundamento. Ora, não podeis remontar de uma causa a outra até o infinito, pois há um momento determinado em que o agente dirige. Assim, encontrareis a razão primeira na atividade do agente, que é a veleidade, ou então numa modificação sua. Mas isso tem o seu porquê, e de razão em razão chegareis à atividade determinada, ou à vontade de um agente qualquer; portanto, um fim tem como causa primeira a vontade. Mas não podemos conceber uma atividade determinada, uma vontade que dirige, sem um intelecto que prevê, sem que o ser tenha consciência de si mesmo. A causa primeira de todos os efeitos é então a ação de uma vontade inteligente, infinitamente grande e poderosa. Eu digo infinitamente pois, ao remontar de uma causa a outra, somos obrigados a admiti-la"[2]

Espinosa. Demonstrei-vos que a vontade é apenas um ser secundário, derivado e de relação, assim como o fim que ela determina. Da mesma maneira como o fundamento do fim de um movimento não pode residir no próprio fim, pois então ele seria antes de ser o que é, o porquê do fim de uma vontade não pode residir nesse fim, pois então ele seria o que é antes de sê-lo. Vossa veleidade, determinada pela vontade, é exatamente um efeito que produz a causa. Concordais comigo, pois observais que a vontade é posterior não somente ao pensamento, mas mesmo à idéia. Ora, considerado em sua essência, o pensamento é tão-somente o sentimento do *ser*. A *idéia* é o sentimento do ser como determinado, individual, e em relação com outros indivíduos. A *vontade* é tão-somente o sentimento do ser determinado em sua atividade como indivíduo...

"Esperai, caro Espinosa, pois novamente perdestes-vos em meio a idéias vazias. O que não percebeis é que não distinguis entre dois seres de natureza absolutamente diferente, e mesmo oposta: a atividade e a inércia[3]. No universo, considerado fisicamente, não há mais movimento do que repouso. Uma parte que se move comunica movimento a uma parte em repouso, recebendo repouso em retorno. Ação e reação são iguais, quaisquer que sejam seus princípios. Assim, a soma de toda ação existente no universo é igual à soma de toda reação. Uma anula a outra, o que nos conduz ao mais perfeito repouso, e à verdadeira inércia[4]. A inércia é a força que faz com que uma coisa seja o que é, e é apenas por meio dessa força, e proporcionalmente a ela, que uma coisa pode ter reação. Reação e inércia são então uma e a mesma coisa. O que proporciona ver a inércia nos faz ver ao mesmo tempo um movimento que a ultrapassa ou que ela destrói, ou seja, uma força de natureza absolutamente diferente, que denominamos atividade[5]. O universo encontra-se assim dividido em duas partes. Uma delas é completamente inerte e passiva, oferecendo-nos a mais perfeita simbolização da inação e do repouso; a outra, viva e vivificadora, serve-se de partes mortas da natureza para ligá-las e trazê-las à vida, para que passem a agir segundo

---

2) *Aristeu ou sobre a divindade* (1778), p. 115. [Jacobi cita quase literalmente passagens dos textos de Hemsterhuis indicadas nas notas em rodapé. A paginação citada por Jacobi refere-se à primeira edição. As referências aqui apresentadas, no entanto, referem-se à presente edição. (N.T.)]
3) *Aristeu*, p. 114.
4) *Aristeu*, p. 121.
5) *Aristeu*, pp. 114-115, 121-122.

o próprio princípio de sua inatividade[6]. Essa atividade, essa energia e princípio de força constituem num ser a faculdade de poder agir sobre coisas que se encontram diante de si. Ela age em todas as direções possíveis, e nisso constitui sua liberdade, uma força vaga que perfaz a veleidade, ou a faculdade do querer[7].

Espinosa. Permiti-vos dizer tudo que desejáveis. Eis o que vos respondo. Na verdade não concebo qualquer coisa que seja a partir de uma única força distinta da força que faz com que uma coisa seja o que é. Não concebo uma faculdade que possa agir sobre o que está diante de um ser dotado desse poder de agir; uma energia que tenha todas as direções possíveis; uma "uma força vaga que se espalha em todas as direções, assim como um condimento espalha seu odor"; a meu ver, isso é substituir noções por imagens e não dizer nada de inteligível. O que é uma passividade, ou um ser que somente tem a força de ser passivo? O que é uma atividade que é comunicada a ela e se torna uma causa da ação absolutamente estranha, e mesmo contraditória, à essência do ser passivo que a ela reage com sua inatividade? É possível então que uma força se separe de seu princípio, que abandone uma parte de si mesma, que essa parte exista separadamente ou, o que é mais forte ainda, se torne a qualidade de um outro ser absolutamente heterogêneo? "Mas vemos que isso acontece", diríeis. Respondo-vos que da mesma maneira vemos o sol mover-se em torno da terra. Deixemos de lado os fenômenos, para procurar saber o que é[8]. A verdade não deve vir de fora, ela está em nós. Mas poucas são as mentes feitas para uma abstração absoluta[9], para uma atenção que se dirige unicamente ao *ser*. Não fatiguemos mais nossa atenção. Deixemos de lado vosso universo dividido em duas partes, considerando apenas a explicação que dele apresentais. Eis vosso argumento em duas palavras: o princípio ativo dirige, e assim esse princípio é inteligente, e sua energia reside na vontade. Pergunto-vos então: esse princípio é inteligente porque deseja ser inteligente, ou ele o é independentemente de sua vontade? Deveríeis responder que ele é independente da vontade. Mas o pensamento indeterminado é vazio, e todo pensamento não-representativo é indeterminado. Ora, pergunto-vos então se o que constitui o pensamento de vosso criador, que é único e nada tem fora si, ou cujo exterior é o puro nada, é de sua própria

---

6) *Aristeu*, p. 115.
7) *Aristeu*, p. 123.
8) *Aristeu*, p. 109.
9) *Carta sobre o homem e suas relações*, p. 55.

criação; pergunto-vos o que possibilita que o pensamento desse criador represente objetos, ou seja, seres finitos, determinados, e sucessivos. Ele criou e determinou essas idéias antes que elas existissem através de sua faculdade ou de seu poder de ter idéias? E a *vontade*, ou a veleidade desse ser, que não é o princípio ou o resultado de sua inteligência, e que é não menos inteligente, que vem de não sei onde, e que vai para não sei onde — o que é essa vontade, como é ela, e o que ela visa? Enfim, para reunir tudo numa mesma questão, vosso criador deve seu ser ao pensamento e à vontade, ou deve seu pensamento e vontade ao seu ser? Podereis responder que tal questão é ridícula, e que em Deus o pensamento, a vontade, e o ser são apenas uma mesma coisa, indivisível. Penso como vós, com a diferença de que o que denominais vontade eu chamo de poder efetivo, que é como a concebeis. Quanto a isso estamos de acordo. Mas, nesse caso, não falais mais numa vontade que dirige a atividade, ou numa inteligência que preside o todo, à qual mesmo a primeira causa se encontraria submetida, não encontrando-se ela mesma submetida a algo, pois isso seria o cúmulo do absurdo.

"Não vos inflamais, caro Espinosa. Vejamos aonde isso tudo nos levará. Considerarei vossos argumentos como considerastes os meus, contendando-me simplesmente em perguntar-vos: como fazeis para agir segundo vossa vontade, se ela não passa de um efeito de vossa atividade e, como dissestes, um efeito indireto? Suponho que concordais comigo quanto a isso sem outra prova. Demonstrar a veleidade do homem é o mesmo que provar sua existência. Quem não sente sua existência quando recebe idéias de coisas fora de si, quem não sente sua veleidade quando age ou deseja não é um homem, e nada se pode afirmar a respeito de sua essência"[10]

Espinosa. Fazei com minha essência o que bem entendeis; de minha parte, estou certo de que não tenho nenhuma veleidade, apesar de ter vontades particulares e desejos. Vossa veleidade não passa de um ser abstrato que se relaciona com esta ou aquela vontade particular, como a animalidade se relaciona com vosso cachorro ou cavalo, ou como o *homem* se relaciona convosco e comigo. É nesses seres metafísicos e imaginários que residem vossos erros. Imaginais capacidades de agir e não agir segundo um certo *je ne sais quoi*, que afinal não é nada. Em meio a essas capacidades, que chamais de faculdades, poderes, poderes de poderes, etc., fazeis surgir algo do nada, criando maravilhas tal como os Sofistas, e chocando a filosofia. De todas as vossas entidades, não há

---

10) *Carta sobre o homem e suas relações*, p. 57.

uma só que não repugne ao ser. O ser determinado é igualmente determinado em todos os seus efeitos. Não há força que não seja efetiva em todos os seus momentos. Elas agem segundo seu grau de realidade sem que jamais sejam interrompidas.

"Por favor, Espinosa, respondei à minha questão!"

Espinosa. Preferis que eu sofisme? Eis minha resposta. Minha atividade é sempre *segundo* minha vontade todas as vezes em que minhas ações correspondem a ela, mas não é minha vontade que me faz agir. A opinião contrária deriva de que sabemos muito bem quais são nossas vontades e desejos, mas ignoramos o que nos faz desejar e querer. Em meio a essa ignorância acreditamos produzir nossas vontades através da vontade mesma, e assim imputamos a ela nossos desejos.

"Não vos compreendo. Sabeis que há três sistemas a respeito do que determina a vontade: o sistema da indiferença ou equilíbrio, que deveria ser denominado sistema da liberdade; o sistema da escolha do melhor, ou da necessidade moral; e o sistema da necessidade física, ou do fatalismo. Em favor de qual deles vos declarais?"

Espinosa. Nenhum dos três. Mas o segundo parece-me o pior.

"Prefiro o primeiro. Mas por que o segundo vos parece o pior?"

Espinosa. Porque ele pressupõe o delirante sistema das causas finais.

"Concordo quanto à escolha que fizestes, pois o sistema da necessidade moral destrói a liberdade. Mas, no que respeita às causas finais, sustento que as rejeitar é um verdadeiro delírio"

Espinosa. Não podeis abandonar uma coisa sem a outra. Concedeis que a natureza de cada indivíduo tende à conservação desse indivíduo; que todo ser procura manter seu ser, e que é isso que entendemos por sua natureza. Concedeis ainda que o indivíduo não procura conservar-se por uma razão qualquer, ou por um certo fim, mas que procura conservar-se unicamente para conservar-se, e porque essa é sua natureza, ou a força através da qual ele é o que é. Essa tendência, essa força, enquanto ela é acompanhada de sentimento, nós chamamos de desejo, de maneira tal que o desejo não é outra coisa que a tendência do indivíduo a conservar seu ser, acompanhada do sentimento dessa tendência. O que corresponde ao desejo do indivíduo ele chama de *bem*, e o que é contrário ao desejo é chamado de *mal*. É então a partir do desejo que obtemos o conhecimento do bem e do mal, e trata-se de um absurdo palpável imaginar o contrário, derivando a causa de seu efeito. Quanto à vontade, ela é ainda o desejo, mas unicamente enquanto ele diz respeito à alma, ou seja, unicamente enquanto é representado na concepção ou na idéia do indivíduo. Ela não é então nada mais do que o intelecto aplicado ao desejo: ao contemplar as diferentes modificações da tendência ou do desejo do indivíduo, que derivam da composição de sua essência e das relações que tem com outros indivíduos, o intelecto (que é a alma enquanto tem idéias claras e distintas) decide sobre sua conveniência ou incoveniência em relação à natureza particular do indivíduo, na medida em que é capaz de percebê-la. Mas sua ação, que consiste apenas em afirmar ou negar, pouco afeta as ações do indivíduo, assim como suas outras decisões ou julgamentos, quaisquer que sejam, pouco afetam a essência das coisas.

"O que afirmais não deixa de ser obscuro; apesar disso, percebo muito claramente que negais toda liberdade e, o que quer que tenhais defendido, sois fatalista"

Espinosa. Longe de mim negar toda liberdade: sei que o homem recebeu sua parte dela. Mas essa liberdade não consiste na faculdade quimérica de um poder de desejar, pois o desejar não pode existir senão na vontade que existe, e atribuir a um ser a capacidade de poder desejar é o mesmo que atribuir-lhe a capacidade de poder ser, em virtude do que ele tenderá apenas a efetivar uma existência atual. A liberdade do homem é sua própria essência, é o grau de poder ou de força por meio do qual ele é o que é. À medida que ele age apenas segundo leis de seu ser, ele age segundo uma liberdade perfeita. Deus, que age e somente pode agir pela mesma razão que existe, e que existe apenas por si mesmo, possui então uma liberdade absoluta. Quanto ao fatalismo, recuso-o na medida em que ele se funda no materialismo, ou sobre a absurda opinião de que o pensamento é apenas uma modificação da extensão, tal como o fogo, a luz, etc., visto que é tão impossível que o pensamento venha da extensão como que a extensão venha do pensamento. Trata-se de essências totalmente diferentes, apesar de constituírem um conjunto num mesmo ser de que são os atributos. Como já afirmei, o pensamento é o sentimento do ser. Portanto, tudo o que afeta a extensão deve igualmente afetar o pensamento, e todo indivíduo que seja *realmente indivíduo* é animado proporcionalmente à sua essência, ou ao grau da força que faz com que ele seja o que é. No indivíduo, o pensamento é necessariamente representativo, pois é impossível que ele tenha o sentimento de seu ser sem que tenha o sentimento de suas relações.

"O que tomais ao fatalismo é o que me basta, pois permite afirmar que a Basílica de São Pedro, em Roma, construiu a si mesma, que as descobertas de Newton foram feitas por seu corpo, e que a alma não concorre para nenhuma dessas coisas. Disso resulta ainda que toda coisa individual apenas pode ter sido produzida por uma causa individual e finita, e esta por uma outra semelhante, e assim até o infinito. Apesar disso, necessitais de uma causa primeira e de um momento fixo para vossa ação. Até aqui apenas recorrestes aos meus raciocínios para formular os vossos. Poderíeis afinal responder quanto ao que é decisivo nisso tudo?"

Espinosa. Responderei, mas não sem antes me explicar sobre a Basílica de São Pedro e as descobertas de Newton. A Basílica de São Pedro não se ergueu a si mesma: tudo o que o universo encerra em si de corpóreo e de movimento concorreu para isso. Quanto às descobertas de Newton, elas dizem respeito tão-somente ao pensamento...

"Que seja. Mas o pensamento modificado, que chamais de alma, não é mais do que a idéia ou a concepção imediata do corpo, ou o próprio corpo considerado na perspectiva do pensamento. A alma de Newton é então caracterizada pelo corpo de Newton. Portanto, seu corpo, apesar de não pensar, *fez* as descobertas, que foram contempladas, conhecidas, sentidas, ou pensadas por sua alma"

Espinosa. Apesar de equivocada, vossa maneira de apresentar a questão permite-me mostrar que, do modo como raciocinais, não é preciso menos do que o universo inteiro para caracterizar o corpo de Newton em todos os seus momentos, e que a alma apenas tem a idéia de seu corpo por meio das idéias daquilo que o caracteriza. Essa importante consideração não é suficiente para impedir a revolta da imaginação contra a verdade que sustento. Dizei a um homem que não é geômetra que um quadrado finito é igual a um espaço infinito. Após tê-lo demonstrado, seu espírito se encontrará numa tal perplexidade que só poderá ser vencida por meio de meditações[11]. É até mesmo possível que a imaginação possa até certo ponto reconciliar-se com minha doutrina, se a mostrarmos do modo mais adequado, evidenciando a progressão insensível que vai do instinto do selvagem que o faz retornar à árvore, ou da caverna que lhe serve de abrigo à construção da Basílica de São Pedro. Que se reflita sobre a organização tão complexa dos diferentes corpos políticos, investigando o que permitiu formá-los: quanto mais o fizermos profundamente, depararemos com esforços cegos, operações mecânicas, mas na verdade de uma máquina semelhante à primeira mão, cujas forças se compuseram a si mesmas segundo seu próprio interesse, de acordo com seu grau de energia; uma máquina em que todo esforço traz o sentimento de sua ação, que transmite e comunica esse esforços numa progressão que é necessariamente infinita. O mesmo se passa com as

---

11) *Sofile ou sobre a filosofia* (1778), tomo I, p. 294. Edição Jansen, 1792.

línguas, cuja construção acabada parece obra de um prodígio, apesar de sua formação jamais depender de uma gramática. Observando-as de perto perceberemos que em todas as coisas a ação precedeu a reflexão, que é somente o *progresso da ação*. Numa palavra, sabemos na medida em que sabemos, e isso é tudo.

Voltemos agora a vosso argumento. Sustentais que não podemos remontar de uma razão a outra até o infinito, mas que é necessário um momento fixo, um início de ação por parte de uma causa primeira e pura. Sustento, ao contrário, que, de uma razão à outra, somente podemos chegar ao infinito, ou seja, que não podemos supor um início absoluto de ação, sem supor que o nada produz alguma coisa. Essa verdade, cujo conhecimento depende apenas de sua apresentação, é ao mesmo tempo suscetível da mais rigorosa demonstração. A causa primeira não é então uma causa a que possamos chegar por pretensas causas secundárias: ela é imanente, e age igualmente em todos os momentos da extensão e da duração. Essa causa primeira, que chamamos de Deus ou de natureza, age pela mesma razão que existe; e como é impossível que exista um princípio ou um fim de sua existência, é igualmente impossível que exista princípio ou fim em suas ações.

* * *

Deixo Espinosa de lado, impaciente para atirar-me nos braços do sublime gênio que afirmou "que um só suspiro da alma, que de tempos em tempos se manifesta em direção ao que é melhor, ao futuro, e ao perfeito é a demonstração mais geométrica que há da divindade"[12]. A força inteira de minha atenção volta-se para o que podemos chamar de fé. Sabeis que Platão escreveu aos amigos de Díon: *Quod ad res divinas intelligendas facit, nulo pacto verbis exprimi potest, quemadmodum disciplinae: sed ex diuturna circa id ipsum consuetudine, vitaeque ad ipsum conjunctione, subito tandem quasi ab igne micante lumen refulgens in anima se ipsum jam alit*[*]. Isso remonta ao que dizeis no

---

12) *Aristeu*, p. 132.
*) [Citação da *Carta Sétima de Platão*, que Carlos Alberto Nunes verte do original grego da seguinte maneira: "não é possível encontrar a expressão adequada para problemas dessa natureza, como acontece com outros conhecimentos. Como conseqüência de um comércio prolongado e de uma existência dedicada à meditação de tais problemas é que a verdade brota na alma como a luz nascida de uma faísca instantânea, para depois crescer sozinha". 341 c-d. In *Diálogos de Platão*, v. 5, p. 155. Universidade Federal do Pará, 1975. (N.T.)]

Aristeu, "que a convicção do sentimento, de onde toda outra convicção deriva, nasce na essência e não pode ser comunicada"[13]. Mas o sentimento que é a base dessa convicção não se encontra em todos os homens? E não seria possível resgatá-lo, em maior ou menor medida, mesmo naqueles que dele parecem destituídos, bastando que nos dediquemos a destruir a resistência que se apresenta aos efeitos de suas ações? Meditando sobre isso, creio entrever que a matéria das certezas, que ainda não foi devidamente aprofundada, poderia ser tratada de maneira que nos conduzisse a novos axiomas. Não abusarei de vossa paciência detalhando minhas reflexões a respeito disso: recorri à pena para pedir-vos luzes, e não para oferecê-las. Que possais assim não julgar-me indigno de vossos ensinamentos. Ouso pedir-vos argumentos que possam combater aqueles formulados por Espinosa contra a inteligência e a personalidade de um primeiro princípio, visto que ainda não os encontrei inteiramente formulados em boa metafísica. Apesar disso, é essencial descobrir e demonstrar seus defeitos, pois sem isso destruiríamos a teoria de Espinosa no que ela estabeleceu de positivo, e os que a ela aderem continuariam sua batalha com vivacidade, entrincheirando-se nas ruínas do sistema demolido, afirmando que colocamos um *evidente absurdo* no lugar do que era somente incompreensível, e que não é assim que se faz filosofia.

---

13) *Aristeu*, pp. 131-132.

INFORMAÇÃO BIBLIOGRÁFICA

1. Edições das obras de Hemsterhuis:

— *Oeuvres philosophiques.* 2 v. Paris, H.J. Jansen, 1792.
— *Oeuvres.* Org. L. Meyboom. 2 v. Leuwarde, Eekohff, 1843.
— *Werke van Frans Hemsterhuis*, nieuwe uitgave. Org. M.J. Petry. 3 v. Rotterdam, em andamento.
— *Lettre sur l'homme et ses rapports, avec le commentaire inédit de Denis Diderot.* Org. Georges May. New Haven, Yale University Press, 1964.
— *Lettre sur l'sculpture/Lettre sur une pierre antique.* Paris, Énsb-a, 1991.

2. Comentários de filósofos:

Diderot, D. *Considérations sur Hemsterhuis.* In: Hemsterhuis. *Lettre sur l'homme et ses rapports.* Texte établi, presenté et annoté par Georges May. New Haven, Yale University Press, 1964.
——————— "Observations sur Hemsterhuis". In: *Oeuvres*, v. I: Philosophie. Org. Laurent Versini. Paris, Bouquins, 1994. [Trata-se do mesmo texto de May, sem no entanto apresentar integralmente o texto da *Carta sobre o homem e suas relações*.]
Jacobi, F.H. *Lettre a Moses Mendelssohn.* In: *Werke.* v. IV. Org. Friedrich Koppen. Leipzig, 1819.
——————— *Conversações com Lessing.* In: Lessing. *Escritos filosóficos y teológicos.* Barcelona, Anthropos, 1983.
Novalis, F. *Hemsterhuis Studien.* In: *Novalis Schriften.* Stuttgart/Darmstadt, 4 v., 1976.
Schlegel, F./A. – *Ateneu.* In: *O dialeto dos fragmentos.* Trad. Márcio Suzuki. São Paulo, Iluminuras, 1997.

3. Estudos críticos:

Boulan, E. *Hemsterhuis, le Socrate hollandais*. Paris, Groningue, 1924.
Brummel, L. *Frans Hemsterhuis, een philosofenleven*. Haarlem, Tjeendek & Zoon, 1925.
Grucker, E. *François Hemsterhuis, sa vie et ses oeuvres*. Paris, Durand, 1866.
Hartmann, N. *A filosofia do idealismo alemão*. Lisboa, Calouste-Gulbenkian, 1983.
Monkemeyer, H. *François Hemsterhuis*. Boston, Twyne Publishers, 1975.
Pelckmans, P. *Hemsterhuis sans rapports: contribuitions à une lecture distante des Lumières*. Amsterdam, Rodopi, 1987.s

OUTROS TÍTULOS DESTA COLEÇÃO

**O CONCEITO DE CRÍTICA DE ARTE
NO ROMANTISMO ALEMÃO**
Walter Benjamin

**CONTRIBUIÇÃO À HISTÓRIA DA RELIGIÃO
E FILOSOFIA NA ALEMANHA**
Heinrich Heine

DIALETO DOS FRAGMENTOS
Friedrich Schlegel

DUAS INTRODUÇÕES À CRÍTICA DO JUÍZO
Emmanuel Kant

A EDUCAÇÃO ESTÉTICA DO HOMEM
Friedrich Schiller

A FARMÁCIA DE PLATÃO
Jacques Derrida

**LAOCOONTE
OU SOBRE OS LIMITES DA PINTURA E POESIA**
G.E. Lessing

MEDITAÇÕES
Marco Aurélio

POESIA INGÊNUA E SENTIMENTAL
Friedrich Schiller

TEOGONIA
Hesíodo

OS TRABALHOS E OS DIAS
Hesíodo

Este livro terminou
de ser impresso no dia
01 de agosto de 2000
nas oficinas da
Associação Palas Athena,
em São Paulo, São Paulo.